红色文化资源赋能贵州高校红色育人研究

贾红霞 著

南开大学出版社
天津

图书在版编目(CIP)数据

红色文化资源赋能贵州高校红色育人研究 / 贾红霞著. —天津：南开大学出版社，2023.2
ISBN 978-7-310-06322-2

Ⅰ.①红… Ⅱ.①贾… Ⅲ.①高等学校－思想政治教育－研究－贵州 Ⅳ.①G641

中国版本图书馆 CIP 数据核字(2022)第 203795 号

版权所有　侵权必究

红色文化资源赋能贵州高校红色育人研究
HONGSE WENHUA ZIYUAN FUNENG
GUIZHOU GAOXIAO HONGSE YUREN YANJIU

南开大学出版社出版发行
出版人：陈　敬
地址：天津市南开区卫津路 94 号　邮政编码：300071
营销部电话：(022)23508339　营销部传真：(022)23508542
https://nkup.nankai.edu.cn

天津泰宇印务有限公司印刷　全国各地新华书店经销
2023 年 2 月第 1 版　2023 年 2 月第 1 次印刷
240×170 毫米　16 开本　20.25 印张　2 插页　295 千字
定价：92.00 元

如遇图书印装质量问题，请与本社营销部联系调换，电话：(022)23508339

项目资助：

①2021年度贵州省教育科学规划课题青年项目"建党百年背景下构建贵州高校'五育'培养体系的红色路径研究"（编号2021C033）的研究成果

②2022年度贵州开放大学基地重点课题"高职院校思想政治理论课'四堂联动'的理论与实践——《思想道德与法治》课程教学改革探索"（编号2022JDZD04）的研究成果

③贵州开放大学马克思主义学院"习近平新时代中国特色社会主义思想研究中心"成果

前　言

新时代开展高校思想政治教育，构建"大思政"格局，开展"大思政课"是时代所需，是思想政治教育现代转型的要求。在中国共产党成立100周年之际，中共中央、国务院印发了《关于新时代加强和改进思想政治工作的意见》，强调共同推进思想政治工作大格局。构建大格局就是构建思想政治教育体系，运用系统思维，引入系统理论、协同育人，形成育人合力。2022年教育部工作要点强调，全面实施时代新人培育工程，促进学生身心健康、全面发展。实施学校体育和体教融合改革发展行动计划，开展美育浸润行动计划，推进劳动教育，加强和改进学生心理健康教育工作，培育德智体美劳全面发展的社会主义建设者和接班人。党的十八大以来，习近平总书记多次强调"把红色资源利用好，把红色传统发扬好，把红色基因传承好"。红色文化资源具有良好的育人功能和育人价值，是推动高校开展德智体美劳"五育"的有效载体和有力抓手。在建党百年之际，为了贯彻落实十九届六中全会精神，为使党史学习教育走实走深，为深入学习贯彻习近平总书记关于教育的重要论述，贵州高校需要立足本地红色文化，挖掘本地红色资源，抓住贵州特色和优势，实施思政课综合改革，构建德智体美劳全面培养的教育体系，建设教育强省。

本书逻辑如下：红色文化资源赋能高校育人的学理探析（理论依据）——红色文化资源赋能高校"五育"人才目标实现（育人目标）——全国运用红色文化资源开展高校德育的镜鉴（德育）——全国利用红色文化资源进行高校智育的分析（智育）——运用红色文化资源与高校体育相结合育人（体育）——探索红色

文化资源与高校美育融合（美育）——探究红色文化与高校劳动教育结合（劳育）——系统论指导下"五育"协同发展模型构建（"五育"融合协同育人）——贵州红色文化资源融合高校思政教育（普通高校红色文化资源育人）——贵州红色文化融入高职思政教育（高职学校红色文化育人）——贵州红色文化资源嵌入思政课"四堂联动"（贵州高校思政课红色育人实践应用）。

贵州省是中央红军长征途中活动时间最长、活动区域最广、发生重大事件最多的省份，全省革命遗址和红色遗存星罗棋布，红色文化资源丰富多样。贵州高校充分利用这些红色文化资源，挖掘其中的育人功能、精神激励、价值引领的重要价值，发挥"红色引擎"作用，增强党史学习教育生机活力，赋能高校思政教育和"五育"人才培养体系。本书从马克思人的全面发展理论出发探寻德智体美劳"五育"的理论意蕴，学习贯彻习近平总书记关于教育的重要论述，借鉴全国运用红色文化资源开展德智体美劳"五育"的经验，把贵州本地不同形态的红色文化资源，转化为优质教育资源，找到高校开展思政教育的实践路径和策略，嵌入到"四堂联动"大思政课的教学模式中，构建起贵州高校"五育"培养体系，为贵州高校实现特色办学、深化思政课教学改革提供一定的参考。

目 录

前言 …………………………………………………………………………… 1
第一章 红色文化资源赋能高校红色育人的学理探析 ………………… 1
 第一节 马克思人的全面发展理论为高校育人提供理论渊源 ……… 1
 第二节 红色文化资源在高校育人过程中应用的理论基础 ………… 23
 第三节 协同理论为高校红色育人提供理论借鉴 …………………… 48
第二章 红色文化资源促进高校"五育"人才培养目标实现 ………… 56
 第一节 紧扣高校学生特点,培育时代新人 ………………………… 56
 第二节 党和政府高度重视运用红色文化资源培育时代新人 ……… 64
第三章 全国运用红色文化资源开展高校德育的镜鉴 ………………… 78
 第一节 红色文化资源赋能德育的理论研究 ………………………… 78
 第二节 红色德育的平台条件 ………………………………………… 81
 第三节 红色德育的课程教学 ………………………………………… 82
 第四节 红色德育的实践教学 ………………………………………… 83
第四章 全国利用红色文化资源进行高校智育的分析 ………………… 85
 第一节 红色文化资源赋能智育的理论研究 ………………………… 85
 第二节 红色智育的实践教学 ………………………………………… 88
 第三节 红色智育的课程资源 ………………………………………… 89
 第四节 红色智育的课堂教学设计 …………………………………… 91
第五章 运用红色文化资源与高校体育相结合育人 …………………… 93

第一节　高校开展学校体育工作的国家政策支撑……………93
第二节　红色文化资源赋能体育的理论研究…………………95
第三节　红色体育的条件设施……………………………………97
第四节　红色体育的课程教学……………………………………100
第五节　红色体育的实践教学……………………………………101

第六章　探索红色文化资源与高校美育融合……………………103
第一节　高校开展学校美育工作的国家政策支撑……………103
第二节　红色文化资源赋能美育的理论研究…………………105
第三节　红色美育的保障条件……………………………………107
第四节　红色美育的课堂教学……………………………………110
第五节　红色美育的实践教学……………………………………113

第七章　探究红色文化与高校劳动教育结合……………………116
第一节　劳动教育的性质和基本理念…………………………116
第二节　劳动教育的目标和内容………………………………118
第三节　劳动教育的途径、关键环节和评价…………………120
第四节　学校劳动教育的规划与实施…………………………124
第五节　劳动教育条件保障与专业支持………………………126
第六节　红色文化融入高校劳动教育的路径探究……………128

第八章　系统论指导下"五育"协同发展模型构建……………137
第一节　构建高等教育系统中不同维度层面子系统之间的关系模型……137
第二节　构建"五育"并举的大学生思想政治教育协同发展的动态模型·140
第三节　生态系统理论视角下构建"三全五育融合"实践模型……142

第九章　贵州红色资源融合高校思政教育的培养路径…………146
第一节　红色资源融合高校思政教育价值和意义……………147
第二节　贵州红色资源融合高校思政教育的现状调查及存在问题……157
第三节　贵州红色资源与高校思政教育融合过程中产生问题的原因剖析·165

第四节　贵州红色文化资源融合高校思政教育的实施策略……………169

第十章　贵州红色文化融入高职思政教育培养体系………………………178
　　第一节　贵州红色文化概述………………………………………………179
　　第二节　贵州红色文化融入高职学生思想政治教育现状………………183
　　第三节　贵州红色文化中蕴含高职学生思想政治教育的主要内容………188
　　第四节　贵州红色文化融入高职学生思想政治教育的路径探索…………192

第十一章　贵州红色文化资源嵌入思政课"四堂联动"……………………198
　　第一节　"四堂联动"协同育人的红色路径研究…………………………198
　　第二节　红色文化资源融入"四堂联动"的时代意义……………………204
　　第三节　突出理论课堂：挖掘红色文化资源的理论价值…………………208
　　第四节　激活实践课堂：发掘课内外红色文化实践资源…………………223
　　第五节　占领网络课堂：拓展网络空间红色正能量传播…………………237
　　第六节　用好社会课堂：抓好社会基层红色基因的传承…………………267
　　第七节　构建红色文化资源融入"四堂联动"的育人机制………………289

参考文献……………………………………………………………………………295
后　记………………………………………………………………………………312

第一章 红色文化资源赋能高校红色育人的学理探析

第一节 马克思人的全面发展理论为高校育人提供理论渊源

一、马克思人的全面发展理论的主要内容

（一）马克思人的全面发展理论的演进过程

马克思继承了人类优秀的思想文化成果，摒弃了资产阶级学者"抽象的人"的概念，打破了学科"分而治之"的隔阂，站在科学的唯物史观和剩余价值学说两大理论制高点之上，提出了"现实的人"的全面发展道路，即共产主义道路，为全人类的解放点亮了真理之光。他的学说是关于人的发展问题的，至今闪烁着真理光芒的深刻见地，是我们宝贵的精神财富。而这种理论是实践的理论，并不是空洞的说教，马克思将毕生的心血贡献于践行伟大理想的革命活动中，贯穿革命实践活动的始终，未曾改变的主线就是人的全面发展问题。结合马克思所处的时代背景，探寻马克思关于人的全面发展理论的演进历程，系统梳理人的全面发展理论的深刻内涵，有利于我们深刻理解马克思主义的理论真谛，对当下社会更好地实现人的发展具有重要的方法论意义。

1. 马克思人的全面发展理论的萌芽阶段

马克思在中学时代就立下了为全人类谋幸福的宏图伟志，他的理想是为大多数人的幸福而工作。1835年秋，马克思在中学毕业论文《青年在选择职业时的考虑》中这样写道："在选择职业时，我们应该遵循的主要指针是人类的幸福和我们自身的完美，不应认为，这两种利益会彼此敌对、互相冲突，一种利益必定消灭

另一种利益；相反，人的本性是这样的：人只有为同时代人的完美、为他们的幸福工作，自己才能达到完美。"①马克思认为，只有通过"利他"的过程，才能达到"自利"，这是一种极其崇高的价值取向。由此，马克思树立了为全人类幸福而服务的崇高理想，开启了马克思人的全面发展理论的萌芽，这是马克思终生理论探索的起点。

1843年3月，马克思完成了题为《德谟克利特的自然哲学和伊壁鸠鲁的自然哲学的差别》的博士论文写作，这是马克思最早的学术研究成果，散发着他深邃的哲学思想。这篇论文体现出此时的马克思已经是黑格尔的忠实信徒，开始用理性的思想分析问题。论文通过对"原子论"和"自我意识"的关系辨析，体现了马克思关于人的自由发展的思想萌芽。他指出"不应该有任何神同人的自我意识相并列"②。马克思这一无神论的表达充分表明其对人的发展、实现自我意识的关切。伊壁鸠鲁被马克思称赞为"最伟大的希腊启蒙思想家"③，这是因为马克思非常重视伊壁鸠鲁所提出的"原子偏斜带来的自我意识自由的实现"的观点，但是马克思又提出了不同于伊壁鸠鲁的看法，他认为人的自由的实现不能够脱离周围环境，不能把人与周围环境对立起来。"马克思不满足于与现实相对立的自我意识的内心宁静，主张在与现实的对立统一中充分实现自我意识的力量。"④马克思强调："直接存在的个别性，只有当它同他物发生关系，而这个他物就是它本身时，才按照它的概念得到实现，即使这个他物是以直接存在的形式同它相对立的。所以一个人，只有当他与之发生关系的他物不是一个不同于他的存在，相反，这个他物本身即使还不是精神，也是一个个别的人时，这个人才不再是自然的产物。"⑤此时的马克思，已经开始从非自然中去寻找自由，即开始从社会去寻找自由。

应该说，马克思博士论文中主张的人的自由还不够自由（还只是哲学的思辨

---

① 马克思恩格斯全集（第1卷）[M]. 北京：人民出版社，1995：459.
② 马克思恩格斯全集（第1卷）[M]. 北京：人民出版社，1995：12.
③ 马克思恩格斯全集（第1卷）[M]. 北京：人民出版社，1995：63.
④ 黄楠森等主编. 马克思主义哲学史（第1卷）[M]. 北京：北京出版社，2005：111.
⑤ 马克思恩格斯全集（第1卷）[M]. 北京：人民出版社，1995：37.

的自由），这为马克思在担任《莱茵报》主编后遇到的所谓难事埋下了诱因。在担任《莱茵报》主编后，马克思主张出版自由，写下了《评普鲁士最近的书报检查令》一文，揭露普鲁士反动政府的真实面目，为争取人们的言论自由而战。在这一时期，马克思遇到了关于物质问题发表意见的难事，这使得马克思开始直面现实问题，开始由哲学思辨转到对具体的人的现实关切，他为受苦受难的贫苦人民呐喊，为贫苦的人民争取权力自由。他提出理想的国家是"相互教育的自由人的联合体"。在这个联合体中，"个人以整体的生活为乐事，整体则以个人的信念为乐事"①。"人类的幸福""乐事""自由人的联合体"，它们一脉相承，共同指向一个共同的理想——自由而全面发展的人。追寻着内心的伟大理想，青年马克思不断探索前进，在理论研究和错误思想的一次次斗争实践中不断践行伟大使命。1843 年的《论犹太人问题》中，马克思批驳鲍威尔把犹太人的解放归结为宗教解放的错误观点，他指出："任何解放都是使人的世界和人的关系回归于人自身。"②这篇文章标志着马克思世界观的唯物主义转向，为人的政治解放指明了道路，即对宗教进行彻底的清算。人的政治解放无疑是有价值的，但终归是要实现人的解放，政治解放只是部分的解放。与此同时，对于如何最终完成人的解放，马克思指出："只有当现实的个人把抽象的公民复归于自身，并且作为个人，在自己的经验生活、自己的个体劳动、自己的个体关系中间，成为类存在物的时候，只有当人认识到自身'固有的力量'是社会力量，并把这种力量组织起来因而不再把社会力量以政治力量的形式同自身分离的时候，只有到了那个时候，人的解放才能完成。"③马克思并没有像鲍威尔那样，到宗教中去寻求犹太人的解放，而是到"现实的犹太人"中去寻找。政治解放使人脱离宗教束缚，却使人进入了市民社会，成为利己的个体。只有普遍的人的解放，才能够克服政治解放带来的虚假的、片面的解放，使人成为类存在物。此时的马克思主张由政治解放发展到人的解放，

---

① 马克思恩格斯全集（第 1 卷）[M]．北京：人民出版社，1995：217．
② 马克思恩格斯全集（第 3 卷）[M]．北京：人民出版社，2002：189．
③ 马克思恩格斯全集（第 3 卷）[M]．北京：人民出版社，2002：189．

但他却还没有找到解放的主体和动力所在，他没有发现无产阶级，此时不免仍旧残留着一些空想色彩。

依靠何种力量实现解放？马克思在《〈黑格尔法哲学批判〉导言》中为我们提供了答案。在《导言》中，马克思通过批判黑格尔，得出这样的结论：德国唯一实际可能的解放是以宣布人是人的最高本质这个理论为立足点的解放。在德国，只有同时从对中世纪的部分胜利解放出来，才能从中世纪得到解放。在德国，不摧毁一切奴役制，任何一种奴役制都不可能被摧毁。彻底的德国不从根本上进行革命，就不可能完成革命。德国人的解放就是人的解放。这个解放的头脑是哲学，它的心脏是无产阶级。哲学不消灭无产阶级，就不能成为现实；无产阶级不把哲学变成现实，就不可能消灭自身。①马克思认为德国的解放必须是而且只能是普遍的人的解放，而不是部分解放，而只有无产阶级能够担当这个政治解放与人的解放的历史重任。此时的马克思还是哲学共产主义者，他还没有开始从经济学中寻找解放人的科学论证，还只停留在哲学的抽象。马克思提出通过理论掌握无产阶级，转化为推动人类解放的物质力量这一深刻命题，为无产阶级的解放指明了道路。正是在"为大多数人的幸福而工作"的高尚思想萌芽的推动下，在一次次理论探索中，在一次次思想论战中，马克思人的全面发展理论一步步成长起来。

2. 马克思人的全面发展理论的形成阶段

从《1844年经济学哲学手稿》到《德意志意识形态》是马克思人的全面发展理论的形成阶段。与以往不同，在这一时期马克思开始注意从政治经济学中寻找人全面发展的条件，通过深入研究，马克思找到了人片面发展的原因所在，即私有制和分工，这为马克思开展后续研究奠定了坚实的基础。

在《1844年经济学哲学手稿》中，马克思人的全面发展思想的雏形已现。马克思批判了资本主义社会异化人、片面发展人的社会现状，认为国民经济学家以及黑格尔等只是抽象地谈论劳动，却忽视劳动人民的现实生活状况。他在《手稿》

---

① 马克思恩格斯全集（第3卷）[M]. 北京：人民出版社，2002：214.

中使用哲学的异化概念，以此来分析资本主义制度剥削人的秘密，提出克服异化以达到人的全面发展。在深刻剖析资本主义社会的基础之上，马克思提出异化劳动有四种形式：第一，人与劳动产品的异化关系。马克思指出："工人生产的财富越多，他的产品的力量和数量越大，他就越贫穷。工人创造的商品越多，他就越变成廉价的商品。物的世界的增值同人的世界的贬值成正比。"①劳动产品成为统治工人阶级的、异己的力量。第二，人同自己的劳动活动的异化关系。在生产活动中，人们不是自由发挥自己的聪明才智，而是在生产之中使自己的肉体备受摧残。"因此，他在自己的劳动中不是肯定自己，而是否定自己，不是感到幸福，而是感到不幸，不是自由地发挥自己的体力和智力，而是使自己的肉体受折磨、精神遭摧残。"②工人在劳动中并没有感到幸福快乐，他们受到的是痛苦的折磨。第三，人同自己的类本质相异化。"无论是自然界，还是人的精神的类能力——变成对人来说是异己的本质，变成维持他的个人生存的手段。异化劳动使人自己的身体，同样使在他之外的自然界，使他的精神本质，他的人的本质同人相异化。"③作为社会人，不应是孤立的个人，而应该是具有类本质的人，正是由于异化劳动，使得人失去了自己的类本质，人与类、群形成了分离、对抗的关系。人与劳动产品、劳动活动、类本质的异化关系最终导致人与人相异化。第四，人同人相异化。"人同自身相对立的时候，他也同他人相对立。凡是适用于人对自己的劳动、对自己的劳动产品和对自身的关系的东西，也都适用于人对他人、对他人的劳动和劳动对象的关系。"④人与人的异化关系则表现为阶级的对立。马克思异化理论的提出，为人的全面发展学说奠定了坚实的理论前提。通过对资本主义社会劳动异化的批判，马克思揭示了人类社会发展的客观规律，提出人类只有进入共产主义社会，才能取得全面发展。马克思指出，只有到了共产主义社会，才能够全面发展人，才能消除资本主义社会所存在的异化现象，"人以一种全面的方式，就是说，

---

① 马克思恩格斯全集（第3卷）[M]. 北京：人民出版社，2002：267.
② 马克思恩格斯全集（第3卷）[M]. 北京：人民出版社，2002：210.
③ 马克思恩格斯全集（第3卷）[M]. 北京：人民出版社，2002：274.
④ 马克思恩格斯全集（第3卷）[M]. 北京：人民出版社，2002：274—275.

作为一个总体的人，占有自己的全面的本质"①。对于共产主义社会，马克思做了这样的描述：共产主义是私有财产即人的自我异化的积极的扬弃，因而是通过人并且为了人而对人的本质的真正占有；因此，它是人向自身、向社会的即合乎人性的人的复归，这种复归是完全的、自觉的和在以往发展的全部财富的范围内生成的。这种共产主义，作为完成了的自然主义=人道主义，而作为完成了的人道主义=自然主义，它是人和自然界之间、人和人之间的矛盾的真正解决，是存在和本质、对象化和自我确证、自由和必然、个体和类之间的斗争的真正解决。它是历史之谜的解答，而且知道自己就是这种解答。②共产主义社会是人道主义与自然主义相统一的社会，是人与人、人与自然和谐发展的社会。

在《德意志意识形态》中，科学的唯物史观形成并被马克思完整地表述出来。马克思指出："如果他们把哲学、神学、实体和一切废物消融在'自我意识'中，如果他们把'人'从这些词句的统治下——而人从来没有受过这些词句的奴役——解放出来，那么'人'的'解放'也并没有前进一步；只有在现实的世界中并使用现实的手段才能实现真正的解放。"③这体现出马克思对费尔巴哈等人所提出的抽象的人的批判，马克思旗帜鲜明地致力于哲学的解放以及真正的现实的个人的解放，同时指出人是存在于客观现实条件下的"唯一者"，是存在着的个人，是劳动创造的人，是具有客观需要的个人。这就为人的全面发展理论找到了坚实的客观前提，开创了人的全面发展理论的全新局面。

此外，马克思展望了未来共产主义的发展前景，从社会分工出发，找到促进人取得全面发展的动力之源，即生产力和生产关系的相互作用，同时剖析了异化劳动产生的原因。马克思指出："一个人的发展取决于和他直接或间接进行交往的其他一切人的发展；彼此发生关系的个人的世世代代是相互联系的，后代的肉体的存在是由他们的前代决定的，后代继承着前代积累起来的生产力和交往形式，

---

① 马克思恩格斯全集（第3卷）[M]．北京：人民出版社，2002：303．
② 马克思恩格斯全集（第3卷）[M]．北京：人民出版社，2002：297．
③ 马克思恩格斯文集（第1卷）[M]．北京：人民出版社，2009：526－527．

从而决定他们这一代的相互关系。总之，我们可以看到，发展不断地进行着，单个人的历史决不能脱离他以前的或同时代的个人的历史，而是由这种历史决定的。"①人的发展是受其所在的客观历史条件所制约的，并不能够随心所欲地创造历史，但不能忽视的是人的实践活动对历史环境的改造。人的全面发展应该避免陷入机械的历史宿命论和唯心史观，既要看到历史发展的连续性，又要看到历史发展的阶段性，既要看到生产力发展的连续性，又要能够发挥人的智力发展生产力，进而实现人的全面发展。马克思所认为的人，是受生产力和交往形式制约着的现实的个人，是处于一定社会关系中的人。"个人的全面发展，只有到了外部世界对个人才能的实际发展所起的推动作用为个人本身所驾驭的时候，才不再只是作为理想、作为职责等存在于想象之中，而这也正是共产主义者所向往的。"②个人的全面发展不仅在于个人条件，即个人能力的提升，还在于外部世界，即外部环境的推动作用。只有人的能力充分提升，掌握促进人全面发展的生产力，人的全面发展才成为可能。从《1844年经济学哲学手稿》到《德意志意识形态》，马克思对人的全面发展有了更为深入的认识，从对资本主义社会异化现象的剖析，到对生产力和交往形式的深刻洞见，到对未来共产主义社会的展望，马克思人的全面发展理论初步形成。

3. 马克思人的全面发展理论的跃升阶段

从《哲学的贫困》到《共产党宣言》，马克思人的全面发展理论取得进一步发展。恩格斯指出，《哲学的贫困》表明"马克思自己已经弄清了他的新的历史观和经济观的基本特点"。③全新的历史观和经济观的确立，使得马克思人的全面发展理论有了更为坚实、科学的理论基础，这使得马克思人的全面发展理论取得进一步的历史性跃升式发展。

在《哲学的贫困》中，马克思批判了蒲鲁东把现实关系归结为范畴和逻辑的

---

① 卡尔·马克思，弗里德里希·恩格斯. 德意志意识形态 [M]. 北京：人民出版社，2018：121.
② 卡尔·马克思，弗里德里希·恩格斯. 德意志意识形态 [M]. 北京：人民出版社，2018：119.
③ 马克思恩格斯文集（第4卷）[M]. 北京：人民出版社，2009：199.

错误观点。他认为:"一定的社会关系同麻布、亚麻等一样,也是人们生产出来的。社会关系和生产力密切相联。随着新生产力的获得,人们改变自己的生产方式,随着生产方式即谋生的方式的改变,人们也就会改变自己的一切社会关系。手推磨产生的是封建主的社会,蒸汽磨产生的是工业资本家的社会。"①在这里,马克思提出了生产力与生产关系的辩证关系才是社会发展的动力所在,而生产力与生产关系的矛盾运动的直接表现形式就是阶级斗争。马克思提出,人类社会是一个有机的客观整体,阶级斗争是促进社会发展的重要力量。马克思批判了蒲鲁东的唯心史观,在致帕·瓦·安年科夫的信中这样写道:"蒲鲁东先生用自己头脑中奇妙的运动,代替了由于人们既得的生产力和他们的不再与此种生产力相适应的社会关系相互冲突而产生的伟大历史运动,代替了在一个民族内各个阶级间以及各个民族彼此间酝酿着的可怕的战争,代替了唯一能解决这种冲突的群众的实践和暴力的行动,总之,代替了这一广阔的、持久的和复杂的运动。"②马克思极度关注工人的现实状况,他批驳了蒲鲁东"导致提高工资的罢工引起价格的普遍上涨,甚至引起生活必需品匮乏"的错误观点,指出"利润和工资的提高或降低只是表示资本家和工人分享一个工作日的产品的比例,在大多数情况下不会影响产品的价格",蒲鲁东的"这种思想只有不可理解的诗人的头脑里才能出现"。③与此同时,马克思对未来社会进行展望:"劳动阶级在发展进程中将创造一个消除阶级和阶级对抗的联合体来代替旧的市民社会;从此再不会有原来意义的政权了。"④他为无产阶级解放自己指明了前进的现实道路。

1848年,马克思在《共产党宣言》中指出:"代替那存在着阶级和阶级对立的资产阶级旧社会的,将是这样一个联合体,在那里,每个人的自由发展是一切人的自由发展的条件。"⑤共产主义革命就是同传统的所有制关系和传统的观念实行

---

① 马克思恩格斯文集(第1卷)[M]. 北京:人民出版社,2009:602.
② 马克思恩格斯文集(第10卷)[M]. 北京:人民出版社,2009:51.
③ 马克思恩格斯文集(第1卷)[M]. 北京:人民出版社,2009:650.
④ 马克思恩格斯文集(第1卷)[M]. 北京:人民出版社,2009:655.
⑤ 马克思恩格斯文集(第2卷)[M]. 北京:人民出版社,2009:53.

最彻底的决裂。所以只有消灭私有制，同私有观念决裂，才能使得每一个人得到自由而全面的发展。在所有制关系上，马克思提出："共产主义的特征并不是要废除一般的所有制，而是要废除资产阶级的所有制。"①之所以要对所有制关系进行变革，究其缘由就是在于私有制对人的奴役，只有消灭私有制，才能为人的全面发展创设条件。《宣言》在结束时强调革命的意图和手段："他们的目的只有用暴力推翻全部现存的社会制度才能达到。让统治阶级在共产主义革命面前发抖吧。无产者在这个革命中失去的只是锁链。他们获得的将是整个世界。"②除此之外，马克思还提出了教育对人们摆脱旧式分工的重要作用。马克思指出："教育将使他们摆脱现在这种分工给每个人造成的片面性。这样一来，根据共产主义原则组织起来的社会，将使自己的成员能够全面发挥他们的得到全面发展的才能。"③教育使人们摆脱分工带来的片面性，提升人们的素质，进而使人们发挥自己的才能，解放自己。从《哲学的贫困》到《共产党宣言》，马克思提出了无产阶级解放的现实路径，从生产力的发展、教育的发展以及对未来社会美好蓝图的勾勒等多方面为全人类的发展创造了条件。

4. 马克思人的全面发展理论的成熟阶段

以《1857—1858年经济学手稿》和《资本论》为标志，马克思人的全面发展理论进入成熟阶段。在这些著作中，马克思揭示了作为人的全面发展实现条件的经济基础，发现了剩余价值学说，进一步论证了人的全面发展的历史必然性。马克思在《1857—1858年经济学手稿》中提出："生产力——财富一般——从趋势和可能性来看的普遍发展成了基础，同样，交往的普遍性，从而世界市场成了基础。这种基础是个人全面发展的可能性，而个人从这个基础出发的实际发展是对这一发展的限制的不断扬弃，这种限制被意识到是限制，而不是被当作神圣的界限。"④马克思认为，人的全面发展以普遍交往为前提，人与自然的交往使得人们获取发

---

① 马克思恩格斯文集（第2卷）[M]．北京：人民出版社，2009：45．
② 马克思恩格斯文集（第2卷）[M]．北京：人民出版社，2009：66．
③ 马克思恩格斯文集（第1卷）[M]．北京：人民出版社，2009：689．
④ 马克思恩格斯文集（第18卷）[M]．北京：人民出版社，2009：171—172．

展自身的物质基础，人与社会的交往使得人们在精神、文化等层面提升自己，通过这一系列的交往，人们逐渐摆脱对自然界的依赖，逐渐在社会交往中不断提升自己，全面发展自己的能力。"全面发展的个人——他们的社会关系作为他们自己的共同的关系，也是服从于他们自己的共同的控制的——不是自然的产物，而是历史的产物。要使这种个性成为可能，能力的发展就要达到一定的程度和全面性，这正是以建立在交换价值基础上的生产为前提的，这种生产才在产生出个人同自己和同别人普遍异化的同时，也产生出个人关系和个人能力的普遍性和全面性。"①在这里，马克思把全面发展的个人归结为自由个性的人，能力的全面发展为自由个性创设条件，而人的能力的发展又以生产力的发展为前提。马克思独具深邃的唯物辩证法精神，认为造就异化现象的资本主义社会，在为人的能力发展的全面性奠基的同时，也为共产主义社会的到来、人的全面发展提供了"交换价值基础上的生产"这一前提。马克思认为，资本主义社会创造了巨大的生产力，为人类步入共产主义社会积蓄了力量。资本主义社会开创了世界市场，使得人们的交往成为世界交往，使人类的物质与精神文化得以共同占有并融合发展。

这种辩证地看待资本主义社会对人的发展作用的思想，在1867年的《资本论》中也有生动的体现。马克思指出："大工业还使下面这点成为生死攸关的问题：用适应于不断变动的劳动需求而可以随意支配的人，来代替那些适应于资本的不断变动的剥削需要而处于后备状态的、可供支配的、大量的贫穷工人人口；用那种把不同社会职能当作互相交替的活动方式的全面发展的个人，来代替只是承担一种社会局部职能的局部个人。"②应当明确的是，人的全面发展是一种社会理想，是相对的概念实现，资本主义社会相对于封建社会，是社会形态的进一步发展，也是人的发展的进一步实现，相对于封建社会，人的发展无疑是更自由的，生产力是更为进步的。从此角度来看，资本主义社会形态进一步解放、发展了人，具有进步的意义。大工业的出现使得工人成为机器的部件，"大工业不仅使工人对资

---

① 马克思恩格斯文集（第8卷）[M]．北京：人民出版社，2009：56．
② 马克思恩格斯文集（第5卷）[M]．北京：人民出版社，2009：561．

本家的关系，而且使劳动本身都成为工人不堪忍受的东西"①。但与此同时，大工业在"不经意间"为人的全面发展创设了条件，为工人的岗位流动、充分发展人的各方面才能创造了可能，人们不必终生拘泥于一个岗位，智力兴趣等得到了进一步的提升与延展。

除此之外，马克思在《1857—1858年经济学手稿》中对人的全面发展做出了另一角度的规定，即通过自由时间的获得以实现人的各方面能力的全面发展。马克思指出："个性得到自由发展，因此，并不是为了获得剩余劳动而缩减必要劳动时间，而是直接把社会必要劳动缩减到最低限度，那时，与此相适应，由于给所有的人腾出了时间和创造了手段，个人会在艺术、科学等等方面得到发展。"②在自由时间里，人们才能够在艺术、科学等精神领域充分发挥自己的智力等各方面的才能，进一步为全面发展自己创设可能性的空间，对自由时间的追求，是人们获得全面发展的必要条件。对自由时间的执着追求，是人们完美自身的不变追求。人们在不断追求自由时间的历史进程中，解放了自身，发展了自身，逐渐退却了浮华的、带着旧时代残留的胞衣，站在地平线上的是全面发展的个人。

在《资本论》中，马克思发现了资本主义社会剥削工人的秘密：剩余价值规律。与此同时，马克思更是大量运用了异化术语，深刻揭示了资本主义社会在人与自然、人与社会、人与人等一系列关系的异化，资本主义"在产生出个人同自己和同别人的普遍异化的同时，也产生出个人关系和个人能力的普遍性和全面性"③。马克思把人的发展划分为三大形态，这就是著名的三大形态论，即"人的依赖关系（起初完全是自然发生的），是最初的社会形式，在这种形式下，人的生产能力只是在狭小的范围内和孤立的地点上发展着。以物的依赖性为基础的人的独立性，是第二大形式，在这种形式下，才形成普遍的社会物质变换、全面的关系、多方面的需要以及全面的能力的体系。建立在个人全面发展和他们共同的、

---

① 马克思恩格斯文集（第1卷）[M]. 北京：人民出版社，2009：567.
② 马克思恩格斯文集（第8卷）[M]. 北京：人民出版社，2009：197.
③ 马克思恩格斯文集（第8卷）[M]. 北京：人民出版社，2009：56.

社会的生产能力成为从属于他们的社会财富这一基础上的自由个性,是第三阶段。第二个阶段为第三个阶段创造条件"。①第一形态是由于生产力极度低下,人必须相互依赖,共同对抗他们未知的、强大的自然界。第二形态是"以物的依赖性为基础的人的独立性"阶段,在这个阶段,资产阶级创造的生产力"比过去一切世代创造的全部生产力还要多,还要大",这象征着人类历史的重大进步。资本主义社会的发展,打破了人身依附的血缘关系,克服了各民族闭关自守的样态,使世界逐渐融为一体。资本主义在发展人、解放人的同时,又埋下了异化人、片面发展人的种子,资本主义创造了极大财富,更生产了赤贫,人们片面地追求物欲享受,物质奴役着人,实际上造就了人的片面发展。第三形态是"建立在个人全面发展和他们共同的、社会的生产能力成为从属于他们的社会财富这一基础上的自由个性"。第二阶段生产力的极大发展所造就的人的社会关系的极大丰富,为第三阶段的到来创设了条件。在第三阶段,每个人的聪明才智得以充分发挥,人的自由个性得以全面发展。

(二)马克思人的全面发展理论的内容

1. 人的自由全面发展是马克思主义理论追求的目标和归宿

马克思"人的自由全面发展"包含两个方面的内容,分别是"人的全面发展"和"人的自由发展"。对人的全面发展的理解可以从以下几个方面展开:首先,人的能力的全面发展。人类的实践活动即通过人的类本质劳动,改造自然,同时对人类自身进行物质状态的改变,其间人类自身的体力、智力得到发展,也就是人的能力得到全面发展。其内在地包含人的活动和人的需要两方面。主客体间的对象性活动为特征的"自由的、有意识的活动也就是人的类特性"。其一是物质生产劳动和自主活动达到统一,在科学性、社会性条件下成为个人自我实现的活动;其二是人类活动具有丰富性、完整性,改变以往被支配、被监督的地位,成了监督者,不再被迫分工、限制在特定的职业,而是依据劳动者自身的禀赋、优势、

---

① 马克思恩格斯文集(第8卷)[M]. 北京:人民出版社,2009:52.

爱好，自由选择劳动领域、活动方式。

其次，人的需要丰富多样。人的需要随着生产力的发展由少变多，范围不断扩大；资本主义社会随着异化劳动的出现，两大阶级的需要也日益对立起来，生产资料私人占有的剥削阶级通过无偿占有被剥削阶级创造的剩余价值满足自身的生存发展的需要；随着货币和资本的产生，人的物质需要、精神需要、交往需要和自己全面发展的需要等遭到扭曲，货币成了需要本身，人的需要不断被工具化、被物化；在共产主义社会中人的需要是人对其本质的全面占有，个人需要和社会需要达到和谐统一，个人的需要不再是纯粹的手段，新的需要即社会交往的需要产生，人的需要具有了社会性和真实性。

再次，人的社会关系的全面发展。人是社会的人，社会由人组成，人是生活在一定的社会关系中，并且社会关系是复杂交织、立体多维的。自然、人、社会三者之间关系的和谐是人的社会关系全面发展的核心要义。人的社会关系的全面发展，即人从被压迫、被奴役的旧社会中解放出来，早期的原始部落、氏族、社会还是家族、民族、国家等构成的政治共同体中，人与人的社会关系是一种自然产生的狭隘的"人的依附关系"，在资本主义社会，生产、交往的目的都变成是为了获得交换价值，人与人之间形成了"物的依赖关系"，虽然解除了以往的人身依附关系，但是工人不得不靠出卖劳动力获得生存的生活资料，而资本家也离不开给他带来剩余价值的工人，其根源就在于对生产资料的私人占有和维持这种占有不得不对资本无限追逐，人与人的社会关系只是作为一种外在的、异己的与人本身对立而存在的状态，并没有变成使人自由全面发展的自己的类属人的现实条件。如果要打破这种依赖性就需要建立一个自由人的联合体。

最后，需要建立自由联合体，关于这个联合体《共产党宣言》中做了丰富精深的阐释，《宣言》中明确指出"代替那存在着阶级和阶级对立的资产阶级旧社会的，将是这样一个联合体，在那里，每个人的自由发展是一切人自由发展的条件"。①具体包含五个方面：第一，人的发展是全体的发展，是每个人的自由全面发展而不是极少数人的发展或一部分人的发展。第二，人的发展是全面的发展。不仅人的体力和智力得到发展，而且人的各方面才能和工作能力都得到发展，人的社会联系和社会交往也得到发展，人的精神境界得到极大提高。是个人能力包括先天后天的体力、智力、个性、潜能、智慧最大限度得到发挥。第三，个人和社会的发展有机地和谐统一，社会发展与个人发展实现真正的统一，社会发展不再以牺牲某些个人的发展为代价。人们的发展互相促进，每个人的发展是一切人发展的条件。第四，人的发展是充分的发展。人在每一个方面的发展都表现出相当高的程度，各个方面能力的发展相互推动、共同提高，向着更充分的方向发展。人与人之间的关系和发展上达到高度的和谐统一，利益共享、互相促进。第五，人的发展是自由的发展。人的发展是建立在个体高度自由自觉基础上的发展，而不是被迫的发展。区别旧社会的本质特征即人的自由全面发展。

2. 理顺"人的全面发展"和"人的自由发展"的逻辑关系

"人的全面发展"是指人得到全方位的发展，强调的是普遍性特征，在其现实性上的而非抽象的人的本质的发展，也就是说是建立在所处社会发展的新形态基础上的全面发展，就是要立足当今社会，为了使人的各方面能力得到充分挖掘，满足现代社会全球化、网络化、知识化、多元化的普遍需要。"人的自由发展"重在激发个人情趣爱好，创新、创意、创造的能力，在某一方面的潜质、能力得到长足的开发，实现由自在自为变为自觉自由的状态，人本身的自由发展实现的程度与所处社会的发展程度紧密联系。实现"自由"发展是"全面"发展的逻辑基础和前提条件。人在追求"自由"发展时充分挖掘自身潜能和特质，各方面能力进一步提升，为实现人的"全面"发展创造了条件和可能。人能够驾驭和操纵自身及外部力量，全面发展只有达到了这个程度，才能真正实现自由发展，而自由发展最终目的还是达到全面发展。两者共同构成了人的发展的完整内涵。

---

① 马克思恩格斯文集（第2卷）[M]．北京：人民出版社，2009：666．

3. 马克思关于人的发展的三大社会形态理论

马克思人的发展三大社会形态理论首先在《德意志意识形态》中提出，并形成于《1857—1858年经济学手稿》。马克思认为，在原始氏族社会中主要靠家族血缘结成了一定的社会关系，所以第一阶段的社会形态是以人与人的依赖关系为根本特征的，为实现人类生产自身需要的物质，人类从自然界中攫取自身需要的生产资料即食物、衣服、住房以及为此所必需的工具的生产，在此生产过程中形成的生产关系、社会分工、所有制等在狭小范围内孤立存在，人与人之间的合作关系、依赖关系构成维持自身种的繁衍的前提基础。第二阶段的社会形态是以人依赖物的生产关系为根本特征的，可以称为"文明创造的社会"，在第一阶段的锻炼中人类已经能熟练地、文明地使用和创造生产工具，生产分工更加明确精细，所有制关系和生产关系也已十分发达，通过三次社会大分工，物物交换、生产商品交换，形成了空前的物质基础，使得人类把个人自由发展和社会运动放置在自身控制的范围内，使得构建全方位全面的生产关系成为可能。为此，在第二阶段人的自由与全面发展的界限是以物的依赖关系为基础的人的独立性。虽然仍有不足，但在很大程度上促进了人的发展。第三阶段的社会形态是以实现人的全面发展为根本特征的，并且人的自由个性是建立在人们通过共同的社会生产能力来获取他们的社会财富基础之上的。可见，实现人的全面发展是现代化的历史任务和历史目标。

（三）马克思人的全面发展理论对高校落实立德树人的指导意义

马克思重视人的全面发展，在简单的手工业工厂生产时期的工人不需要专门的教育就可以实现生产的需要，到了大机器复杂的社会化生产时期，教育的需要被提出并使人开始异化，随着社会分工的细化，人出现片面化的畸形发展状态。马克思追寻的不是单个人或少部分人的发展，而是每一个历史活动着的人的全面发展。是让每个历史活动着的个人实现在智力、体力、道德等多方面的发展，且在发展中不断发现挖掘个人潜能，并且在这种潜能发挥出来后更是促进个人自身的进一步发展。这些提法与我们现在倡导的素质教育、立德树人有异曲同工之处，现在我们强调高校的任务就是立德树人，在德育、智育、体育、美育、劳育进行五育并举，全面发展和改革，使得五种发展相互促进、协同共进，挖掘全体而不是少数人的潜能，创造出人人可以出彩，人人能够出彩的教育局面和人才培养模式。

马克思十分关注教育与生产劳动的结合。马克思讲的生产劳动，主要指在大机器工业化生产条件下的工厂劳动。教育范围只是学校教育，不包含家庭教育。马克思提出"取消现在这种形式的儿童的工厂劳动,把教育同物质生产结合起来"。所以从智育、德育、技术教育去理解教育，一方面是科学技术和知识结合生产劳动，另一方面也是生产劳动过程中可以创造精神财富。为了提高生产率，实现生产力的快速发展，科技在生产劳动中发挥的作用越来越大，生产对技术和知识的依赖程度也越来越高。教育使劳动者获取更多的科学文化知识，使得教育和生产联系紧密，劳动者能够拥有更丰富的理论知识和娴熟的操作技能，在生产中就可以创造更多的物质精神财富。劳动过程训练了人们的技术技能，同时在劳动实践中应用检验理论，完善理论，提升理性思考能力，接近真理。人类"实践—认识—再实践—再认识"的规律指导我们不断创新人才培养机制，满足现代化发展方向，注重知行合一，同时教育生产结合也使工业和科学结合紧密起来，也保护了人的受教育权和劳动权。

高校落实立德树人，培养德智体美劳全面发展的人，主要的就是坚持以人为本。通过对高校大学生群体，未来社会的建设者进行素质教育、思想品德教育、专业技能技术教育，使其成为中华文明的继承者和实现中华民族复兴的承担者，缔造为未来人类社会的创造者，实现大学生群体自由全面发展，培育现代化人才，也是落实立德树人的题中之义。积极吸取马克思主义人的全面发展思想的精华，科学指导高校落实立德树人，奠定坚实的理论基础。

二、习近平关于教育的重要论述为落实立德树人提供根本遵循

（一）习近平关于教育的论述中的核心观点

2020年7月17日，高等教育出版社出版发行了《习近平总书记教育重要论述讲义》，就习近平总书记关于教育的重要论述进行系统深入阐述，为推进新时代教育事业改革发展提供根本遵循和行动指南。学术界对习近平关于教育的重要论述的研究内容很多，基本形成共识的是这一重要论述包含立德树人、教育公平公正、教育优先原则、尊师重教原则、教育综合改革及教育的对外开放等六大部分的内容。袁贵仁（教育部前部长）提到习近平关于教育的重要论述的内容包含立德树人、教育公平、教育优先、尊师重教、教育领域综合改革、提高人才培养质量、加强教育对外交流与开放。顾明远认为习近平关于教育的重要论述主要由"教育的本质、战略、根本任务、理想、队伍保障以及发展动力等六大部分组成"①。徐俊峰也提出习近平关于教育的重要论述涵盖了"教育优先的战略定位、立德树人的根本任务、教育改革的'四维'向度，以及学校、师生、家庭、社会多元互动的实践系统"。②

1. 教育坚持人民的立场

中国共产党始终坚持全心全意为人民服务的宗旨，维护人民群众的根本利益，为人民谋幸福是党一直以来的追求。进入新时代，社会的主要矛盾发生变化，人民对美好生活的向往，对优质资源的渴望，对幸福的要求进一步提高，习近平总书记任职以来一直致力于满足人民的这一需要。他曾指出，要"让亿万孩子同在蓝天下共享优质教育、通过知识改变命运"③。2017年政府工作报告中也针对教育发展提出了"优质""公平"这两大命题。同年10月，他在党的十九大上再度强调，要"努力让每个孩子都能享有公平而有质量的教育"。

---

① 顾明远. 习近平教育思想指引中国教育改革和发展前进方向［N］. 中国教育报, 2017-07-26（001）.
② 徐俊峰. 习近平教育思想体系及其理论品格［J］. 现代教育管理, 2019（01）.
③ 习近平. 做党和人民满意的好老师［N］. 人民日报, 2014-09-10（002）.

2. 关于现代化教育公平的理论

自教育产生以来，就有阶级性的特征。最广大人民群众是我国社会主义教育服务的对象，为了让广大人民群众接收到我国改革发展取得的红利，习近平总书记认为现代化的教育应该是公平而有质量的教育，要做到雪中送炭和精准有效，同时兼顾锦上添花和优等质量。

习近平总书记关于现代化教育公平的理论包括教育机会公平、教育条件公平、教育保障公平。教育机会平等主要指我国社会的每个成员享有受教育的权利是平等的，包括平等享有入学机会、学习进步机会、参与教育教学机会，在起跑线上就不能输。新时代的教育现代化在我国应该是普及化和民主化的集合体，是无等级和无阶级的教育综合体，人人享有和接受优质教育。2014年6月，习近平就加快职业教育发展做出重要指示，特别指出："要加大对农村地区、民族地区、贫困地区职业教育支持力度，努力让每个人都有人生出彩的机会。"①教育条件公平，营造公平的教育条件可以是人力、物力、财力等教育资源的配备和有效性的实现。在教育活动中起到主导作用的教师，更要做到各地教师队伍和教师水平的均衡，打造高素质教师队伍，提升教师社会地位和经济待遇，关心爱护教师身心健康，维护教师权益。通过信息化技术手段扩大优质教育资源覆盖面，缩小地域城乡差距。教育保障公平，就是要用完善的法律法规制度来保障，公正司法，依法治校，对未成年人受教育进行法律保护，对办学过程中涉及的矛盾纠纷做到合法处理。

3. 关于教育现代化的思想观点

党的十八大以来，习近平总书记结合我国目前社会发展需要以及教育领域的发展状况，对教育工作未来的发展走向做了一系列指示。习近平关于教育的重要论述主要包括教育观念的现代化、教育制度的现代化、教育队伍的现代化、教育技术的现代化、教育保障的现代化。这一重要论述具有开放性、全局性、创新性、

---

① 窦现金. 正确认识和把握新时代我国高中教育阶段普通教育与职业教育发展的结构变化[J]. 中国农村教育，2020（01）.

科学性的基本特点。

一是教育观念的现代化，就是思路要与时俱进，要用现代化思维模式指导工作，坚持开放多元的胸怀，与世界一流大学增强交流合作，包括不拘一格多元化人才评价，树立终身学习、全员学习的思想，认真贯彻落实社会主义核心价值观教育。二是教育制度的现代化，就是改革完善现代化人才培养体制机制，用活用好招生考试制度，公平公正选拔高质量创新人才，建章立制建立现代学校管理考核激励制度，多元多样多层次办学体制改革。三是教育队伍的现代化，加强教师师德建设，夯实教师业务水平，深化教师管理体制，依法保护教师权益。四是教育技术的现代化，教育信息基础建设，扩大优质教育资源，实现教具学具现代化。五是教育保障的现代化，增强依法行政、依法办学、依法执教的能力，用法治化做保障。

4. 在教育的地位和功能上的重要论述

教育优先的地位。"教育是民族振兴、社会进步的重要基石，是功在当代、利在千秋的德政工程，对提高人民综合素质、促进人的全面发展、增强中华民族创新创造活力、实现中华民族伟大复兴具有决定性意义。"[1]当代中国进入新时代，为了建设强国，实现国际地位的提升，习近平总书记把教育事业摆在优先地位，从党的事业和国家战略的高度，对教育地位、功能做了重要阐述，习近平提出："优先发展教育事业，加快教育现代化，建设教育强国……教育是国之大计，党之大计"[2]。教育事业关系国家兴衰、中华民族复兴，关系到后继有人，担当时代责任，实现中国梦。习近平总书记特别重视教育的功能，高等教育有培养人才的功能，为增强国家的综合国力和世界竞争力提供有竞争力的人才。拓展了高校的四个服务功能，即教学、科研、传承文化、社会服务，重点厘清了四个服务："为人民服务，为中国共产党治国理政服务，为巩固和发展中国特色社会主义制度服务，

---

[1] 杨德广. 习近平教育系列论述对毛泽东和邓小平教育思想的传承和发展 [J]. 重庆高教研究，2020（05）.
[2] 杨德广. 习近平教育系列论述对毛泽东和邓小平教育思想的传承和发展 [J]. 重庆高教研究，2020（05）.

为改革开放和社会主义现代化建设服务"①,高校要以全面提升人才的综合素质和能力为工作重心。

(二)习近平关于教育的论述中立德树人的观点

1. 习近平总书记关于立德树人重要论述的形成发展历程

2012年11月8—14日党的十八大召开,党的十八大报告首次提出:把立德树人作为教育的根本任务。

2016年12月,全国高校思政会上习近平总书记强调:"高校思想政治工作关系高校培养什么样的人、如何培养人以及为谁培养人这个根本问题。要坚持把立德树人作为中心环节,把思想政治工作贯穿教育教学全过程,实现全程育人、全方位育人,努力开创我国高等教育事业发展新局面。"②其重要论点:"一是以学生为中心,思想政治工作从根本上说是做人的工作,必须围绕学生、关照学生、服务学生,不断提高学生思想水平、政治觉悟、道德品质、文化素养,让学生成为德才兼备、全面发展的人才。"③"二是遵循三个规律,做好高校思想政治工作,要因事而化、因时而进、因势而新。要遵循思想政治工作规律、遵循教书育人规律、遵循学生成长规律,沿用好办法,改进老办法,探索新办法,不断提高工作能力和水平。三是用好主渠道,用好课堂教学这个主渠道。"④所有课堂都有育人功能,不能把思想政治工作只当作思想政治理论课的事,其他各门课要守好一段渠、种好责任田。要把做人做事的基本道理、把社会主义核心价值观的要求、把实现民族复兴的理想和责任融入各类课程教学之中,使各类课程与思想政治理论课同向同行,形成协同效应。

2017年10月18—24日党的十九大召开,习近平总书记在十九大报告中强调:"要以培养担当民族复兴大任的时代新人为着眼点,要全面贯彻党的教育方

---

① 王海霞. 习近平意识形态教育理论研究 [D]. 中共中央党校博士论文, 2019年.
② 孙在丽. 新时代我国普通高等学校思想政治理论课教师队伍建设研究 [D]. 中共中央党校博士论文, 2019.
③ 曲长海. 大学生德育生态系统研究 [D]. 东北林业大学博士论文, 2019.
④ 佘双好. 习近平关于高校思想政治工作重要论述的发展过程及基本观点探析 [J]. 思想政治教育研究, 2020 (04).

针，落实立德树人根本任务，发展素质教育，推进教育公平，培养德智体美全面发展的社会主义建设者和接班人。"①

2018年5月2日北京大学师生座谈会上的讲话中，习近平提出了三项基础性工作，"一是坚持办学正确政治方向；马克思主义是我们立党立国的根本指导思想，也是我国大学最鲜亮的底色。把立德树人的成效作为检验学校一切工作的根本标准。把立德树人内化到大学建设和管理各领域、各方面、各环节，做到以树人为核心，以立德为根本"。② "二是建设高素质教师队伍，建设政治素质过硬、业务能力精湛、育人水平高超的高素质教师队伍是大学建设的基础性工作"。③ 评价教师队伍素质的第一标准应该是师德师风。"三是形成高水平人才培养体系，人才培养体系涉及学科体系、教学体系、教材体系、管理体系等，而贯通其中的是思想政治工作体系"。④

2018年9月10日全国教育大会的讲话中，习近平指出，"教育事关国家发展、事关民族未来；没有哪一项事业像教育事业这样影响甚至决定着接班人问题，影响甚至决定着国家长治久安，影响甚至决定着民族复兴和国家崛起"⑤。从这个意义上说，"教育是国之大计、党之大计。培养什么人，是教育的首要问题。要健全全员育人、全过程育人、全方位育人的体制机制，不断培养一代又一代社会主义建设者和接班人。要努力构建德智体美劳全面培养的教育体系，形成更高水平的人才培养体系"⑥。

2019年3月18日学校思政课教师座谈会上，习近平强调，"用新时代中国特色社会主义思想铸魂育人，贯彻党的教育方针落实立德树人根本任务，思想政治理论课是落实立德树人根本任务的关键课程。办好思想政治理论课关键在教师，

---

① 曲长海. 大学生德育生态系统研究[D]. 东北林业大学博士论文，2019.
② 张彤. 新时代高校思想政治理论课话语权提升策略研究[D]. 华北电力大学硕士论文，2019.
③ 杨德广. 习近平教育系列论述对毛泽东和邓小平教育思想的传承和发展[J]. 重庆高教研究，2020（05）.
④ 余双好. 习近平关于高校思想政治工作重要论述的发展过程及基本观点探析[J]. 思想政治教育研究，2020（04）.
⑤ 陈宝生. 深入学习贯彻习近平总书记关于教育的重要论述[J]. 新课程导学，2020（03）.
⑥ 陈宝生. 深入学习贯彻习近平总书记关于教育的重要论述[J]. 旗帜，2020（02）.

关键在发挥教师的积极性、主动性、创造性"①。

2019年4月30日纪念五四运动100周年大会讲话中,习近平指出新时代中国青年,要有家国情怀,也要有人类关怀,为实现中华民族伟大复兴而奋斗,为推动共建"一带一路"、推动构建人类命运共同体而努力。

2. 高校立身之本在于立德树人

党的十八大把立德树人首次写入会议报告,明确了教育的根本任务是立德树人,是对现代教育本质的认识深化。习近平总书记特别重视培养什么人、为谁培养人、如何培养人,强调立德树人是作为人的立身之本。"立德树人",首先,以德为先。"德"既有个人的"德",也有国家和社会的"德"。尤其是大学生正处于"三观"形成的重要时期,高校更要担负起培养人才的重任,坚持把"德"的培育放在首位,回归到育人之道。其次,高校需要将德育工作贯穿教学全过程,学校党委和校长需要共同承担责任,形成全员育人、全程育人、全方位育人,教育教学管理各项工作都需要将道德培育作为出发点和落脚点。再次,高校要把促进大学生品德发展和人格完善,培育现代化人才为目标。高校要坚持德育为先、德育为重,以德性发展和人格现代化来引领和促进大学生的全面发展。最后,习近平总书记对教师队伍建设提出了高要求,习近平提出:"一个人遇到好老师是人生的幸运,一所学校拥有好老师是学校的光荣,一个民族源源不断涌现出一批又一批好老师则是民族的希望。"② 学高为师,身正为范,教师的一言一行,教师自身的修为品德直接影响着学生。

3. 扎实办好中国特色的社会主义高校

我国是社会主义国家,国家性质决定了我国的高等教育要坚持社会主义的办学方向,从我国的历史、文化、国情出发,坚持走社会主义道路。习近平对中国传统文化的传承做过深刻的阐述,在全国宣传思想工作会议上强调:"中华文化积淀着中华民族最深沉的精神追求,是中华民族生生不息、发展壮大的丰厚滋养。"

---

① 熊宇鹏. 习近平德育理论研究 [D]. 东北林业大学博士论文, 2019.
② 马树超. 中国特色职业教育发展应坚持立德树人 [J]. 中国职业技术教育(学习体会专刊), 2017(34).

在曲阜考察时,他明确提出:"一个国家、一个民族的强盛,总是以文化兴盛为支撑的,中华民族伟大复兴需要以中华文化发展繁荣为条件。"①在纪念孔子诞辰2565周年国际学术研讨会上,他进一步指出:"儒家思想同中华民族形成和发展过程中所产生的其他思想文化一道,记载了中华民族自古以来在建设家园的奋斗中开展的精神活动、进行的理性思维、创造的文化成果,反映了中华民族的精神追求,是中华民族生生不息、发展壮大的重要滋养。"所以高校立德树人要传承中华优秀传统文化,从中吸取积极养分,丰富现当代高校德育内容。其次,高校要积极培育和践行社会主义核心价值观,习近平指出:"核心价值观,其实就是一种德,既是个人的德,也是一种大德,就是国家的德、社会的德。国无德不兴,人无德不立。"②如果一个民族、一个国家没有共同的核心价值观,莫衷一是,行无依归,那这个民族、这个国家就无法前进。

第二节 红色文化资源在高校育人过程中应用的理论基础

一、红色文化资源在高校思政教育中运用的理论依据

(一)马克思主义经典作家对宣传工作、政治工作等的论述

自马克思主义诞生之日起就产生了思想政治教育活动,思想政治教育是马克思主义题中应有之义。在写于1845年的《关于费尔巴哈的提纲》中,马克思以社会实践为基础,向人们揭示了新历史观的基本特征,这就是"社会生活在本质上是实践的"③,"人的本质不是单个人所固有的抽象物。在其现实性上,它是一切社会关系的总和"④。同时,他也批判了旧唯物主义对待人和环境及教育关系的错

---

① 杨金铭. 高校德育现代化研究 [D]. 哈尔滨师范大学博士论文,2017.
② 吴菁. 习近平新时代高校思想政治教育思想的理论蕴涵和实践运用探索研究——以高校共青团加强青年学生思想政治引领为例 [J]. 新生代,2020(07).
③ 马克思恩格斯选集(第1卷)[M]. 北京:人民出版社,2002:60.
④ 马克思恩格斯选集(第1卷)[M]. 北京:人民出版社,2002:60.

误观点,认为旧唯物主义提出的教育万能论"这种学说忘记了:环境是由人来改变的,而教育者本人一定是受教育的"①。这些论述为我们通过马克思主义理论教育来塑造人提供了最基本的唯物主义的科学前提。此后,马克思、恩格斯1847年创立第一个国际无产阶级政党时,在起草的第一份党章《共产主义同盟者章程》里,又明确将"具有革命毅力并努力进行宣传工作"②写入章程。刘少奇同志后来对此进行过解释,当时的宣传工作,实质上就是党的思想工作。马克思主义政党将宣传工作列入党的章程,以制度的形式确立下来,这是一个具有历史意义的开始,它表明马克思主义政党对宣传工作在革命中的地位有了清楚的认识。而在《共产党宣言》中,马克思和恩格斯又明确告诫:"共产党一分钟也不忽略教育工人尽可能明确地意识到资产阶级和无产阶级的敌对的对立。"③正是在这一思想的影响下,各国工人阶级政党在创立之初,其主要任务和工作几乎都是从事马克思主义的普及和传播活动,目的就是要启发工农的阶级觉悟和政治意识,发动和组织革命运动。从国际工人阶级的第一个政党——共产主义同盟成立开始,所有共产党和工人党几乎都在自己的党章中把宣传马克思主义作为党员条件之一。

马克思主义政党对宣传工作的认识实现了认识和实践的统一。此外,马克思、恩格斯在工人阶级政党的建设实践中,也始终注重把思想建设放在首位,以保持工人阶级政党的先进性、纯洁性。在《〈黑格尔法哲学批判〉导言》中,马克思说道:"批判的武器当然不能代替武器的批判,物质力量只能用物质力量来摧毁,但是理论一经掌握群众,也会变成物质力量。理论只要说服人,就能掌握群众;而理论只要彻底,就能说服人。"④相对于马克思、恩格斯从普遍性即人类社会发展和人的交往的角度来思考宣传,列宁则从特殊性即从俄国革命及其苏俄建设的角度来探讨宣传。历史赋予马克思、恩格斯重要的使命是将社会主义理论由空想变为科学,同样历史对列宁提出了将社会主义由科学变为现实的要求。要完成这一

---

① 马克思恩格斯选集(第1卷)[M]. 北京:人民出版社,1995:55.
② 马克思恩格斯选集(第4卷)[M]. 北京:人民出版社,1958:572.
③ 马克思恩格斯全集(第1卷)[M]. 北京:人民出版社,1995:306.
④ 马克思恩格斯选集(第1卷)[M]. 北京:人民出版社,2012:9—10.

转变,从思想层面来看,列宁所要面临的是要解决如何实现党的思想统一,如何实现马克思主义俄国化,如何坚定人们的社会主义信念并为之奋斗等问题。诸多问题的解决离不开思想的交锋、理论的灌输、政治的教育。在俄国革命的准备阶段,即1901年至1902年2月,列宁完成了《怎么办》这一对马克思主义理论教育具有重要指导意义的著作。列宁在文中特别引证了恩格斯在1874年谈到理论在社会民主主义运动中的作用问题时所发表的意见:"社会民主党的伟大斗争并不是有两种形式(政治的和经济的),像在我国通常认为的那样,而是有三种形式,同这两种斗争并列的还有理论的斗争。"①列宁还进一步明确了"应当通过宣传、通过教育来进行斗争"②。

列宁在1903年前后创建布尔什维克党的过程中,正式提出了"宣传鼓动"工作、"政治教育"工作等概念,后来又提出了"政治宣传工作"③的概念,并把从事这项工作的人员叫作"政治教育工作者""政治宣传员"。这就离我们现在对思想政治教育的表述很接近了。对于向工人阶级进行马克思主义理论教育的艰巨性、长期性和复杂性,列宁也有非常深刻的论证。他认为,马克思主义政党如果不能以积极的态度、主动地向工人阶级灌输社会主义意识而任其自流,就特别容易受到资产阶级思想体系的控制。这是因为"资产阶级思想体系的渊源比社会主义思想体系久远得多,它经过了更加全面的加工,它拥有的传播工具也多得不能相比"④。因此,无产阶级政党必须向工人阶级"从外面灌输"阶级政治意识。他还指出,"对社会主义思想体系的任何轻视和任何脱离,都意味着资产阶级思想体系的加强"⑤。列宁是马克思主义经典作家中第一个提出理论"灌输"概念的人。在我们今天看来,理论"灌输"依然是最为重要的思想政治教育方法之一。尤为值得一提的是,列宁还十分重视榜样在政治教育中的积极作用。他认为:"榜样的力

---

① 列宁全集(第6卷)[M]. 北京:人民出版社,1986:24.
② 列宁全集(第35卷)[M]. 北京:人民出版社,1985:181.
③ 列宁全集(第15卷)[M]. 北京:人民出版社,1959:190.
④ 列宁全集(第6卷)[M]. 北京:人民出版社,1986:40.
⑤ 列宁全集(第6卷)[M]. 北京:人民出版社,1986:38.

量在资本主义社会里不能显示出来,而在废除了土地和工厂的私有制的社会里会起巨大的作用。"①这对中国共产党在革命和建设时期树立英雄人物为学习教育的榜样无疑是一个重要的思想启示。在列宁政治宣传与教育思想的理论成果基础上,苏联的第二代领导人斯大林继续进行思想政治教育的具体化工作。1934年,斯大林在联共(布)第十七次全国代表大会上进一步提出了"思想工作""政治思想工作"的概念,明确了思想政治工作的六项任务和内容,并将其逐步纳入了国家的政治文化生活和学校教育的轨道。斯大林指出,必须用马克思列宁主义理论教育干部、工人和青年。共青团员和革命青年不努力学习马克思列宁主义,就不能成为自觉的共产主义者。他还认为,社会主义建设者学习和掌握马克思列宁主义的科学理论是非常必要的。他指出:学习马克思列宁主义理论要领会其精神实质,要能应用于实际,要使马克思列宁主义不断得到丰富和发展。在斯大林的建议下,苏联共产党(布)中央曾多次公布过改进理论教育工作的决议。

(二)老一辈革命家对思想政治教育及革命传统教育的阐释

中国共产党成立以来,以毛泽东为代表的中国共产党人主张从中国的实际出发来运用马克思主义的基本原理,不断加强党的思想政治工作。"从中国的实际出发",这里就有一个马克思主义思想政治教育理论中国化的问题。一是要结合中国特殊的人文传统进行教育,比如中国人注重整体利益、民族利益和国家利益,强调个人对民族、国家、社会的奉献精神和责任意识。在抵御侵略、维护国家主权和民族尊严的过程中,中华民族形成了坚持国家和民族利益至上、誓死不当亡国奴的民族品格。这是中国共产党对广大人民群众进行思想政治教育和加强自我建设的历史实际。二是要了解一定时代背景下人们思想的实际状况和水平,以及建立在社会发展现状基础上人们精神、情感、思想上的内在需要。中国共产党成立之时,中国老百姓正处于帝国主义、封建主义、官僚资本主义三座大山的压迫之下。人们强烈渴望有一种理论、一个政党、一条道路能指引和带领自己翻身求解

---

① 列宁全集(第34卷)[M]. 北京:人民出版社,1985:138.

放、自由求发展。这是中国共产党对广大人民群众进行思想政治教育和进行自我建设的现实实际。三是要将那些适合中国实际的教育资源、教育方法、教育手段应用于思想政治教育活动。比如说将老百姓耳熟能详的山歌、民谣改编为革命歌谣，鼓舞人民群众投身革命队伍；又比如以革命标语的形式简洁明了地教育和发动人民群众，揭露帝国主义、封建主义、官僚资本主义的反动本质。对于在革命斗争实践中由先进分子创造的具有民族性、时代性、人民性特征的红色文化，要以各种形式在人民群众中进行更广泛的宣传教育。这是我们进行思想政治教育的教育实际。

1926年，周恩来在国民革命军总部举办的战时训练班上，专题做了《国民革命军及军事政治工作》的报告。我们党对政治工作的高度重视由此可见一斑。1928年10月，毛泽东在湘赣边界各县党的第二次代表大会上说"共产党是要左手拿传单右手拿枪弹才可以打倒敌人的"[1]，并在此后多次强调"在我们为中国人民解放的斗争中，有各种的战线，其中也可以说有文武两个战线，这就是文化战线和军事战线。我们要战胜敌人，首先要依靠手里拿枪的军队。但是仅仅有这种军队是不够的，我们还要有文化的军队"[2]。这里的"文化战线"和"文化的军队"，事实上也是思想政治工作和思想政治工作队伍的重要组成部分。在1934年召开的红军第一次全国政治工作会议上，朱德、周恩来都发表了关于"政治工作"的致辞和演说辞。1937年10月，毛泽东在《和英国记者贝特兰的谈话》中专门谈了八路军的"政治工作问题"。[3]1945年4月，毛泽东在《论联合政府》一文中使用了"思想教育"[4]的概念。在思想政治教育实际工作中，毛泽东尤其重视青年人的教育。早在中华人民共和国成立之初，毛泽东就对广大青年提出了"身体好、学习好、工作好"的希望，要求青年坚持走"又红又专"的道路，并明确指出我们的教育方针是要使受教育者在德、智、体多方面都得到发展，成为有社会主义觉悟的有

---

[1] 毛泽东选集（第一卷）[M]. 北京：人民出版社，1991：70.
[2] 毛泽东选集（第三卷）[M]. 北京：人民出版社，1991：847.
[3] 毛泽东选集（第二卷）[M]. 北京：人民出版社，1991：379.
[4] 毛泽东选集（第二卷）[M]. 北京：人民出版社，1991：1094.

文化的劳动者，并视其为培养社会主义事业可靠接班人的重要标准。1955年，毛泽东在《〈中国农村的社会主义高潮〉序言和按语》中提出了"政治工作是一切经济工作的生命线"①的著名论断。这一论断确立了思想政治教育工作在党的各项工作中的重要地位。他还在另一篇文章中对这一观点进行了深刻阐述："在知识分子和青年学生中间，最近一个时期，思想政治工作减弱了，出现了一些偏向。在一些人的眼中，好像什么政治，什么祖国的前途、人类的理想，都没有关心的必要。好像马克思主义行时了一阵，现在就不那么行时了。针对这种情况，现在需要加强思想政治工作。不论是知识分子，还是青年学生，都应该努力学习。除了学习专业之外，在思想上要有所进步，政治上也要有所进步，这就需要学习马克思主义，学习时事政治。没有正确的政治观点，就等于没有灵魂。"②总的来看，中国共产党对思想政治教育工作的认识并没有停留于此前经典马克思主义者的看法，而是在这一基础上结合中国的实际实现了新的超越，获得中国化的成果。总结起来就是三条，一是要坚持用马克思主义理论武装群众头脑和教育自我；二是要突出思想政治教育的"生命线"地位；三是要始终围绕党的中心任务开展思想政治教育。这三条经验一个是内容，一个是方法，一个是目标，构成一个不可分割的整体，使思想政治教育的地位得以确立巩固，也使得思想政治教育实践工作在这些经验的指导下得以顺利开展。除了这些理论经验的获得之外，我们党及其领导的人民群众还在革命与建设实践中共同创造出宝贵的红色文化资源，这一特殊资源既是革命与建设及思想政治教育的伟大实践结下的丰硕成果，又反过来影响和促进革命、建设，影响和促进思想政治教育实践的发展，成为革命、建设及思想政治教育实践新的起点。随着时代风云的变幻，它与思想政治教育工作的结合越来越紧密，对全体党员、广大青年及人民群众的教育作用日益凸显。正如毛泽东所说，"今天中国的进步在什么地方呢？在于它……有了已经觉悟或正在觉悟的广大人民，有了共产党，有了政治上进步的军队即共产党领导的中国红军，有了

---

① 毛泽东文集（第六卷）[M]. 北京：人民出版社，1991：449.
② 毛泽东选集（第七卷）[M]. 北京：人民出版社，1991：226.

数十年革命的传统经验,特别是中国共产党成立以来的十七年的经验。这些经验,教育了中国的人民,教育了中国的政党……"①"数十年革命的传统经验,特别是中国共产党成立以来的十七年的经验",正是红色文化资源的重要组成部分。"物质变精神、精神变物质"。②思想政治教育被无产阶级自觉地利用为精神武器,以物质和精神形态出现的红色文化资源也被无产阶级利用为革命和建设的精神武器,成为实现思想政治教育创新发展源源不断的动力。

（三）当代领导人对思想政治教育及革命传统教育的新认识

改革开放以来,中国社会较之于革命建设年代发生了很大改变。在纷繁复杂的国际国内环境下,东西方社会意识形态领域的斗争由"明争"变为"暗斗",形式由"武攻"变为"文斗",意识形态领域工作的开展显得更为紧迫,思想政治教育时代化、大众化的命题尤为凸显。邓小平同志一再强调思想政治工作要"切实认真做好,不能放松"③。"思想政治工作和思想政治工作队伍都必须大大加强,决不能削弱。"④一个"不能放松"和一个"决不能削弱",显示出党的领袖对改革开放环境下思想政治工作的重视。在邓小平的德育理论中,对人民群众尤其是广大青年进行思想政治教育是重要内容。培养"有理想、有文化、有道德、有纪律"的社会主义建设者和接班人是根本的培养目标。其中,他又特别强调理想教育是核心。邓小平指出:"毛泽东同志说过,人是要有一点精神的。在长期革命战争中,我们在正确的政治方向指导下,从分析实际情况出发,发扬革命和拼命精神,严守纪律和自我牺牲精神,大公无私和先人后己精神,压倒一切敌人、压倒一切困难的精神,坚持革命乐观主义、排除万难去争取胜利的精神,取得了伟大的胜利。"⑤我们要"大声疾呼和以身作则地把这些精神推广到全体人民、全体青少年中间去,使之成为中华人民共和国的精神文明的主要支柱,为世界上一切要求革

---

① 毛泽东选集（第二卷）[M].北京：人民出版社,1991：451.
② 毛泽东文集（第八卷）[M].北京：人民出版社,1991：390.
③ 邓小平文选（第二卷）[M].北京：人民出版社,1994：342.
④ 邓小平文选（第三卷）[M].北京：人民出版社,1993：145.
⑤ 邓小平文选（第二卷）[M].北京：人民出版社,1994：376.

命、要求进步的人们所向往,也为世界上许多精神空虚、思想苦闷的人们所羡慕"①。

作为改革开放的总设计师,邓小平为中国这艘巨轮指明了正确航向,然而在回顾20世纪80年代的工作得失时,邓小平深切地认识到:"十年来我们的最大失误是在教育方面,对青年的政治思想教育抓得不够,教育发展不够。"②他一再强调"要恢复和发扬我们党和人民的革命传统,培养和树立优良的道德风尚,为建设高度发展的社会主义精神文明作出积极的贡献"③。从上述邓小平的谈话中我们不难了解到这样两层深意,一是经济与政治的改革是社会主义改革的根本,而思想的改革、教育的改革则是一切改革的先导。二是不管经济社会如何发展,老祖宗不能丢,革命精神、革命传统不能丢。用革命精神、革命传统来教育广大人民群众不能丢。

世纪之交,我国在经历了苏联解体和1989年政治风波,中国共产党思想政治教育工作的艰巨性和复杂性前所未有地凸显出来。以江泽民同志为核心的党的第三代领导人始终视思想政治教育为"实现党和国家各项任务的中心环节""党和社会主义国家的重要政治优势"。面对国际形势的急剧变化和1989年政治风波带来的负面后果,我国始终强调把青年大学生的思想政治教育工作放在第一位,始终坚持以思想政治教育来稳定党心、军心、民心。江泽民指出:"各级各类学校都要全面贯彻党的教育方针,坚持社会主义办学方向,努力培养德智体全面发展的'四有'新人。要针对改革和建设过程中出现的新情况、新问题,不断加强和改进学校的思想政治工作和政治课教育。要加强对学生进行马列主义毛泽东思想基本理论特别是邓小平同志建设有中国特色社会主义理论的教育,加强党的基本路线的教育,加强爱国主义、集体主义、社会主义思想的教育,加强中国近代史、现代

---

① 邓小平文选(第二卷)[M].北京:人民出版社,1994:368.
② 邓小平文选(第三卷)[M].北京:人民出版社,1993:287.
③ 邓小平文选(第二卷)[M].北京:人民出版社,1994:209.

史和国情的教育,加强我国优秀文化传统和革命传统的教育。"①"加强理论教育、思想教育和政治工作的目的,就是要引导和帮助青年学生树立正确的世界观、人生观、价值观,打下科学理论的基础,确立为建设有中国特色社会主义而奋斗的政治方向。"②

党的十六大以来的,以胡锦涛为核心的党的第四代领导人对大学生思想政治教育工作及利用红色文化资源进行民族精神、党的优良传统教育工作非常重视。2005年1月,在全国加强和改进大学生思想政治教育工作会议中,胡锦涛发表重要讲话指出:"切实加强和改进大学生思想政治教育工作,培养造就千千万万具有高尚思想品质和良好道德修养、掌握现代化建设所需要的丰富知识和扎实本领的优秀人才,使大学生们能够与时代同步伐、与祖国共命运、与人民齐奋斗,确保实现全面建成小康社会、进而实现现代化的宏伟目标,确保实现中华民族的伟大复兴,具有重大而深远的战略意义。"③在和谐社会构建的过程中,以胡锦涛为总书记的党中央又把弘扬和培育民族精神,继承和发扬党的优良传统作为全面推进党的思想政治建设新的伟大工程之一,强调必须坚持以马克思列宁主义、毛泽东思想、邓小平理论和"三个代表"重要思想为指导,以革命理想教育、道德教育和纪律教育为社会主义思想建设的主要内容,使人们通晓和掌握社会发展规律、自觉树立社会主义和共产主义的理想,使党的路线、方针和政策不断转化为人们的思想行动,使革命传统精神在发展中国特色社会主义的伟大事业中一以贯之。胡锦涛同志尤其重视红色革命精神对中国特色社会主义事业的引领作用。他先后三次上井冈山,四次从不同的层面、不同的角度谈论井冈山精神的科学内涵、时代价值以及如何弘扬井冈山精神。

2012年11月15日,在党的十八届一中全会中,习近平当选为党的新一代领导人。中国特色社会主义发展道路迈入新的历史阶段,我们党对思想政治教育和

---

① 江泽民文选(第一卷)[M]. 北京:人民出版社,2006:371.
② 江泽民文选(第一卷)[M]. 北京:人民出版社,2006:372.
③ 十六大以来重要文献选编[M]. 北京:中央文献出版社,2006:633.

革命传统教育的认识也将在新的更高的起点扬帆起航。早在2008年10月13日至15日,时任中共中央政治局常委、中央书记处书记、国家副主席的习近平在江西省调研考察时专程到瑞金瞻仰了第一次、第二次全国苏维埃代表大会会址等革命旧址,到井冈山瞻仰了茨坪革命旧居旧址群并参观了井冈山革命博物馆,向瑞金红军烈士纪念塔和井冈山革命烈士陵园敬献了花篮、花圈,还看望慰问了老红军。他饱含深情地说,无数革命先烈用鲜血和生命换来的江山为我们创造美好生活奠定了坚实基础,他们留下的优良传统是永远激励我们前进的宝贵财富,任何时候都不能丢。我们要把继承优良传统和坚持改革创新结合起来,把解放思想和尊重执政党建设规律结合起来,深入研究党的建设中的新问题,在新的起点上全面加强和改进党的建设,不断提高党建工作水平。①2015年6月16日,习近平总书记来到贵州遵义考察,一下飞机就直奔红军山烈士陵园,向红军烈士纪念碑敬献花篮。纪念碑四周的浮雕展现了当年红军浴血奋战的场景。在"突破乌江天险"浮雕前,总书记驻足感叹:"当时要是过不去就危险了……"碑上"红军烈士永垂不朽"8个字是邓小平同志题写的,他伫立凝望,听取介绍。这是党的十八大后习近平总书记第一次赴黔考察。②习近平总书记在参观遵义会议会址和遵义会议陈列馆时讲道:"遵义会议作为我们党历史上一次具有伟大转折意义的重要会议,在把马克思主义基本原理同中国具体实际相结合、坚持走独立自主道路、坚定正确的政治路线和政策策略、建设坚强成熟的中央领导集体等方面,留下了宝贵经验和重要启示。我们要运用好遵义会议历史经验,让遵义会议精神永放光芒。"③2019年,习近平来到鄂豫皖苏区首府烈士陵园,瞻仰革命烈士纪念碑、纪念堂,远眺英雄山上"红旗飘飘"主题雕塑。在纪念碑前,习近平向革命先烈敬献花篮并三

---

① 《习近平在江西调研 强调坚持改革创新推动农村发展》,2008年10月25日,见http://www.ce.cn/xwzx/gnsz/szyw/200810/15/t20081015_17077981.shtml。
② 《习近平考察贵州:参观遵义会议会址》,2015年6月17日,见http://cn.chinadaily.com.cn/2017xsdczl/2015-06/17/content_34647880.htm。
③ 《重温习近平的"红色足迹"从革命精神中汲取前行动力》,2021年5月16日,见http://cpc.people.com.cn/n1/2021/0516/c164113-32104514.html。

鞠躬，深情缅怀为革命胜利献出宝贵生命的英雄儿女。在纪念堂内，习近平听取革命烈士事迹介绍，高度评价他们的贡献。习近平在河南省信阳市新县参观鄂豫皖苏区首府革命博物馆时讲道："革命博物馆、纪念馆、党史馆、烈士陵园等是党和国家红色基因库。要讲好党的故事、革命的故事、根据地的故事、英雄和烈士的故事，加强革命传统教育、爱国主义教育、青少年思想道德教育，把红色基因传承好，确保红色江山永不变色。"

在完成全面建成小康社会，建设社会主义现代化国家成为目标的新的历史时期，以习近平同志为核心的党中央始终认为革命传统不能丢，革命资源不能弃，对共产党人来说，中国革命历史是最好的营养剂。充分用好红色文化资源，发挥好"红色基因库"作用。正如习近平所说："革命传统资源是我们党的宝贵精神财富，每一个红色旅游景点都是一个常学常新的生动课堂，蕴含着丰富的政治智慧和道德滋养。""要把这些革命传统资源作为开展爱国主义和党性教育的生动教材，在党史学习教育中，要充分运用红色文化资源，教育引导广大党员、干部坚定理想信念、筑牢初心使命，不断增强斗争精神、提高斗争本领，做到在复杂形势面前不迷航，在艰巨斗争面前不退缩"。

二、红色文化资源在高校思政教育中的价值

从马克思主义价值理论出发，我们得出以下结论：红色文化资源是中国共产党及其领导的中国人民在革命、建设和改革实践过程中创造的。红色文化资源是价值客体，而中国共产党及其领导的中国人民是价值主体。红色文化资源的价值是在人们的社会实践中，因它满足了主体的精神与物质需要而产生的。人们的需要随着社会实际情况的变化而发生变化；红色文化资源自身也随着社会实践的发展而发展。因而红色文化资源满足人们需求的属性也是多方面的，其价值也必然是多元的。人们的需要决定了红色文化资源对于人们是否具有价值及具有何种价值，还决定了红色文化资源价值的具体发挥及如何为人们所开发和利用。总之，

中国共产党及其领导的中国人民是红色文化资源价值的创造者和享有者。在人们各个阶段的社会实践活动中，红色文化资源被相应地赋予了政治价值、文化价值、教育价值、社会价值等；同时，它又以自身固有的物质和精神属性"主动"满足人们的需求，在人们的政治、经济、文化、社会等各项活动中发挥和继续发挥着重要的价值。

（一）红色文化资源的政治价值

红色文化资源是中国共产党及其领导的中国人民进行社会政治实践活动的直接产物。政治价值是红色文化资源的主导价值。具体表现在：第一，红色文化资源是中国共产党执政合法性的历史依据。红色文化资源的主体是中国共产党领导中国人民进行阶级革命、反抗日本帝国主义侵略、推翻国民党独裁统治、建设社会主义新中国的政治实践活动中形成的。红色文化资源中的革命遗址、革命文物等是这一系列政治活动的直接产物，真实记录了这一系列政治活动的历程。第二，红色文化资源是中国共产党执政长久性的现实保证。过去红色文化资源是人民群众爱党拥军、牺牲奉献的历史见证；今天，红色文化资源是凝聚人心、汇聚民力的精神旗帜，是我们党和人民始终保持着血肉联系的桥梁和纽带。它时刻提醒共产党人保持先进性、纯洁性、纪律性，做到立党为公、执政为民，不断夯实中国共产党执政的群众根基。

（二）红色文化资源的文化价值

红色文化资源的文化价值，即红色文化资源作为社会实践所创造的宝贵精神及物质财富，其特殊性质或本质对社会主义文化的发展、进步所具有的各种有用性、效益性。文化价值是红色文化资源的核心价值。红色文化资源是民族传统文化和时代文化的承前启后者，是中国特色社会主义先进文化的精髓，是中国特色社会主义文化活力和创造力的来源。具体来说，红色文化资源的文化价值表现在两个方面：第一，红色文化资源集中体现了社会主义文化的民族性，充分展示了社会主义文化的时代性，深刻揭示了社会主义文化的人民性。第二，红色文化资源为社会主义文化发展繁荣提供了精神养分、创新动力和实践基础。从"民族的科学的大众的新民主主义文化"到"建设高度的社会主义精神文明",从"代表先进文化的前进方向"到"建设社会主义和谐文化",红色文化资源是这一文化发展进程的精神支撑、理论向导和实践基石,它丰富和发展了民族文化的形态、内容及传播途径。

(三)红色文化资源的教育价值

红色文化资源所蕴含的价值是多元和多维的,教育价值则是红色文化资源的主体价值。在本书中,红色文化资源的教育价值专指红色文化资源的思想政治教育价值。红色文化资源的主体在革命与建设时期形成,随着社会的发展,新的形势又赋予了它新的时代内涵。红色文化资源的思想政治教育价值主要体现为如下几个方面:一是红色文化资源包含了革命先烈的感人事迹,包含了战斗烽火中的历史遗存,包含了催人奋进的革命精神,它为思想政治教育提供了生动活泼的案例、真实可靠的素材,充实了思想政治教育的教育资源;二是红色文化资源具备思想教育、政治教育、道德教育、心理教育、历史教育、公民教育、军事教育等各个层次,它使思想政治教育的内容体系更加丰富,功能体系更加完整;三是红色文化资源形成的历程即马克思主义中国化的历程,也即中国人民寻求真理与价值的历程,它所包含的科学世界观、方法论以及对美和善的追求,保证了思想政治教育的性质和方向;四是红色文化资源种类丰富、形态各异、形式多样,无论是物质形态的红色文化资源还是精神形态的红色文化资源,它们统合在一起,为思想政治教育提供了多样化的教育形式、多类别的教育载体、多类型的教育环境,创新了思想政治教育的方式。

(四)红色文化资源的社会价值

社会价值是红色文化资源的重要价值,主要体现在净化社会环境、形成良好社会风气、有效化解人民内部矛盾、激发人民群众智慧和创造活力等方面。首先,以红色文化资源为依托建立起来的各类纪念馆、烈士陵园、展览馆、博物馆等爱国主义教育基地及各类红色旅游景点,为人民群众提供了一个积极健康的物质环境。依托红色文化资源建立的红色网站,为人民群众敞开了一个求真、向善、达美的网络虚拟社会环境。其次,通过红色文化资源中的红色文化传播来规范人们的道德观念、提供正确的价值导向、推崇文明的社会风尚,能促使人们将思想和行为统一到和谐社会构建的伟大事业中来,使良好的社会风气得以形成,矛盾冲突得以缓减、人民群众的智慧和创造力得以激发。

(五)红色文化资源在高校思政教育中的功能

政治导引功能。红色文化资源的政治导引功能,主要是围绕党在各个历史时期的不同政治任务而展开的。在新民主主义革命时期,其政治导引功能主要是服务于新民主主义革命总任务的完成。因此,崇高的政治信仰、坚定的政治信念、坚强的政治意志、鲜明的政治立场、党对军队的绝对领导等都是红色文化资源强调的基本内容。在社会主义革命和建设时期,红色文化资源的政治导引功能主要是服务于社会主义制度的确立和社会主义改造任务的完成。因此,激励人民群众以革命的热情投入社会主义建设、防止国际国内敌对势力对社会主义制度的破坏是红色文化资源强调的基本内容。进入改革开放和社会主义现代化建设新时期,由于我们确立了"以经济建设为中心"的政治任务,红色文化资源的政治导引功能主要是服务于社会主义初级阶段基本路线的实现。通过思想政治教育工作调动人民群众的创造性,坚持四项基本原则,坚持党的领导,积极主动地投身到经济建设的主战场,是红色文化资源的主要内容。在中国特色社会主义进入新时代后,红色文化资源的政治导引功能主要是服务于推动科学发展、构建和谐社会、实现全面小康、建设社会主义现代化国家。因此,创新发展、公平正义、和谐共富是红色文化资源强调的基本内容。

意识形态功能。革命精神、革命文化、革命道路及物质形态的历史遗存构成了红色文化资源的内容主体。改革开放的伟大实践为其注入了具有时代感召力的新思想、新内容、新载体。在建设与发展中国特色社会主义新的伟大历史时期,中国共产党及其领导的中国人民仍在为它续写新的篇章。这些内容中所凝聚的人、事、物、魂都是在革命烽火与社会主义建设炉火中淬就的。它们围绕着爱党、爱国、爱社会主义这一伟大主题,生动地反映了所处时代无产阶级政党的政治使命;

进入新世纪以来所形成的反映时代精神的"新"的红色文化资源,也以服从服务于中国特色社会主义建设这一伟大事业为使命,无论是前者还是后者,都具有鲜明的意识形态性因素,都直接反映一定阶级或政治集团的利益和要求,并作为精神武器来维护和巩固这个特定阶级的统治。

文化传承功能。红色文化是红色文化资源的重要组成部分,它是继承性、超越性与创新性的辩证统一。马克思指出:"人们自己创造自己的历史,但是他们并不是随心所欲地创造,并不是在他们选定的条件下创造,而是在直接碰到的、既定的、从过去继承下来的条件下创造。"[1]红色文化不是空中楼阁,民族传统文化是红色文化的精神根基和思想源头,特殊的社会历史条件是红色文化产生的实践基础,社会主义先进文化是红色文化的发展方向。从时间来看,红色文化资源所包含的新民主主义革命时期的红色文化、社会主义革命与建设时期的红色文化、改革开放和社会主义现代化建设新时期的红色文化、中国特色社会主义进入新时代以来的红色文化一脉相承。从内容来看,在战争年代的革命文化、革命精神,社会主义革命与建设时的建设文化、艰苦创业精神,改革开放和社会主义现代化建设新时期的创新精神、和谐文化,中国特色社会主义进入新时代以来的伟大抗疫精神、脱贫攻坚精神同样是继承创新与超越的辩证关系。从具体形态来看,革命根据地、边区、解放区等红色区域创作的各种文学艺术作品,社会主义建设时期创造的红色样板戏,改革开放新时期以革命战争题材为主题创造的文学作品和电影、电视剧、戏剧,中国特色社会主义进入新时代以伟大抗疫精神、脱贫攻坚精神、航天精神为题材创作的影视剧等也体现了文化的继承与创新发展。

道德示范功能。红色文化资源蕴含着丰富的道德内容,既涵括绵延五千年的民族传统美德、伦理观念,又包括根植于中国革命实践和中国特色社会主义实践、以集体主义为原则和为人民服务为核心的共产主义道德。红色文化资源的道德示范功能体现在:其一,红色文化资源所实践的全心全意为人民服务的道德追求,

---

[1] 马克思恩格斯文集(第2卷)[M]. 北京:人民出版社,2009:470.

无论是过去、今天还是将来，都能在党员干部和人民群众中产生良好的示范效应，有利于党与人民群众保持血肉联系。其二，红色文化资源所坚持的毫不利己、专门利人的道德判断，无论是过去、今天还是将来，都能为我们正确处理个人和集体、国家的关系，处理好个人利益与集体利益的关系，处理好当前利益和长远利益的关系产生良好的示范作用。其三，红色文化资源所弘扬的自力更生、艰苦奋斗、开拓进取、勇于创新的道德风尚，无论是过去、今天还是将来，对于在全社会形成厉行节约、艰苦朴素的良好风尚以及对中国特色社会主义道路的自信都将产生良好的示范作用。

教育教学功能。红色文化资源是学校主旋律教育和主渠道教育的重要组成部分。主要体现在以下两个方面：第一，从外在表现来看，红色文化资源具有生动具体、直观形象、实践性强的特点，学生在生动的教学情境中可以获得革命精神和革命传统的感染与熏陶。第二，从内在内容来看，红色文化资源是中国化马克思主义理论指导下的实践成果。蕴含科学的世界观和方法论、坚定的政治信仰、高尚的道德情操，有助于培养青年学生的政治责任感、开拓创新精神、爱国主义热情。学者朱小理在其博士学位论文中指出红色文化资源教育功能发挥主要通过六条路径，一是建立公祭制度，二是实行群体感化，三是开发红色网络，四是发展红色旅游，五是举办红歌会，六是改编"红色经典"；红色文化资源教学功能的发挥主要通过四条路径，一是营造红色教学环境，二是建设红色教学基地，三是编纂红色教材，四是开发红色课件。他对红色文化资源的教育教学功能做了很好的阐释。

（六）红色文化资源思想政治教育的本质

有学者认为红色文化资源在思想政治教育中的应用实际上就是"红色文化资源思想政治教育"，或称"红色教育"，并进一步指出，"思想政治教育"就是"红色教育"。"红色文化资源在思想政治教育中的应用""红色文化资源思想政治教育""思想政治教育"等概念之间不能简单地画上等号。第一，"红色文化资源在思想政治教育中的应用"，是从思想政治教育学的角度出发研究红色文化资源作为主体资源、内容资源、方法资源、载体资源、环境资源、条件资源等与思想政治教育这一实践活动的融合问题，探讨红色文化资源在思想政治教育中应用的规律、原则、途径，在具体对象领域的应用及发展趋势等。第二，"红色文化资源思想政治教育"是指利用红色文化资源进行革命传统、革命精神、革命文化教育。红色文化资源既可以是思想政治教育的目的和内容，又可以是思想政治教育的载体和手段。第三，"红色文化资源思想政治教育"或称"红色教育"是"思想政治教育"的核心内容和重要组成部分，它强调和突出了"思想政治教育"的意识形态本质和意识形态功能。"红色文化资源思想政治教育"的范畴较"思想政治教育"更窄，"红色文化资源思想政治教育"或称"红色教育"内在地归属于思想政治教育系统。因为红色文化资源的功能具有鲜明的意识形态性质，红色文化资源的内容具有鲜明的意识形态性因素，且红色文化资源内在地归属于思想政治教育系统，是思想政治教育系统的重要组成部分。所以，利用红色文化资源开展的思想政治教育活动，即红色文化资源思想政治教育活动的本质是一种意识形态教育。它体现了统治阶级的意志，服从与服务于统治阶级的利益，目的在于保证统治阶级的思想占统治地位。正如马克思、恩格斯在《德意志意识形态》中提出的论断，"统治阶级的思想在每一时代都是占统治地位的思想"[①]。统治阶级为了保证自己的思想占统治地位，也要像进行物质的生产和分配一样，进行思想的生产和分配。全球化时代世界各国的思想政治教育仍表现出毫不减弱的"意识形态化"和日益强化的政治功能特征，红色文化资源思想政治教育恰恰顺应了思想政治教育的这一发展趋势。

（七）红色文化资源思想政治教育的价值和功能

红色文化资源思想政治教育的价值。红色文化资源思想政治教育构成了思想政治教育的重要内容。红色文化资源蕴含着深刻的思想内涵、先进的文化理念和崇高的精神价值，折射出共产党人和人民军队的革命精神、思想作风和优良品质，

[①] 马克思恩格斯选集（第1卷）[M]. 北京：人民出版社，1995：98.

彰显了中国革命理论的革命性与先进性，体现了广大人民群众的主体地位和首创精神，展示了党与群众的血肉联系、鱼水情深。红色文化资源思想政治教育说到底就是一种意识形态教育，是党的先进性教育。无论是在革命战争年代还是在建设发展、改革创新年代，红色文化资源思想政治教育始终以人与社会的全面发展为使命，努力促使受教育者成为社会主义事业的合格建设者和可靠接班人。而这些内容也是思想政治教育所历来强调和坚持的。红色文化资源思想政治教育所体现的价值追求，与当代思想政治教育的价值观、利益观教育在目标和内涵上高度契合，是思想政治教育实践活动永恒的价值追求，并由此成为思想政治教育的重要内容。

红色文化资源思想政治教育丰富了思想政治教育的范式选择。红色文化资源是历史与现实、理论与实践、继承与创新的结合。它既包含红色物质形态资源，又包含红色文化形态资源；既包括红色精神形态资源，又包括红色制度形态资源。各种形态的红色文化资源又有各自丰富的表现形式和内容。红色文化资源思想政治教育因而呈现出多样化的形态与形式，从而也就为思想政治教育实践活动提供了多样化的教育范式。也就是说，红色文化资源思想政治教育在教育理念、教育方式、教育途径、教育载体、教育手段以及教育环境创设上的多样化为思想政治教育不断发展创新提供了实践源泉，增强了思想政治教育的针对性、实效性、吸引力和感染力。

（八）红色文化资源思想政治教育的思想导引功能

随着生产力快速发展和综合国力的逐步提升，思想政治教育面临前所未有的复杂状况：人们的价值取向多维多元，思想行为方式日趋多样。然而，社会变动越是深刻，人们思想行动独立性、多样性越是增强，越要在指导思想上有所坚持，保持清醒和坚定，坚决不搞指导思想多元化。红色文化资源是中国化马克思主义的理论源泉和马克思主义中国化的实践工具。它的马克思主义意识形态性本质赋予红色文化资源思想政治教育以思想导引功能。具体体现为如下三个方面。

一是通过红色文化资源思想政治教育凝聚人心。红色文化资源具有真实性、真情性这一显著的特点。这一真情实感既能打动人心，又能凝聚人心。蕴含其中的生动而真实的人、事、物、魂影响和感染了一代代中华儿女，战争年代仁人志士为了中国解放事业而不惧牺牲的革命事迹尤为震撼人心。从中人们既能了解革命战斗历史，又能了解民主、自由、独立的来之不易，从而更加珍惜当前国家繁荣、民族团结、社会稳定、经济发展的大好局面。

二是通过红色文化资源思想政治教育统一思想。红色文化资源还具有科学性、真理性的特点。只有科学的理论才能说服人，只有科学的信念才能激励人，只有科学的信仰才能召唤人。红色文化资源为中国革命、建设和改革开放新时期以来形成的毛泽东思想和中国特色社会主义理论体系做了生动注脚，在这一强大理论体系的武装和指引下，全党和全国人民一定能够统一思想、提高认识、稳健步伐，使中国特色社会主义道路及理论体系、制度体系在与西方意识形态及价值观念的碰撞中掌握主动。

三是通过红色文化资源思想政治教育鼓舞斗志。红色文化资源由民族精神与时代精神相结合在实践中孕育而成。在红色文化资源中，中华民族的爱国主义传统和改革创新精神得到了完全充分的表达。从强大的思想动力到坚定的实践动力，红色文化资源为培育人们爱国意识，激发人们的爱国热情，激励人民投身于中国特色社会主义伟大事业、实现中华民族伟大复兴做出了重要贡献。

（九）红色文化资源思想政治教育的政治驾驭功能

思想政治教育是实现党的执政目标、服务党的中心任务的政治工作。同时，它也是党的意识形态工作的重要手段。红色文化资源思想政治教育政治驾驭功能的发挥正是以此为逻辑起点，进而围绕特定的政治目标而展开。通过红色文化资源的弘扬传播，可以培养人们正确的政治方向和坚定的政治目标，提高人们的政治鉴别力、判断力，提升其参政、议政的意识和能力，维护稳定团结的政治局面，从而发挥政治驾驭功能。红色文化资源思想政治教育的政治驾驭功能主要表现为三个方面。

一是通过红色文化资源思想政治教育实现政治目标。红色文化资源自产生之日起就打上了深深的无产阶级烙印。在政治上体现的是广大人民群众的意志,灌输的是爱国主义、社会主义、集体主义思想,实践的是为人民服务、为社会主义服务。把红色文化资源所囊括的党的光辉历史、仁人志士的崇高精神和革命英雄的光荣事迹列为思想政治教育资源,可以促使人们明确政治态度,坚定政治立场,坚守政治忠诚,保持政治认同,更好地适应社会主义政治制度,并将实现共产主义确立为最高政治目标。同时我们还能够通过红色文化资源更加深刻地理解中国共产党执政地位的合法性,更加深刻地理解我们党立党为公、执政为民、全心全意为人民服务执政理念的先进性。

二是通过红色文化资源思想政治教育强化政治观念。红色文化资源蕴含着民本思想、群众观点、民主观念、公仆意识等正确的政治观点。它"以事实为根基,以历史为主体,从不同角度真实地记录了党和人民追求自由和真理的风雨历程"[①]。以不同方式表现了社会主义建设发展时期人们对民主政治、法治社会的政治诉求。红色文化资源在受教育者思想政治素质教育培养中的应用,能使人们对我们国家政治历史和人民民主专政制度的由来有更深的了解,同时有利于强化民主观念,提升国民政治素质,提高人民群众参政、议政的能力,进而推动我国民主政治、法治社会建设进程及依法治国方略的实施。

三是通过红色文化资源思想政治教育促进政治稳定。红色文化资源孕育形成的历史即我们党以"中国化"马克思主义为指导,领导人民由胜利不断走向胜利的历史。正是因为有敏锐的政治鉴别力、判断力,我们党才能正确回答为什么革命与怎样革命的问题;才能分清敌友、坚决依靠工农群众迎来新社会的曙光。新的历史时期,我们只有具备敏锐的政治鉴别力和判断力,才能更好地解答建设什么样的党和怎样建设党,实现什么样的发展和怎样发展的问题;才能立场坚定地划清马克思主义与反马克思主义,社会主义基本经济制度同私有化、单一公有制,中国特色社会主义民主和西方民主,社会主义先进文化和腐朽文化四个重大界限;

---

① 刘虹,陈世润. 红色资源:当代思想政治教育的有效资源[J]. 教育评论,2008(03).

才能进一步巩固我们的社会政治制度，实现国家政治局势稳定，意识形态领域一元与多元和谐统一。

（十）红色文化资源思想政治教育的道德示范功能

通常情况下，榜样的力量比抽象的理论及单纯的灌输在思想政治教育中更加有效。这是因为在同等日常生活条件下，人们更倾向于接受实际生活思维和实际生活体验而不是抽象的理论思维。所以好的榜样及其先进事迹往往具有较强的精神感召力和现实说服力。回顾我们党的思想政治教育史，树立先进典型、发挥榜样力量一直是思想政治教育的主要方式。这也就为我们将红色文化资源应用于思想政治教育中，充分发挥红色文化资源思想政治教育的道德示范功能提供了现实依据。红色文化资源思想政治教育道德示范功能的发挥主要体现在四个方面。

一是艰苦奋斗道德品质教育。改革开放以来，中国特色社会主义建设事业取得了辉煌成就，我国成为世界第二大经济体，综合国力大幅跃升，人民生活水平也有极大提高。与此同时我们也看到，中国目前的国情是处于并将长期处于社会主义初级阶段。人口多、底子薄，自然资源相对较少并存在掠夺式攫取；生产力发展不平衡，地区间贫富差距不断扩大；经济体制与政治体制改革进入"深水区"，需要啃下的"硬骨头"还很多。这就要求我们继承发扬勤俭节约、艰苦奋斗的光荣传统，从政则做到立党为公、执政为民，集中有限的人力、物力、财力，为人民多办事、办好事、办实事、办成事；处事则厉行节约，不比阔绰、不讲排场、不过度消费。

二是忧国忧民道德品质教育。在艰苦的革命斗争岁月中，中国共产党人养成了包含强烈责任感和进取精神在内的忧患意识。当前，从外部来讲，我国面临错综复杂的国际环境及西方敌对势力的干扰；从内部来讲，我国正处于经济社会持续快速发展、改革攻坚克难的重要战略阶段；党的队伍建设问题更是任重道远。为此，要求我们党员干部及人民群众能居安思危，在忧患中唤起警觉，在忧患中找到差距，在忧患中增强责任意识；不断提高拒腐防变、抵御风险、化解危机的能力；不断提高执政水平、执政能力，以对国家、民族、社会强烈的使命感、责任感，把中国特色社会主义事业不断推向前进。

三是奉献牺牲道德品质教育。革命战争年代，共产党人凭借无私奉献、勇于牺牲的道德品质把广大工农群众聚拢在自己周围，把千百万劳苦大众团结在自己周围并取得革命的胜利。奉献牺牲精神在中国特色社会主义市场经济环境下仍具有旺盛的生命力。它对于我们正确处理国家利益、集体利益和个人利益之间的关系，长远利益和眼前利益之间的关系，整体利益和局部利益之间的关系，具有重要的借鉴意义。同时它也是我们党与人民群众保持密切联系，全心全意为人民服务，赢得人民群众衷心拥护的一大法宝。

四是诚实守信道德品质教育。我们党凭借开诚布公、取信于民的道德价值观获得人民群众衷心拥护。在井冈山革命根据地初创时期，"绿林朋友"袁文才正是在毛泽东信守诺言、慷慨赠枪举动的感召下接受革命道理，由此才有工农革命军顺利进驻茅坪、在井冈山扎根立足，并在此后赢得人民群众的衷心拥护与爱戴。今天，良好党风党纪的树立，政府公信力的取得，仍需发扬开诚布公、取信于民的道德价值观；社会主义市场经济秩序的正常运转，仍需发扬信誉第一、诚信经营的道德价值观；社会风气的转变和养成，同样需要提倡诚实守信的道德价值观。

（十一）红色文化资源思想政治教育的法纪教育功能

随着市场经济体制改革的进一步深化，多样化的个体诉求引起的现实冲突，使得社会秩序在某些领域呈现失衡失范的现象。对于国家和人民而言，宪法和法律以及一切依据宪法法律制定的纪律制度是市场经济正常运转、政治社会有序运作的根本保障。在红色文化资源思想政治教育过程中，我们可以从红色文化资源中英雄人物恪尽职守的感人细节、革命军队对老百姓秋毫无犯的真实故事中提炼出严守纪律的精神，并以这种精神加强对受教育者法纪观念的培养。

一是强化法纪观念。革命战争年代，严明的纪律是我党我军团结群众、战胜敌人的法宝。只有纪律严明，我们党的理论及路线方针的贯彻落实才能有所保障，党的革命军队才有可能成为有强大战斗力和凝聚力的战斗堡垒。和平建设年代，我们的党员干部只有从过去严酷的斗争历史中领悟纪律的重要性，严格遵守政治纪律，维护党的政治权威；严格遵守财经纪律，维护党的清正廉洁；严格遵守群众纪律，维护党的执政根基，才能推动中国特色社会主义事业不断发展前进。

二是提高践行法纪的自觉性。无论是规范准则还是良好作风，都需要内化于心，外化于行，在工作生活中自觉践行。红色文化资源中的典型人物邱少云，为了不暴露潜伏目标，任凭烈火烧遍全身而不为所动，直至壮烈牺牲。邱少云是自觉遵守纪律、视纪律高于生命的典范。在新的历史时期，我们应将红色文化资源中的革命志士严守纪律的诸多英雄事迹挖掘出来，教育党员干部及人民群众提高遵纪守法的自觉性。坚持慎独，在工作中自省自重；日积月累，在生活中点滴养成。

（十二）红色文化资源思想政治教育的历史教育功能

只有铭记历史，特别是铭记我们党领导人民创造的中国革命史，才能深刻了解过去、全面把握现在、正确创造未来。红色文化资源就是一部党史，一部军史，一部中华儿女团结自强、抵御外侮的斗争史。红色文化资源思想政治教育，天然地具有历史镜鉴和历史教育功能，使受教育者在红色文化资源思想政治教育过程中接受到历史教育，形成科学的历史观。主要包括两个方面。

一是中国近现代史的学习了解。通过红色文化资源所包含的历史事实、重大事件和重要人物学习中国近现代史，了解近现代中国为什么会落后挨打，了解历史和人民为什么选择中国共产党、选择社会主义道路，了解"没有共产党就没有新中国"和"只有社会主义才能救中国"的真谛，了解中国共产党执政的历史与法理依据，从而更加有效地培养自己的爱国主义观念，增强我们坚持党的基本理论、基本路线和各项方针政策的自觉性和坚定性。二是辩证唯物主义历史观的形成。红色文化资源是由中国共产党及其领导的中国人民创造的。从红色文化资源孕育形成、发展丰富的历程中我们可以寻找到社会发展变革的历史轨迹，从红色文化资源鲜活的历史史实中我们可以正确地把握中国乃至世界历史的发展规律，并由此了解人类社会历史是合乎规律的辩证客观的发展过程，生产力是社会发展的重要源泉，社会基本矛盾是社会发展的根本动力，阶级斗争是社会发展前进的直接动力，人民群众是推动历史发展的主体力量，从而形成辩证唯物主义历史观。

（十三）红色文化资源思想政治教育的心理优化功能

思想政治教育实践既要以马克思主义基本原理和思想政治教育基础理论为行动指南，又要注意借鉴吸收包括心理学等在内的其他学科的科学知识，从而对受教育者思想道德品质的形成发展施以有效影响。尽管红色文化资源形成于革命烽火之中，但它所内含的理想信念、品德意志，对缓解市场经济发展和社会体制改革给人们带来的心理冲击有一定作用。具体表现为三个方面：一是提高心理调适能力。回顾中国近现代史，道路的求索与抉择，斗争的胜利与挫折，始终在考验着党和人民。中国共产党及其领导的中国人民以坚毅的心理素质经受住了种种考验。随着市场经济的发展和社会转型，特殊的矛盾冲突层出不穷，这就需要我们善于总结历史经验，敢于接受时代挑战，以乐观进取的心态接受时代变革和历史转折带来的阵痛。在困难挫折面前能迅速调适心态、积极转变观念、努力振作精神。二是培育积极健康心理。一些革命歌谣如"红米饭，南瓜汤，秋茄子，味好香，餐餐吃得精打光。干稻草，软又黄，金丝被儿盖身上，不怕北风和大雪，暖暖和和入梦乡"，将红军将士的乐观主义精神刻画得淋漓尽致。在个人主义、拜金主义、奢靡腐朽生活方式大行其道的当今社会，红色文化资源思想政治教育对培育人们健康向上、积极有为的心理品质具有一定的现实意义。一方面，它提醒我们在顺境中戒骄戒躁、反腐戒奢，保持朴素清廉的革命本色；另一方面，它提醒我们在逆境时百折不挠，愈挫愈勇，保持乐观向上的心理状态。三是培育自尊自强心理。红色文化资源思想政治教育具有心理治疗的特点，它能通过各种内容或方法，对受教育者动之以情，晓之以理，励之以志，树之以德，导之以行，解决情感、意志、行为等诸类问题。回顾历史，中华民族面对侵略与外侮表现出来的自信自强，中华儿女身处贫弱表现出来的自强自立，共产党人在敌人威逼利诱前展现出的自爱自尊，对今天我们的受教育者塑造自尊自强的心理品质具有重要意义。

（十四）红色文化资源思想政治教育的审美熏陶功能

红色文化资源思想政治教育既严谨科学，又充满艺术审美。它所创造的具有审美意义的教育内容、富有审美色彩的教育环境、具有审美价值的道德情感是思想性与艺术性、科学性与价值性的内在统一，不仅给人们带来了心灵的震撼，还能提升人们的审美情趣。它的审美熏陶功能具体体现为三个方面。

一是红色文化资源思想政治教育能让人获得改造世界的力量。物质变精神，精神变物质。红色文物、红色遗存、红色建筑、红色旅游为人们营造了一种学习氛围，提供了一种价值熏陶，在给人们心理造成震撼的同时又带来了心灵的滋润，让人们在感受中国革命建设道路曲折的同时不断提升心灵境界、努力建构理想人格，并据此超越自我、完善自我，获得改造主观世界和客观世界的力量。

二是红色文化资源思想政治教育能使人生发求真、向善、达美的情感。真善美的追求从来都是相伴相随、相互砥砺。战争年代虽然环境艰苦异常，但也不乏以爱情、友情、亲情为主题的情感故事。革命烈士为我们留下众多"红色情书""红色家书""红色家训"，从中我们既能品阅到革命志士们对亲友家人深刻的爱与眷恋，又能感受到他们为民族利益舍生取义的壮士情怀。以红色文化资源为素材创造出来的红色经典歌曲、红色经典人物、红色经典故事，以及近几年来我们以红色文化资源为蓝本开发创造的新载体、新形式，如江西卫视举办的中国红歌会，影视界拍摄的《觉醒年代》《恰同学少年》《建国大业》等影视剧目，催发了人们求真、向善、达美的积极情感，对我们树立社会主义和谐理念、构建社会主义和谐社会具有重要意义。

三是红色文化资源思想政治教育能提高人们的审美情趣。美是人们对客观对象的一种判断和感受，红色文化资源具有一定的审美价值，处处体现了美的意境、美的魅力。首先，红色文化资源以其独特的内容美、形式美、力量美激发出人们丰富的想象力、敏锐的感知力、无限的创造力。其次，红色文化资源超越时空的历史厚重美，奉献牺牲的青春生命美，精心设计的陈列艺术美，安静肃穆的环境情境美，悠扬激越的歌声曲声美，融入乡野的自然生态美交错在一起，使中国人追求共产主义信仰和人生理想的奋斗历程和坎坷经历审美化。最后，在面对多元文化交流交融交锋及意识形态领域激烈"较量"时，红色文化资源能思想政治教育以其含有的马克思主义审美情趣教育人民抵御腐朽落后思想文化的侵蚀。

（十五）红色文化资源思想政治教育的思维训练功能

思维训练是20世纪中期诞生的一种头脑智能开发和训练技术。其核心理念是相信"人脑可以像肌肉一样通过后天的训练强化"。经过长期的探索实践，今天人们不仅掌握了有效开发头脑智能的方法，而且也形成了诸多的思维训练方法。红色文化资源思想政治教育思维训练功能体现在以下几个方面：一是红色文化资源思想政治教育具有实践体验和互动参与的特点。通过大量的实践体验、社会调查、实地考察活动，能使人们在社会实践过程中，树立实事求是、求真务实的哲学思维，树立从群众中来、到群众中去的群众观点。二是通过大量的生动真实、可歌可泣的英雄人物、英雄事迹引导人们转变价值观念，使受教育者树立人民群众是推动历史发展的主体的历史唯物主义观点，树立全心全意为人民服务的科学价值观念。三是通过对红色文化资源所内含的革命道路、革命精神、革命文化的学习来培养敢于创新、敢于质疑的科学精神，使受教育者形成合理的思维方式。

第三节 协同理论为高校红色育人提供理论借鉴

一、系统理论

（一）系统论的历史发展历程

"系统"一词最早出现在古希腊时期，由此系统思想也开始发展起来。亚里士多德的哲学思想中包含着众多的系统思想，最著名的论断是"整体大于部分之和"，这一基本的系统思想直到现在仍然是系统思想中最重要的观点之一。

20世纪20年代以来，系统思想逐步完善，英国哲学家怀海特（1891－1947）、美国人劳特卡、德国人克勒等学者相继发表文章对系统思想进行广泛的研究，在此基础上，奥地利生物学家贝塔朗菲（1901—1972）在1937年第一次提出一般系统论的思想，并对系统做出如下定义："相互作用的诸要素的复合体。"此后一般系统论延伸到包括社会科学在内的各个领域，并逐步上升为一般的哲学方法论来指导人们解决现实中的问题。

20世纪四五十年代，系统理论取得了巨大的发展，包括控制论、信息论以及以后的耗散结构论、协同论、系统工程学等相关理论的快速发展，极大地丰富和发展了系统科学的理论宝库。

20世纪70年代，以钱学森为代表的中国学者提出了系统科学的体系结构设想，钱学森在贝塔朗菲定义的基础上做出的更加详细、更加完备的解释，"认为系统是由相互作用和相互依赖的若干组成部分结合成的具有特定功能的有机整体"。

（二）系统论的概念界定

总结上述系统论的发展历程可知：系统是相互作用的诸要素的复合体，由相互作用和相互依赖的若干组成部分结合成的具有特定功能的有机整体。而目前我国认可度最高的是中国系统科学领域的先驱钱学森对系统的定义：系统理论将系统作为研究的对象，着重考察系统内部要素间的关系，揭示系统内部的发展规律。

从上述概念中可以看出：系统论的重要因素包括要素、结构、功能。依据系统的定义，可看出系统论所具有的基本特征，即多元性、目的性、整体性、关联性、动态性等。此外还涉及几个重要的概念，分别是要素、结构、功能、环境。

（三）系统论中关于系统建设和优化的主要原理

系统论的主要原理包括：整体性原理、要素原理、层次性原理、目的性原理、开放性原理和环境依存性原理等。系统论的核心概念是"系统"，系统优化的核心是实现整体的优化，实现系统整体的优化，则要在把握系统整体性原理的基础上深入地分析系统的构成，也就是要求我们深入分析系统的要素、系统的结构以及系统所面临的环境。

1. 系统论的整体性原理

整体性是指若干要素组合在一起，形成一个具有普遍联系的有机整体，使得系统在整体上具有以前各要素所不具备的功能和作用，形成新的质的规定性和新的功能。

深刻认识系统的整体性在于把握好系统和要素，整体与部分的辩证统一的关系。它们的关系具体如下：一是若干要素组成系统，若干部分组成整体，要素一旦组合成系统，部分一旦组合成整体，所形成的系统和整体就具有了以往单个要素和部分所不具有的功能，就会反过来制约要素和部分。二是系统与要素，整体与部分的区别又是有条件的、相对的。三是系统要素的非线性作用，所谓非线性作用指的是整体的相互作用不再等于部分相互作用的简单叠加，部分不可能在不对整体造成影响的情况下从整体之中分离出来，各个部分处于有机的复杂联系之中，每一部分都是相互影响、相互制约的。

2. 系统论的要素原理

所谓要素，是指构成系统的组成单元。系统内部，要素互为不同但互相联系。要素是系统不可或缺的组成部分，没有离开系统的要素，也没有要素的系统。"要素"实际上是构成系统的部分，构成部分可以是元件、零件、个体，也可能是子系统。系统是由若干要素组成的具有一定新功能的有机整体，各个作为系统子单元的要素一旦组成系统整体，就具有独立要素所不具备的功能，平衡状态。依靠要素之间所形成的相互作用的关系维持的，即所谓的系统结构。

结构具有开放性和动态性。系统的存在总是和外部环境进行着物质、能量和信息的交换。结构自身会向着一定的方向发展，以更好地组合各要素，实现系统的最优化。结构的相对性特点："系统中的结构与要素是相对于系统的等级和层次而言"，由这些要素构成的结构系统，在另外一个大系统面前，其本身又是一个要素。即结构本身是一种结构系统，但相对于高一级系统，它又是作为要素而存在的。

3. 系统论的结构原理

所谓结构，是指系统内部要素间的关联方式的总和。换句话说，"结构是系统内各要素的相互作用中比较稳定的方式、顺序和强弱"。在系统中，只要要素之间存在相互作用，就必然存在结构。要素是结构的载体，结构不能脱离要素而存在。

结构是联结要素和整体的一个必需条件和环节，当要素与整体确定下来，那么作为中介联结的结构则成为决定的条件了，只有这个条件的存在，才能维持整体的有机性。

4. 系统论的环境依存性原理

所谓环境，是指系统之外一切与它相关联的事物的综合。所谓环境依存性，是指系统的存在与发展总是处于与环境的相互联系和相互作用之中，并且系统始终要与环境保持物质、能量和信息交换，才能长久地存在和延续。

二、协同说理论

（一）协同理论核心概念

1. 协同。协同源于希腊文"synergós"，意为共同工作。所谓协同，是指两个或两个以上的不同性质的主体，通过协调合作、互相配合、共同完成某一目标的过程。

何为"协同"？《现代汉语词典》给出如下解释："各方互相配合或甲方协助乙方做某件事。"由此可见，"协同"一词强调的是主体之间的互动目标性以及各方相互合作来共同达到某一目标的行为。协同又是协同学最基本的概念之一，在协同学范畴内的"协同"则主要指在"一个复杂的系统内部，构成这一复杂系统的各子系统之间相互配合、相互影响、相互制约所产生的协同作用和合作效应，而在协同作用的影响下，整个系统便处在自组织的状态，体现在宏观和整体方面就是这一复杂系统具有结构和功能"。

2. 协同理论核心概念。协同理论是一门系统科学的分支理论，在20世纪70年代由德国著名理论物理学家哈肯（Hermann Haken）创立，哈肯在《协同学——大自然构成的奥秘》一书中把"协同学"定义为：协同学是一门在普遍规律支配下的有序的、自组织的集体行为的科学[①]。该理论认为，自然界是由许多系统组织

---

① ［德］赫尔曼·哈肯著. 协同学——大自然构成的奥秘［M］. 凌复华译. 上海：上海译文出版社，2013：9.

起来的统一体,系统中各子系统存在着非线性相互促进作用,使整个系统形成新结构,是微观个体层次所不存在的。产生从无序到有序的变化,揭示变化与结构间的本质规律,实现各个层次各个方面的统一。最终形成协同作用和整体功能,此整体功能大于独立的各部分功能的总和,经常被表述为"2+2=5"或"1+1>2"。

（二）协同学理论的基本观点

协同学理论认为：不论是在自然界中还是在人类社会中,都普遍存在着各种复杂的系统。这种复杂系统又是由众多的子系统构成的,即使是子系统内部,也同样包含着各种不同的要素。这种构成复杂的系统的存在前提是具有开放性。系统会不断地与系统的外部环境发生物质、能量与信息的交换。当这些子系统及子系统内部的要素由无序的独立运动转化为有序的协同运动时,这个系统就会发生从无序向有序的转变。这是一个普遍存在的规律,适用于自然界和人类社会的任何事物。协同学自从提出以来,不仅仅在自然科学领域产生了极大的影响,同时也对社会人文科学及哲学的研究产生了革命性的影响,已经被广泛应用到几乎人类认识的所有领域。

（三）协同学理论的基本原理

"协同学理论的核心理念是协同导致有序。"[①]这一核心思想是在三种基本原理共同作用之下形成的,这三种基本原理分别是协同效应原理、伺服原理及自组织原理。

1. 协同效应原理

协同论指出,系统能否发挥协同效应取决于系统内部各子系统的协同作用。如果各子系统能协同合作,系统的整体功能就能得到最大程度的发挥。各子系统内部能够协调、子系统之间能够相互协同,就能产生整体功能大于部分功能之和的协同效应。其一,系统必须是开放的系统。一个系统只有与外界进行物质、能量、信息的交流,才能存在和发展。其二,系统内部各子系统必须协调合作。只

---

① 武晶. 初探大学生思想政治教育协同创新体系的构建 [J]. 现代交际, 2014（378）.

有系统内部各子系统减少内耗,才能充分发挥各自的功能。若系统中各子系统能很好地配合、协同,多种力量就能集聚成一个总力量,形成大大超越原来各自功能总和的新功能。也就是"整体大于它的各个部分的总和"。因此,协同效应又被称为增效作用。由此可以看出,协同效应不仅是一种科学的理论,它还是一种方法论,同时,它还是系统运动的结果。可以运用于各种满足协同学条件的系统之中。协同效应原理是协同学理论中首要的、最基本的原理。

2. 伺服原理

序参量是伺服原理中最重要的概念。它是指与外界不断进行物质、信息、能量交换的非平衡状态的系统,能够通过系统内部各子系统、各要素之间的协同作用于非平衡状态的系统,能够通过系统内部各子系统、各要素之间的协同作用于平衡状态的系统,能够通过系统内部各子系统、各要素之间的协同作用在由无序演化至有序的临界点或临界点附近,对系统状态的变化起着支配或主导作用的变量。目前理论界将伺服原理用一句话概括为:快变量服从慢变量,序参量支配子系统。协同学理论将系统在从无序到有序的演化过程中存在的变量按照在临界点附近衰减快慢的速度分为两大类:快变量和慢变量。在临界点附近,不同的变量对系统变化起到的作用是不同的。对系统的转变不起明显作用的快变量要服从于对系统转变过程起支配作用的慢变量。这些对系统性质的改变起主导作用的慢变量就是最终决定系统的结构和功能的有序程度的序参量。序参量既可以通过系统的协同运动自发地产生,也可以由人们在系统即将发生性质的改变时自主地选择或培育序参量。伺服原理要求我们要重视支配系统发展的主要因素,即正确选择序参量。

3. 协同论的自组织原理

哈肯提出了"自组织系统"的概念。协同学理论认为:"自然界和人类社会中的任何系统都可以通过其内部子系统之间的相互作用与协作,形成具有一定功能的自组织系统。它指的是在一定物质和能量的支持下,可以自发协调各元素之间的关系,完成特定功能的系统。"[①]哈肯根据组织的进化方式之间的差别将组织分为自组织和他组织。他组织是指系统的有序结构的生成依赖于外部指令,外部指令对其组织结构起着支配或主导的作用;自组织是指系统的有序结构的生成依赖于系统内部子系统及其构成要素之间的协同作用,这种协同作用使得系统能够自行演化发展。

所谓自组织是指系统内部各子系统即使没有外部指令也能按照某种规则自动形成一定的结构或功能。协同是自组织实现有序发展的手段,自组织的形成是协同的最核心内容。自组织是相对于他组织而言的,强调组织内部的自我控制及自主选择吸收子系统。该原理指出:任何系统,如果缺乏与外界环境进行物质、能量、信息的交流,就会处于孤立状态。这种孤立状态破坏系统内部的有序结构,致使整个系统失去生机。

三、协同育人

(一) 协同育人的含义

对协同育人,学界虽然已经做了一定数量的研究,但其概念还没有一个官方的界定。有学者将协同育人定义为"各个育人主体以人才培养和使用为目的,在系统内共享资源、积蓄能量的有效互动"。也有学者将其定义为"协同育人是一种教育模式。协同育人模式是指两个或两个以上的办学主体通过相互合作、互相配合,发挥各方优势,共同制定培养方案,充分利用各方教学资源,提高学生实践创新能力,培养能适应和满足经济社会发展需要的高级专门人才的一种人才培养模式"。

(二) 协同育人机制的含义

"机制"是指社会这个系统内各系统构成要素之间相互运行的过程及原理。换言之,是指"系统各构成要素在遵循一定机理的基础上相互作用所形成的比较稳

[①] 张丽娜. 行业特色型高校协同创新的机制研究 [D]. 北京:中国矿业大学,2013.

定的关系及其运行过程和方式",机制不是静止的,而是按照既定规律运行的动态过程。在已有研究成果的基础上,本书对协同育人机制的内涵做出如下界定:协同育人机制是指教育实践过程中的各子系统,各构成要素在遵循协同育人原则的基础上,为了共同育人目标的实现而形成的相互协作的稳定的关系及其内在的运行过程和方式。

第二章 红色文化资源促进高校"五育"人才培养目标实现

红色文化资源是中国共产党领导全国各族人民，高举马克思主义旗帜、汲取中华优秀传统文化营养，历经长期革命、建设、改革的实践磨炼筛选，不断孕育积淀升华的精神品质。它根植于共产党人的血脉之中，蕴含着马克思主义政党的性质宗旨，体现了中国共产党的身份自信和使命担当，是我们党和国家永葆政治本色的生命密码，是培养担当民族复兴大任的时代新人的优质教育资源。将红色文化资源融入高校德智体美劳全面发展的育人体系之中，既是党和国家教育工作的根本任务，也是党的十八大以来以习近平同志为核心的党中央关于"培养什么样的人、怎样培养人和为谁培养人"的重要指示和举措，这对于丰富人才培养内容、创新人才培养方式、提升人才培养针对性和实效性具有重要的价值和意义。

第一节 紧扣高校学生特点，培育时代新人

思政教育对象即受教育者，既是思政教育的主体又是客体，具有主观能动性，是自我教育的主体。研究思政教育对象对有针对性地开展思政教育具有重要意义。通过从理想信念、爱国主义、品德修养、知识见识、奋斗精神、综合素质六个方面分析新时代高校学生的思想行为特点，以明确新时代高校思政教育的主要任务是培养时代新人。并依据时代新人的六方面要求，提出有针对性地开展新时代高校思政教育的对策。

一、开展思政教育对象研究的重要意义

思想政治教育对象，指受教育者，即教育客体，是教育者在思政教育过程中发挥教育作用的对象。思政教育对象是教育活动的支持者，是思政教育效果的直接体现者。值得注意的是，受教育者既是主体又是客体，因为对象具有主观能动性，是自我教育的主体。

（一）在思政教育过程中发挥重要作用

思政教育对象是思想感情丰富的能动主体，其在思政教育过程中发挥重要作用。具体表现为：一是参与性。思政活动开展需要对象积极参与，否则活动无法进行。二是制约性。教育对象能动性的发挥制约着教育者的行为和整个教育过程中活动的开展，如教育目标、内容和方法必须根据教育对象的精神世界的需要和思想品德的实际来确定。三是反馈检验的作用。思政教育的效果通过对象的思想、观点、行为、表现得到反馈和检验，思政教育的目的主要是提高受教育者的思想道德水平。

（二）对提高思政教育实效性意义重大

研究和把握教育对象的思想和行为特点是提高思想政治教育实效性不可忽略的环节。为了开展有目的性和计划性的思政教育实践活动，主体需要认识对象的属性、特征和需求。马克思指出："'思想'一旦离开'利益'，就一定会使自己出丑。"[1]思政教育一旦脱离教育对象的生活实际和现实需求，将会影响工作的吸引力和影响力。大学生是思政教育的主要对象，不同年龄、不同年级的学生具有各自的思想和行为特征。特别是在社会快速变化和社会价值观多样化的背景下，学生思想行为特点更加具体、更加特殊，只有把大学生的思想行为特点研究清楚，才能针对不同学段、不同人群进行有针对性的教育，才能收到理想的教育效果。为了使教育过程针对性强、实效性高，需要对教育对象思想行为特点进行准确把握。

---

[1] 马克思恩格斯文集（第4卷）[M]. 北京：人民出版社，2009：250.

（三）贯彻以生为本理念的要求

思政教育要贯彻以人为本的原则和以生为本的理念。学生在不同年龄阶段生理心理需求不同，把握学生发展特点，科学理解学生成长发展需要，细化到学生在不同发展阶段和不同学段的不同需要。学生发展的需要满足两个维度，不仅要满足个性追求和个性特点，这有利于个性的发展，同时又要符合社会国家意志的需要。要尊重人、关心人，不仅要满足正当需求，也要帮助解决学生自身的种种困惑和难题。研究群体中的个性和共性问题、表现、原因、解决措施等，以促进人的全面发展。

二、新时代高校学生思想行为特点分析

（一）自我个性张扬但功利化倾向明显——需要培养崇高的理想信念

"95 后"和"00 后"个性张扬，标新立异；思维特立独行，追求自我和个性化，对话语权要求较高；自我意识强烈，常常围绕日常生活构建和守护自己个体的"小世界"；喜欢离经叛道，蔑视并挑战传统、权威、秩序，更直率地对传统和权威进行稀释；以兴趣界定自我的深度，不遗余力甚至不计后果地追求自己喜欢的事。

市场经济快速发展，社会思想文化呈现多元化发展，人们面临多种社会思潮的攻击，如功利主义、实用主义、消费主义、非理性主义等。"95 后"和"00 后"学生仍处于身心不成熟阶段，容易接受新事物并盲目跟从，西方功利主义对他们的影响更为直接。如有些同学社会服务意识减弱，他们以是否从这些实践中受益作为是否愿意参加服务活动的衡量尺度。社会环境、媒体、互联网等传播的信息良莠不齐，部分学生不具备筛选能力，一部分学生出现追求偏差，乐于追求物质利益而缺少情怀，把功利性和物质化的获得理解为成功。如许多学生希望在大学取得成功并发财，面对奖学金评定、评优、入党等问题，容易不择手段地恶性竞争。

(二)政治意识薄弱但政治参与度上升——爱国主义情怀缺失

"95后"和"00后"大学生与互联网一起成长,生活在信息爆炸的时代。有研究报告显示,"95后"明显比前辈更热衷于游戏电竞、动画动漫。[①]爱综艺、爱电影、也爱"二次元",但是他们对时政的关注度锐减。"95后"和"00后"青年常常用互联网表达自己的立场观点,用投票、采访、跟帖、评论等各种形式参与网络政治,由于缺乏政治敏锐性和意识形态相关知识,纷繁复杂、良莠不齐的网络信息,在虚拟网络世界和匿名评论过程中,使得大学生在无声地参政议政时出现失范不当的言论,模糊不清的认知,甚至非理性的行为,有些严重到影响社会功能和正常稳定。

(三)自我意识强但整体思想素质不高——需要培养高尚品德修养

"95后"和"00后"思想上自信、独立,看待问题有主见。在互联网和多媒体等信息技术的影响下,中外思想相互碰撞,多元文化竞相开放,改变了学生看待问题的方式和生活行为习惯,对自由的渴望,对民主的追求以及对个性的崇尚是其明显的特征。在这样的环境中长大的"95后"和"00后"具有强烈的自我意识和丰富的自我特征。虽然自我意识较强,但他们存在品德修养不够、整体素质不高的现象。父母的溺爱导致他们形成诸如任性、自私自利等不良习气,家庭的过度呵护使得他们在群体生活中以自我为中心,缺乏对他人的理解、感受和让步,面对矛盾分歧,容易生活在"第三只笼子"里。常以"独"而不"孤"界定个体归属,对集体活动和公益事业缺乏热情、缺乏集体荣誉感。家庭教育增强了学生的自我意识,但也会削弱学生的团队合作能力和抗压能力。

(四)文化水平偏低,知识面广却粗浅——缺乏广博的知识见识

"95后"和"00后"大学生知识面广但粗浅,对理论基础课程有畏惧心理,学习热情不高。改革开放40多年来,国家经济、政治、文化、社会各方面水平大幅提升,更多"95后"和"00后"学生接受知识和文艺学习,不同程度上扩展了

---

① 任晓宁. 掌阅发布"95后"后阅读报告[N]. 中国新闻出版广电报,2017-09-05(03).

知识面，然而在同一教育时间内学到的知识深度也相应变浅。互联网已成为学生学习知识的必要途径之一，95%的学生有5—7年网龄，"95后"大学生的互联网平均在线时间为5小时（包括手机上网）。①通过网络学生的知识面扩大了，但网络上的知识和信息不够深入和权威，有时会出现许多错误。在"快餐文化"的影响下，学生的知识获得只求了解不求深入，导致学生的知识面一定程度上扩大了，但是知识深入程度远远不够。

（五）自卑迷茫缺乏信心但渴望梦想成功——缺少坚韧奋斗的精神

渴望梦想成功，但目标茫然。与以往的学生相比，"95后"和"00后"学生的社会环境更宽松，条件更加优越，对成功的憧憬与梦想更强烈。他们只是模糊地想象未来成功的结果，而没有考虑过现实世界中当前的道路该如何去走。他们善于沉迷做梦，不善于踏实做事；渴望独立，但自律性差。初次远离并逃脱父母的监管，强烈渴望自由，却处在茫然不知所措的状态，常常无法克制自己，不能很好地自律，责任心不强，坚持不了目标或目标易动摇。

（六）思维活跃动手能力强但发展不均衡——综合素质还有待提升

处于18岁左右的高校学生思维活跃，精力旺盛，接受新鲜事物快。在文艺、体育方面兴趣广泛、特长突出，不少学生是这方面的主力军。"95后"和"00后"把更多精力放在获得良好的社会活动能力上，即便成绩不突出但人缘较好。但是发展不均衡的现象也比较突出，体现在德、智、体、美、劳各个方面。如缺乏劳动观念，寝室卫生脏、乱、差；大部分不愿起床运动，早操晚自习活动开展困难；过于追求外在美，不注重打造内在美；待人接物方面缺乏足够的自信和基本的礼貌等。

三、有针对性地开展新时代高校思政教育的对策分析

2018年9月10日在全国教育大会上，习近平总书记为新时代培养什么人，

---

① 中国互联网络信息中心. 第39次中国互联网络发展状况统计报［EB/OL］.［2018—12—09］. http://www.cnnic.net.n/hlwfzyj/hlwxzbg/hlwtjbg/201701/t20170122_66437.htm.

作出了全面深刻的指示，确定了新时代教育的新任务。作为新时代的高校教育要以培养担当民族复兴大任的时代新人为要求，以培育时代新人作为创造性地开展思政教育的主要任务，结合新时代高校学生特点，开展有针对性的思政教育，完成时代使命。

（一）拥有坚定理想信念的时代新人

习近平总书记强调："理想指引人生方向，信念决定事业成败，没有理想信念，就会导致精神上'缺钙'。"[①]在校大学生生逢其时，遇到了大好时代，青春奋斗的黄金期，现在的"95后"和"00后"是国家"两个一百年"的见证者，也将全程参加这一历史使命和历史过程。所以个人奋斗目标也该和国家的伟大复兴保持一致才能有大作为。奋斗目标不是轻轻松松、敲锣打鼓就可以实现的，需要青年大学生正确认知自己的价值和地位，担当起时代使命和责任。

当今世情、国情、社情和党情都发生了巨大变化，时代新人需要在正确认识历史规律和准确把握基本国情的基础上，树立与时代主题同心同向的理想信念。孙中山曾激励青年"要立志做大事，不要立志做大官"[②]。青年在追求个性张扬时注意符合国家和时代的需求，在追求成功时注意去功利化和去物质化，更加注重精神上的获得感。苏轼讲到"古之成大事者，不惟有超世之才，亦必有坚忍不拔之志"，可见坚定理想信念，立鸿鹄之志的重要性。积极运用朋辈示范，树立典型的思政教育方法，发掘身边具体可感的典型、先进、成功的人物，进而学习、对照、仿效和推广先进事迹。创新性地开展各类活动，发挥实践育人、文化育人的功能，如开展马列经典的原著朗读，让学生在高声朗读中读原著、学原文、悟原理，弘扬传承精神，坚守理想信念情怀。

（二）拥有深厚爱国主义情怀的时代新人

爱国主义是国民最深沉的感情，是国家和民族精神的基因，新时代大学生需要厚植爱国主义情怀。要使学生深刻理解爱国主义的三个方面：爱国情感，即对

---

① 冯建军. 六个"下功夫"培养时代新人[N]. 光明日报，2018-09-18（07）.
② 李达. 加强青年党员的政治教育[J]. 民航政工，2014（5）.

祖国的直接感受和情绪体验；爱国思想，即对祖国的理性认识；爱国行为，即人们身体力行、报效祖国的实际行动。努力做好三个方面的一致，才是真正的爱国。综合运用思政教育的理论灌输法、实践锻炼法，科学做好课程和科研项目育人、实践育人、文化育人和网络育人工程，抓好用好"两微一端"（微博、微信、移动客户端）新载体，按照新时代的爱国主义要求，坚持爱国主义和社会主义相统一、维护祖国统一和民族团结、尊重和传承中华民族历史和文化、坚持立足民族又面向世界。"利于国者爱之，害于国者恶之"，网络普遍化的今天，爱国需要理性，爱国体现在一言一行，不能停留在口号上，时刻想到自己的行为和言语是否利于国家。正确引导青年关注时事，关注政治，理性爱国，把握网络主旋律，强化大学生成为有高度的安全意识、有文明的网络素养、有守法的行为习惯和有必备的防护技能的"网络四有新人"。

（三）具有良好品德修养的时代新人

培养良好品德修养，在当代就是要教育好、引导好学生，积极开展培育和践行社会主义核心价值观活动。习近平总书记讲过："核心价值观其实就是一种德，既是个人的德，也是一种大德，就是国家的德、社会的德。"[①]引领广大青年尤其是大学生成为有理想、有担当、有责任、有学识、重实干、靠奋斗、讲奉献的时代新人。指导青年从国家层面、社会层面、个人层面构建好自己的核心价值观，完善自我品德，提高集体意识、团结意识，树立换位观念、服务他人观念等。为人需要品德，从政需要官德，"国无德不兴，人无德不立"。纵观中国历史，特定的年代需要特定的精神和价值观，也积累了许多诸如"国有四维，礼义廉耻""大学之道，在明明德"的经典话语。运用比较鉴别法、激励感染法、自我教育法等思政教育方法来学习古今德育，选树道德模范、开展自我修炼，在贯彻落实"十大育人"体系过程中始终坚守立德树人第一要务，把立德树人融入各个教育环节，培养新时代青年明大德、守公德、严私德。

---

① 祁娟. 社会主义核心价值观和中国优秀传统文化关系研究［D］. 哈尔滨：黑龙江大学，2015.

(四)具备广博知识见识的时代新人

要在增长知识见识上下功夫。广大青年学生应该深知学习时光弥足珍贵,潜心求知问学,开阔视野,增长见识,丰富学识,真正做到求真、明道、悟道,练就一身真学问、真本领和真能力。青年是我国21世纪中叶实现社会主义现代化强国的关键力量,"玉不琢,不成器;人不学,不知道"。知识是每个人成才的基石,在学习阶段,我们一定要打深、打牢基石,奠定坚实的基础。要学习,就要追寻真学问,不能过多追求"碎片化"的信息和"快餐化"的知识。要学习,就要掌握事物发展的规律、看待问题的方式、解决问题的方法,增加学识见识。广大青年珍惜大好学习时光,不断学习和实践发掘潜力,探求真理,练就本领,掌握技能,为国家带来更好的荣耀,造福人民。

(五)拥有坚韧奋斗精神的时代新人

习近平总书记指出,社会主义是干出来的、幸福都是奋斗出来的。①时代新人需要有坚韧不拔的奋斗精神,敢于拼搏奋斗的精神状态,积极乐观的人生态度。想有位必须先有为,广大青年要在新时代有所作为,成大事业,就需要力行,知行合一,做实干家,以知促行、以行求知,正所谓"知者行之始,行者知之成"。不论事业大小,需要一点一滴、脚踏实地地干出来。"道虽迩,不行不至;事虽小,不为不成"这是永恒的道理。一分耕耘一分收获,学习和工作需要严谨务实,苦干实干。大学生需要实践证明自己的能力,克服自卑心理;需要自强苦干实干,消除迷茫;需要坚忍不拔毅力,增强信心;需努力成为有学问、有才干的实干家,在新时代干出一番事业。

(六)综合素质良好的时代新人

我们的教育要培养德智体美劳全面发展的社会主义建设者和接班人,就要增强学生的综合素质,教育引导学生培养创新思维,培养德智体美劳全面发展的综合能力。改进和加强体育、美育和劳动教育,帮助学生强健体魄、完善人格、磨

---

① 冯建军. 六个"下功夫"培养时代新人 [N]. 光明日报, 2018-09-18 (07).

练意志，实现自由全面发展。现阶段大学生存在德智体美劳教育不平衡、不充分的问题，需要在立德树人的中心环节基础上，扎根新时代实际生活，遵循美育工作规律特点，弘扬中华美育精神，使青年一代身心健康成长。全国教育大会，特别强调了体育的重要性。身体是革命的本钱，肩负历史重任的青年需要加强锻炼，通过"三走"项目，走出寝室、走出教室、走向操场，积极强身健体，磨练意志，焕发青春活力，展现民族鲜活生命力。明确强调了劳动教育的重要性，这是回归教育规律和回应现实问题的明举。通过诚实劳动才能实现人世间的美好梦想，破解发展中的各种难题，铸就生命里的一切辉煌。青年大学生肩负着实现"两个一百年"奋斗目标的艰巨使命，通过动手和劳动，从小懂得劳动的重要性，树立劳动是世界上最光荣、最崇高、最伟大、最美丽的行为的思想观念，培养深刻的劳动意识和劳动情怀。

第二节 党和政府高度重视运用红色文化资源培育时代新人

党的十八大以来，以习近平同志为核心的党中央审时度势、高瞻远瞩，高度重视红色文化资源在培养时代新人中的运用，强调要坚持把立德树人作为中心环节，把思想政治工作贯穿教育教学全过程，通过将红色文化资源融入高校德智体美劳全方位育人，培养担当民族复兴大任的时代新人和德智体美劳全面发展的社会主义建设者、接班人，努力开创我国教育事业发展新局面。

一、将培养全面发展的时代新人作为教育工作的根本任务

2016年12月，习近平在全国高校思想政治工作会议上的讲话中强调，我国高等教育肩负着培养德智体美全面发展的社会主义事业建设者和接班人的重大任务，高校思想政治工作关系培养什么样的人、如何培养人以及为谁培养人这个根本问题。要坚持把立德树人作为中心环节，把思想政治工作贯穿教育教学全过程，

实现全程育人、全方位育人，要坚持不懈传播马克思主义科学理论，抓好马克思主义理论教育，为学生一生成长奠定科学的思想基础；要坚持不懈培育和弘扬社会主义核心价值观，引导广大师生做社会主义核心价值观的坚定信仰者、积极传播者、模范践行者。

2018年9月，习近平总书记在全国教育大会上的讲话强调，要在坚定理想信念上下功夫，教育引导学生树立共产主义远大理想和中国特色社会主义共同理想，增强学生的中国特色社会主义道路自信、理论自信、制度自信、文化自信，立志肩负起民族复兴的时代重任。要在厚植爱国主义情怀上下功夫，让爱国主义精神在学生心中牢牢扎根，教育引导学生热爱和拥护中国共产党，立志听党话、跟党走，立志扎根人民、奉献国家。要在加强品德修养上下功夫，教育引导学生培育和践行社会主义核心价值观，踏踏实实修好品德，成为有大爱大德大情怀的人。要在增长知识见识上下功夫，教育引导学生珍惜学习时光，心无旁骛求知问学，增长见识，丰富学识，沿着求真理、悟道理、明事理的方向前进。要在培养奋斗精神上下功夫，教育引导学生树立高远志向，历练敢于担当、不懈奋斗的精神，具有勇于奋斗的精神状态、乐观向上的人生态度，做到刚健有为、自强不息。要在增强综合素质上下功夫，教育引导学生培养综合能力，培养创新思维。要树立健康第一的教育理念，开齐开足体育课，帮助学生在体育锻炼中享受乐趣、增强体质、健全人格、锤炼意志。要全面加强和改进学校美育，坚持以美育人、以文化人，提高学生审美水平和人文素养。要在学生中弘扬劳动精神，教育引导学生崇尚劳动、尊重劳动，懂得劳动最光荣、劳动最崇高、劳动最伟大、劳动最美丽的道理，长大后能够辛勤劳动、诚实劳动、创造性劳动。要努力构建德智体美劳全面培养的教育体系，形成更高水平的人才培养体系。要把立德树人融入思想道德教育、文化知识教育、社会实践教育各环节，贯穿基础教育、职业教育、高等教育各领域，学科体系、教学体系、教材体系、管理体系要围绕这个目标来设计，教师要围绕这个目标来教，学生要围绕这个目标来学。

2019年3月，习近平总书记主持召开学校思想政治理论课教师座谈会时强调，办好思想政治理论课，最根本的是要全面贯彻党的教育方针，解决好培养什么人、怎样培养人、为谁培养人这个根本问题。新时代贯彻党的教育方针，要坚持马克思主义指导地位，贯彻习近平新时代中国特色社会主义思想，坚持社会主义办学方向，落实立德树人的根本任务，坚持教育为人民服务、为中国共产党治国理政服务、为巩固和发展中国特色社会主义制度服务、为改革开放和社会主义现代化建设服务，扎根中国大地办教育，同生产劳动和社会实践相结合，加快推进教育现代化、建设教育强国、办好人民满意的教育，努力培养担当民族复兴大任的时代新人，培养德智体美劳全面发展的社会主义建设者和接班人。

在习近平总书记的高度重视下，国家相继颁布的一系列法律法规和有关文件进一步明确规定，将培养德智体美劳全面发展的时代新人作为教育工作的根本任务。

2015年8月，国务院发布的《关于加快发展民族教育的决定》中指出，大力培育和弘扬社会主义核心价值观，维护民族团结和社会稳定，为实现"两个一百年"奋斗目标和中华民族伟大复兴的中国梦，培养造就德智体美全面发展的社会主义合格建设者和可靠接班人。2015年9月，国务院办公厅发布的《关于全面加强和改进学校美育工作的意见》中指出，把培育和践行社会主义核心价值观融入学校美育全过程，根植中华优秀传统文化深厚土壤，汲取人类文明优秀成果，引领学生树立正确的审美观念、陶冶高尚的道德情操、培育深厚的民族情感、激发想象力和创新意识、拥有开阔的眼光和宽广的胸怀，培养造就德智体美全面发展的社会主义建设者和接班人。2015年12月，在新修订的《中华人民共和国教育法》和《中华人民共和国高等教育法》明确指出，教育必须为社会主义现代化建设服务、为人民服务，必须与生产劳动和社会实践相结合，培养德、智、体、美等方面全面发展的社会主义建设者和接班人。

2016年4月，国务院办公厅发布的《关于强化学校体育促进学生身心健康全面发展的意见》中指出，全面提升体育教育质量，健全学生人格品质，切实发挥体育在培育和践行社会主义核心价值观、推进素质教育中的综合作用，培养德智体美全面发展的社会主义建设者和接班人。2016年12月，国务院印发的《关于鼓励社会力量兴办教育促进民办教育健康发展的若干意见》中指出，进一步调动社会力量兴办教育的积极性，促进民办教育持续健康发展，培养德智体美全面发展的社会主义建设者和接班人。2016年12月通过的《中华人民共和国公共文化服务保障法》指出，各级人民政府应当加强面向在校学生的公共文化服务，支持学校开展适合在校学生特点的文化体育活动，促进德智体美教育。

2017年1月，国务院发布的《关于印发国家教育事业发展"十三五"规划的通知》中明确指出，把立德树人作为教育的根本任务，培养德智体美全面发展的社会主义建设者和接班人。2017年2月，中共中央、国务院印发的《关于加强和改进新形势下高校思想政治工作的意见》中指出，全面贯彻党的教育方针，坚持社会主义办学方向，扎根中国大地办大学，以立德树人为根本，以理想信念教育为核心，以社会主义核心价值观为引领，切实抓好各方面基础性建设和基础性工作，切实加强和改善党的领导，全面提升思想政治工作水平，紧密团结在以习近平同志为核心的党中央周围，牢固树立政治意识、大局意识、核心意识、看齐意识，坚定不移维护党中央权威和党中央集中统一领导，为实现"两个一百年"奋斗目标、实现中华民族伟大复兴的中国梦，培养又红又专、德才兼备、全面发展的中国特色社会主义合格建设者和可靠接班人。2017年9月，中共中央办公厅和国务院办公厅印发的《关于深化教育体制机制改革的意见》中指出，全面贯彻党的教育方针，坚持教育为人民服务、为中国共产党治国理政服务、为巩固和发展中国特色社会主义制度服务、为改革开放和社会主义现代化建设服务，全面深化教育综合改革，全面实施素质教育，全面落实立德树人根本任务，系统推进育人方式、办学模式、管理体制、保障机制改革，使各级各类教育更加符合教育规律、更加符合人才成长规律、更能促进人的全面发展，着力培养德智体美全面发展的社会主义建设者和接班人，为实现"两个一百年"奋斗目标、实现中华民族伟大复兴的中国梦奠定坚实基础。

2018年1月，中共中央和国务院印发的《关于全面深化新时代教师队伍建设改革的意见》中指出，落实立德树人根本任务，培养德智体美全面发展的社会主义建设者和接班人，全面提升国民素质和人力资源质量，加快教育现代化，建设教育强国，办好人民满意的教育，为决胜全面建成小康社会、夺取新时代中国特色社会主义伟大胜利、实现中华民族伟大复兴的中国梦奠定坚实基础。2018年3月通过的《中华人民共和国宪法修正案》指出，国家培养青年、少年、儿童在品德、智力、体质等方面全面发展。2018年11月，中共中央和国务院发布的《关于学前教育深化改革规范发展的若干意见》指出，以习近平新时代中国特色社会主义思想为指导，全面贯彻党的十九大精神和党的教育方针，认真落实立德树人根本任务，遵循学前教育规律，牢牢把握学前教育正确发展方向，完善学前教育体制机制，健全学前教育政策保障体系，推进学前教育普及普惠安全优质发展，满足人民群众对幼有所育的美好期盼，为培养德智体美劳全面发展的社会主义建设者和接班人奠定坚实基础。

二、强调红色文化资源是高校培育时代新人的优质资源

红色文化资源是优质的教育资源。党的十八大以来，习近平总书记多次强调要"把红色资源利用好，把红色传统发扬好，把红色基因传承好"。这为红色文化资源融入高校德智体美劳育人指明了方向。2016年4月，习近平总书记在安徽省考察时指出，革命传统教育要从娃娃抓起，既注重知识灌输，又加强情感培育，使红色基因渗进血液、浸入心扉，引导广大青少年树立正确的世界观、人生观、价值观。2016年12月，国务院印发的《关于鼓励社会力量兴办教育促进民办教育健康发展的若干意见》指出，提高思想政治教育的针对性、实效性和吸引力、感染力，切实加强理想信念、爱国主义、集体主义、中国特色社会主义教育和中华优秀传统文化、革命传统文化、民族团结教育，引导学生树立正确的世界观、人生观、价值观。2016年12月，在全国高校思想政治工作会议上，习近平总书记指出，要坚持不懈传播马克思主义科学理论，抓好马克思主义理论教育，为学生一生成长奠定科学的思想基础。要坚持不懈培育和弘扬社会主义核心价值观，引导

广大师生做社会主义核心价值观的坚定信仰者、积极传播者、模范践行者。要加强革命文化和社会主义先进文化教育，深化中国共产党历史、中华人民共和国国史、改革开放史和社会主义发展史学习教育，继承革命传统，传承红色基因。

2017年1月，国务院印发的《关于印发国家教育事业发展"十三五"规划的通知》指出坚持以美育人、以文化人，广泛开展中华民族优秀传统文化、革命文化、社会主义先进文化教育，培育青少年学生文化认同和文化自信。2017年5月，中共中央办公厅、国务院办公厅印发的《国家"十三五"时期文化发展改革规划纲要》中指出，要把社会主义核心价值观纳入国民教育体系，增强学生爱国精神、社会责任感和实践创新能力。发扬红色传统、传承红色基因，用好革命历史类纪念设施、遗址和各类爱国主义教育示范基地等红色文化资源。2017年9月，中共中央办公厅和国务院办公厅印发的《关于深化教育体制机制改革的意见》指出，深入开展以爱国主义为核心的民族精神和以改革创新为核心的时代精神教育、道德教育、社会责任教育、法制教育，加强中华优秀传统文化和革命文化、社会主义先进文化教育。健全全员育人、全过程育人、全方位育人的体制机制，充分发掘各门课程中的德育内涵，加强德育课程、思政课程。2018年7月，中共中央办公厅、国务院办公厅印发的《关于实施革命文物保护利用工程（2018—2022年）的意见》指出，要深化革命文物价值挖掘阐释传播，迫切需要发挥革命文物服务大局、资政育人和推动发展的独特作用，推动革命传统教育进学校、进教材、进课堂，编纂出版系列革命文物知识读本，鼓励学校、党校（行政学院）到革命旧址、革命博物馆纪念馆开展现场教学。建立革命旧址、革命博物馆纪念馆与周边学校、党政机关、企事业单位、驻地部队、城乡社区的共建共享机制，组织开展具有庄严感和教育意义的系列主题活动。

2019年3月，习近平总书记主持召开学校思想政治理论课教师座谈会时指出，党中央对教育工作高度重视。我们对思想政治工作高度重视，始终坚持马克思主义指导地位，大力推进中国特色社会主义学科体系建设，为思政课建设提供了根本保证。我们对共产党执政规律、社会主义建设规律、人类社会发展规律的认识和把握不断深入，开辟了中国特色社会主义理论和实践发展新境界，中国特色社会主义取得举世瞩目的成就，中国特色社会主义道路自信、理论自信、制度自信、文化自信不断增强，为思政课建设提供了有力支撑。中华民族几千年来形成了博大精深的优秀传统文化，我们党带领人民在革命、建设、改革过程中锻造的革命文化和社会主义先进文化，为思政课建设提供了深厚力量。思政课建设长期以来形成的一系列规律性认识和成功经验，为思政课建设守正创新提供了重要基础。有了这些基础和条件，有了我们这支可信、可敬、可靠，乐为、敢为、有为的思政课教师队伍，我们完全有信心、有能力把思政课办得越来越好。

在中国共产党成立100周年之际，2021年7月12日中共中央、国务院印发了《关于新时代加强和改进思想政治工作的意见》（以下简称《意见》）。《意见》指出，思想政治工作是党的优良传统、鲜明特色和突出政治优势，是一切工作的生命线。新时代加强和改进思想政治工作，要自觉承担起举旗帜、聚民心、育新人、兴文化、展形象的职责使命，坚持遵循思想政治工作规律，把显性教育与隐性教育、解决思想问题与解决实际问题、广泛覆盖与分类指导结合起来，因地、因人、因事、因时制宜开展工作。要深入开展思想政治教育。坚持用习近平新时代中国特色社会主义思想武装全党、教育人民，健全用党的创新理论武装全党、教育人民工作体系，增进对习近平新时代中国特色社会主义思想的政治认同、思想认同、理论认同、情感认同。推动理想信念教育常态化制度化，广泛开展中国特色社会主义和中国梦宣传教育，弘扬民族精神和时代精神，加强爱国主义、集体主义、社会主义教育，加强马克思主义唯物论和无神论教育。培育和践行社会主义核心价值观，加强教育引导、实践养成、制度保障，推动社会主义核心价值观融入社会发展和百姓生活。加强党史、新中国史、改革开放史、社会主义发展史和形势政策教育，引导党员干部、群众旗帜鲜明反对历史虚无主义，继往开来走好新时代长征路。加强学校思想政治工作，加快构建学校思想政治工作体系，实施时代新人培育工程，完善青少年理想信念教育齐抓共管机制，培养德智体美劳全面发展的社会主义建设者和接班人。

三、要创新红色文化资源融入高校育人方式

要提升红色文化资源育人的针对性和实效性，需要拓展红色文化资源育人的途径，创新红色文化资源育人的方法。2013年6月，习近平总书记在主持中央政治局第七次集体学习时指出，要积极发挥高等学校作为党史教育、研究、宣传的重要阵地的作用。课堂教育之外，要组织青少年学生瞻仰革命遗址，参观红色旅游景点、革命博物馆和纪念馆，学习革命英烈的事迹。2017年2月，中共中央、国务院印发的《关于加强和改进新形势下高校思想政治工作的意见》中指出，加强革命文化和社会主义先进文化教育，深化中国共产党史、中华人民共和国史、改革开放史和社会主义发展史学习教育，利用我国改革发展的伟大成就、重大历史事件纪念活动、爱国主义教育基地、国家公祭仪式等组织开展主题教育，弘扬以爱国主义为核心的民族精神和以改革创新为核心的时代精神。2017年9月，中共中央办公厅和国务院办公厅印发的《关于深化教育体制机制改革的意见》指出，用好自然资源、红色资源、文化资源、体育资源、科技资源、国防资源和企事业单位资源的育人功能，发挥英雄模范人物、名师大家、学术带头人等的示范引领作用，挖掘校史校风校训校歌的教育作用，充分发挥学校党、共青团、少先队组织的育人功能。

在习近平总书记重要讲话以及中共中央、国务院印发有关文件的指导下，教育部、共青团中央等部门对创新红色文化资源融入高校德智体美劳育人方式高度重视，印发一系列文件和实施意见，有力推动高校红色文化资源育人的发展。2016年10月，教育部党组印发的《关于教育系统认真学习贯彻习近平总书记在纪念长征胜利80周年大会上重要讲话精神的通知》中指出，动员师生编排展演一批以革命先驱为原型的舞台剧，创作推广一批以革命精神为主题的歌舞音乐，制作传播一批以感悟红色文化为内涵的文化作品，不断丰富和充实红色文化作品资源库。要充分发挥传统媒体与新兴媒体合力育人优势，加强讲话精神宣传教育阵地建设，构建全媒体育人的良好环境和氛围；要定期征集遴选、推广展示一批利用红色文化开展社会主义核心价值观教育的优秀成果，定期举办学术研讨活动和工作推进

会议，促进研究成果转化和教育经验共享。

2017年6月，共青团中央、教育部印发的《关于加强和改进新形势下高校共青团思想政治工作的意见》指出，利用我国改革发展的伟大成就、重大历史事件纪念活动、爱国主义教育基地、国家公祭仪式等，运用大学生喜闻乐见的形式载体，设计开展革命文化、社会主义先进文化主题教育，加强党史国史、近现代史、改革开放史、社会主义发展史宣传教育，引导大学生继承革命传统、传承红色基因，弘扬以爱国主义为核心的民族精神和以改革创新为核心的时代精神。2017年12月，教育部党组关于印发的《高校思想政治工作质量提升工程实施纲要》中指出，挖掘革命文化的育人内涵，实施"革命文化教育资源库建设工程"，开展"传承红色基因、担当复兴重任"主题教育，组织编排展演一批以革命先驱为原型的舞台剧、以革命精神为主题的歌舞音乐、以革命文化为内涵的网络作品；有效利用重大纪念日契机和重点文化基础设施开展革命文化教育。

2018年5月，教育部党组印发的《关于教育系统深入学习贯彻习近平总书记在北京大学师生座谈会上重要讲话精神的通知》中指出，加强中华优秀传统文化和革命文化、社会主义先进文化教育，加强党史、国史、改革开放史、社会主义发展史教育，引导青年师生做社会主义核心价值观的坚定信仰者、积极传播者、模范践行者。2018年6月，教育部办公厅印发的《关于开展习近平新时代中国特色社会主义思想大学习领航计划系列主题活动的通知》中指出，通过艺术展、公开课、微电影、夏令营等形式，增强学生学习思政课的积极性、主动性，提升学生对思政课的参与度，打牢学生成长成才的科学思想基础，培养德智体美全面发展的社会主义建设者和接班人。2018年8月，教育部党组印发的《关于学习贯彻习近平总书记给中央美术学院老教授重要回信精神的通知》中指出，弘扬中华优秀传统文化，继承革命文化，发展社会主义先进文化，切实做强中华文化的根基，培植繁荣社会主义文化的种子。要构建全员全过程全方位育人格局，坚定不移走中国特色学校美育改革发展道路，引领学生树立正确的审美观念、陶冶高尚的道德情操、塑造美好心灵。

第二章 红色文化资源促进高校"五育"人才培养目标实现

2018年8月,教育部、财政部、国家发展改革委联合印发的《关于高等学校加快"双一流"建设的指导意见》中指出,育人为本,德育为先,着力培养一大批德智体美全面发展的社会主义建设者和接班人。深入研究学生的新特点新变化新需求,大力加强理想信念教育和国情教育,抓好马克思主义理论教育,践行社会主义核心价值观,坚持不懈推进习近平新时代中国特色社会主义思想进教材、进课堂、进学生头脑,使党的创新理论全面融入高校思想政治工作。深入实施高校思想政治工作质量提升工程,深化"三全育人"综合改革,实现全员全过程全方位育人;实施普通高校思想政治理论课建设体系创新计划,大力推动以"思政课+课程思政"为目标的课堂教学改革,使各类课程、资源、力量与思想政治理论课同向同行,形成协同效应。2018年9月,教育部办公厅《关于公布全国第五届大学生艺术展演活动优秀组织奖及各项目评选结果的通知》中指出,坚持育人为本,坚持面向全体高校学生,坚持"三阶段"推进模式,以社会主义核心价值观为导向,大力弘扬中华优秀传统文化、革命文化和社会主义先进文化,组织开展了丰富多彩的美育活动。

2018年10月,教育部、共青团中央和全国少工委联合印发的《关于严肃规范红领巾等少先队标志标识使用的通知》中指出,深入开展爱党爱国教育、理想信念教育、社会主义核心价值观教育等,积极引导广大少先队员珍惜爱护红领巾等少先队标志标识,增强光荣感和组织归属感,树立远大理想、形成坚定信念、继承革命传统、传承红色基因,培养德智体美劳全面发展的社会主义建设者和接班人。2021年7月12日,中共中央、国务院印发的《关于新时代加强和改进思想政治工作的意见》指出,要推动新时代思想政治工作守正创新发展。深化拓展群众性主题实践,充分利用重要传统节日、重大节庆日纪念日,发挥礼仪制度的教化作用,丰富道德实践活动,推动形成适应新时代要求的思想观念、精神面貌、文明风尚、行为规范。更加注重以文化人、以文育人,深入实施文艺作品质量提升工程,深入实施中华优秀传统文化传承发展工程,推进城乡公共文化服务体系一体建设,更好满足人民精神文化生活新期待。充分发挥先进典型示范引领作用,深化时代楷模、道德模范、最美人物、身边好人等学习宣传,持续讲好不同时期英雄模范的感人故事,探索完善先进模范发挥作用的长效机制,把榜样力量转化为亿万群众的生动实践。要构建共同推进思想政治工作的大格局。完善领导体制和工作机制,完善党委统一领导、党政齐抓共管、宣传部门组织协调、有关部门和人民团体分工负责、全党全社会共同参与的思想政治工作大格局。用好各级各类文化设施和阵地,加强各级各类党员教育培训基地、爱国主义教育基地等的规划建设和管理使用,继续推动公共文化设施向社会免费开放,建设基层思想政治工作示范点。

四、中国共产党百年红色精神谱系引领时代新人培育

党的红色精神谱系蕴含着党对社会主义建设和人类社会发展规律的深刻认知,具有科学性;凝结着时代的核心价值元素,体现了先进文化的发展方向,具有先进性;蕴含着崇高的精神境界,是党的根与魂,具有引领性。因此,党的红色精神谱系的内在属性与时代新人精神面貌塑造相契合,能够为时代新人成长成才提供精神动力。

第一,红色精神谱系有助于坚定时代新人的崇高理想信念。坚定的理想信念是时代新人的首要特征。时代新人是民族复兴伟业和社会主义建设事业的生力军,其理想信念既关系到时代新人自身的成长成才,也关系到民族和国家的未来。一方面,时代新人志存高远,才能激发奋进潜力,成就青春梦想;另一方面,时代新人理想远大,信念坚定,民族才能复兴,国家才能繁荣富强。因此,需要广泛开掘时代新人理想信念教育的精神资源。党的红色精神谱系具有科学性和引领性,契合了时代新人理想信念培育的需要,是涵养时代新人理想信念的宝贵资源。

第二,红色精神谱系有助于厚植时代新人的爱国主义情怀。爱国主义是时代新人拼搏奋斗的青春底色。要将党的红色精神谱系融入时代新人培育,在多元思潮中彰显主导正能量,提升爱国情、厚植强国志、外化报国行。中国共产党是爱国主义精神最坚定的弘扬者和实践者,党的红色精神谱系孕育、深化、发展了爱国主义精神。一座又一座的精神丰碑中,变的是英勇无畏的时代英雄主角,不变的是生生不息的爱国主义基因。因此,在教育过程中融入党的红色精神谱系,能够有效地消除各种错误思潮的不良影响,形成滋养时代新人爱国主义情怀的良性生态圈。

第三,红色精神谱系有助于加强时代新人的品德修养。品德修养是时代新人应当具备的基本素质,因此,要将党的红色精神谱系融入时代新人的品德修养,营造风清气正、主旋律高昂的德育氛围。党的红色精神谱系凝结着时代的核心价值元素,具有先进性和引领性。例如,"奋不顾身、助人为乐"的雷锋精神,"亲民爱民、无私奉献"的焦裕禄精神,"舍己为人、大爱无声"的郭明义精神等,这些典型模范,对时代新人高尚品德的培育具有示范效应。

第四,红色精神谱系有助于提振时代新人的奋斗精神。时代新人的奋斗精神,是指时代新人在为实现中华民族伟大复兴而奋斗的实践中所形成的勇担使命、脚踏实地、敢于斗争、久久为功的精神风范。党的红色精神谱系的生成发展史归根结底是共产党人的奋斗史,其中贯穿着无数仁人志士救亡图存、开拓进取、无私奉献的奋斗事迹,具有鲜明的价值引领性,是提振时代新人奋斗精神和引领奋斗方向的营养剂。中国共产党百年红色精神谱系引领时代新人培育的路径,开辟党的红色精神谱系所具有的育人价值属性,只有通过一定的路径渠道传播,为时代新人所掌握,才能够内化为时代新人的精神特质,为时代新人践行使命担当注入精神力量。为此,必须将红色精神谱系融入课程教育教学、校园文化、网络文化建设、社会实践教育,构筑全方位全过程的红色精神"认知、认同、强化、外化"路径。

(一)将红色精神融入课程教育教学

要使时代新人充分掌握党的红色精神谱系的核心理念,除了靠党的红色精神谱系自身的科学性、先进性和引领力外,还要靠深入持续地、有目的有意识地开展党的红色精神谱系宣传教育来实现。为此,必须充分激活课程教育教学的要素,发挥主渠道作用,实现知识灌输和精神启发相融合。一是从课程教材要素出发,将党的红色精神谱系融入大中小学思政课一体化建设中,实现红色精神育人的全过程贯穿。根据各学段学生身心特点,以及育人规律和学生成长规律,将党的红色精神谱系所蕴含的红色故事、红色精神融入教材编写体例,增强党的红色精神谱系引领时代新人培育的有效性。二是从课程教学要素出发,将党的红色精神谱系融入"大思政"体系课程教学内容设计中,实现红色精神育人的全课程覆盖。一方面,融入思政课教学,增强思政课的生动性,思政课是学生接受思想政治教育的主渠道,将红色精神谱系融入思政课堂,有助于守好红色精神育人的主渠道;另一方面,融入专业课教学,增强专业课的价值性。将党的红色精神谱系中的红色故事、红色精神融入专业课程教学,强化专业课程的育人功能。

(二)将红色精神融入校园文化

校园文化环境是影响时代新人价值观生成发展的土壤。校园文化环境优美,校园文化价值先进,就能更好地实现熏陶化育。因此,校园文化环境中是否充盈着党的红色精神,关系到能否以高尚的红色精神熏陶人,能否以优秀的红色精神培育人,能否以先进的红色精神引领人。这就要求学校有意识地选择、提取红色精神元素,将之融入校园文化环境建设过程中,不断建构、丰富和优化校园文化环境。一是把红色精神谱系所蕴含的故事、精神融入校园物质文化环境建设,以环境滋养人,使学生长期身处浓厚的红色精神氛围,在潜移默化中受到感染和熏陶。二是把红色精神谱系所蕴含的故事、精神融入校园行为文化,以文化感染人。校园行为文化以第二课堂活动为典型,开展形式丰富的具体活动能充实学生的精神家园。一方面,可以依托理论社团,讲好红色故事;另一方面,可以依托重大红色纪念日,加强红色精神相关的议题设置,开展文艺活动,增强红色教育感染力。

(三)将红色精神融入网络文化建设

党的红色精神谱系要取得立德树人的实效,必须将影响力向互联网空间延伸。红色精神牢牢掌握互联网宣传思想阵地,必须从载体方式信息化和载体内容趣味化入手,才能与学生网民的精神需求相契合,赢得线上线下的话语权。一是开发红色精神宣传的移动教育学习系统。开发或者借助学习强国等移动教育平台，使学生充分利用碎片化时间，实现时时能学，处处可学；教师入驻平台，即时推送，精准传输，实现教学互动、思想引领、灵活便捷。二是做好红色精神故事阐述。积极组织专家学者开展红色精神故事挖掘研究，推出一批高水平研究成果。在此基础上结合网络文化进行话语转化，进行图文并茂、音画一体式的系统整合，形成适合网络推广且富有吸引力的网络作品。三是编导红色文艺影视作品。精心打造红色影视经典作品，叠加移动互联网宣传阵地建设，实现红色精神宣传内容和形式的统一，更好地给予时代新人红色精神滋养。

（四）将红色精神融入社会实践教育

将红色精神融入实践育人，有助于引领时代新人形成红色精神承载的理想信念，有助于引领时代新人形成红色英雄人物所示范的品德修养和爱国情怀，有助于深化红色精神课堂教学的效果，充分发挥红色精神谱系的精神动力价值。一是根据学生实际，拓展红色精神教育社会实践方式。针对大学生，可以采取实地调研、问卷调研及采访等深度调研方式，实现红色精神教育多样化，可以将红色精神教育和大学生暑期"三下乡"社会实践相融合，引导学生到革命老区和贫困地区开展专业知识服务社会，践行红色精神。就近选择红色教育基地参观学习，开展红色经典影视作品观赏。二是地方政府主导挖掘本地红色教育资源，搭建红色精神教育基地。红色教育资源是党史、国史的生动记录和鲜活教材，地方政府立足本地实际发掘一批革命遗址，建设一批爱国主义教育示范基地、纪念馆，有助于红色文化基因的传承。三是建立健全红色精神社会实践的教育管理保障体系。由专门教师负责跟进红色精神教育实践，采取项目化管理方式，对教育实践活动进行全过程把关，对活动立项、实施、总结实行全方位引导。开展红色精神社会实践教育活动评价，通过及时反馈树立典型示范，激发学生参与实践教育活动的积极性和主动性。

第三章　全国运用红色文化资源开展高校德育镜鉴

育人为本，德育为先，坚持立德树人是教育的根本任务。近年来，各高校深化对教育本质是培养人的认识，强调促进人的德性成长是教育的首要任务，也是人的全面发展的根本保障，积极推进红色文化资源融入高校德育育人的理论与实践。按照"融入前、融入中、融入后"的逻辑顺序，围绕红色文化资源德育价值功能、红色文化资源融入高校德育育人的实践行为、难题破解、理论提升和成效体现进行了深入学理研究，依托本地独特的红色文化资源优势，搭建了红色文化资源融入高校德育育人平台，开发了特色课程和教材体系，建立了校内外实践基地、思政课第二课堂等，将红色文化资源转化为高校的德育育人资源，再将德育育人资源转化为学生的品德行为。

第一节　红色文化资源德育理论研究

近年来，学界围绕着红色文化资源在高校德育育人中的价值功能，以及如何提升红色文化资源在高校德育育人实践中的实效性、探析高校红色文化资源德育育人规律等问题积极开展研究，产生了许多成果。具体表现为：

一是红色文化资源德育价值功能研究。学界一致认为，红色文化资源蕴含着丰富的德育价值功能，主要表现为红色文化资源是理想信念教育的优质资源，能够有效地坚定大学生理想信念;① 红色文化资源是道德情操教育的优质资源,使得青年学生淡泊名利、无私奉献,增强社会责任感;② 红色文化资源是爱国主义教育的优质资源,红色文化资源能够有效激发教育对象爱国意识;③ 红色文化资源是情感教育的优质资源,有利于引发受教育者轻松、愉快的正情绪,抑制和弱化郁闷、紧张、厌烦等负面情绪,同时运用红色文化资源开展情感教育能够实现教育手段的多元化。④

二是红色文化资源融入高校德育难题及破解研究。红色文化资源德育价值功能的发挥存在时空条件及情景载体的限制,使其融入高校德育过程时存在一些不适及障碍,基于此,学界进行了充分的理论探索,提出了系列破解之道。如在有效提升红色文化资源德育价值上,提出需要进一步从学理上进行深入探讨,为其提供理论指导,才能继续深化其实践运用;⑤ 对于红色德育制度不健全和如何有效建构提出需注重红色文化资源供给制度理论研究,适当的评价可以推动红色文化资源有效融合高校德育;⑥ 对于红色德育师资队伍建设不力提出需推动师资队伍与红色文化资源有效结合,扩大红色德育师资队伍的构成与范围,加强高校红色德育师资队伍的培养与管理,改进管理方式;⑦ 对于红色德育课程体系开发不

---

① 张泰城. 红色文化资源是优质教育资源 [J]. 井冈山大学学报, 2010 (1);肖发生. 红色文化资源在高校思想政治教育中的价值与运用 [J]. 井冈山大学学报, 2010 (2).

② 甘红平,胡云. 江西红色文化资源在高校德育中的价值及实现 [J]. 江西科技师范大学学报, 2013 (3);张玉莲. 论高校教师在红色文化资源融入德育教学中的主导性 [J]. 井冈山大学学报, 2011 (4);李康平,张吉雄. 论红色文化资源开发在大学德育中的运用 [J]. 井冈山学院学报, 2009 (5);刘映霞. 利用遵义红色文化资源构建高校"融入式"德育模式 [J]. 赤峰学院学报, 2013 (3).

③ 诸葛毅. 大学校园红色文化建设的内涵与德育功能 [J]. 江苏高教, 2010 (3);管婷婷. 红色文化在90后学生党员中的德育功能运用——以淮阴师院文学院为例 [J]. 佳木斯职业学院学报, 2015 (3).

④ 肖发生. 红色文化资源在高校思想政治教育中的价值与运用 [J]. 井冈山大学学报, 2010 (2);李雪,刘沁. 利用地方红色文化资源提升高校校园文化德育功能 [J]. 南昌教育学院学报, 2011 (6);孙海英. 论红色文化的育人功能与机制构建 [J]. 江西科技师范大学学报, 2016 (2).

⑤ 王炳林,房正. 关于深化中国共产党革命精神研究的几个问题 [J]. 中国高校社会科学, 2016 (2);何海霞,王宁初,刘英. 红色文化资源在高校思政理论课实践教学中嵌入研究 [J]. 黑河学院学报, 2017 (1).

⑥ 李源锋. 试论红色文化资源在高校思想政治教育中的运用 [J]. 学校党建与思想教育, 2014 (16);罗海英,乔湘平. 增强大学生红色教育有效性的对策研究 [J]. 教育与教学研究, 2010 (4).

⑦ 李文瑞,贺新春. 论红色文化资源转化为高校教育教学资源的困境及其对策 [J]. 井冈山大学学报, 2012 (2);林春. 红色文化资源转化为教育教学资源探析 [J]. 内蒙古师范大学学报, 2013 (7);韦红霞. 高校红色文化教育资源供给的路径研究 [J]. 黑龙江高教研究, 2017 (8).

够，提出要提升红色德育课程在高校思想政治理论课中的地位，进一步提升红色德育课程体系开发有效性，推进微观红色德育课程的建设。①

三是红色文化资源融入高校德育实践行为研究。学界普遍认为高校思想政治理论课课程教学是发挥红色文化资源德育价值功能的首要方式，可以通过开设校本课程、专题教学，建设教师队伍和发挥教育对象的积极性与主动性等方式来进行；②要建设红色文化资源德育实践基地，为红色文化资源发挥德育价值功能提供实践场所，从空间上拓展高校思想政治理论课课堂教学；③要构建高校红色德育校园文化，通过多种途径和方式潜移默化地熏陶与影响教育对象；④要以重大红色纪念日等将红色文化资源融入大学生日常实践行为体系，将思想道德教育的内容润物细无声地渗透到学生的思想与行动中。⑤

四是红色文化资源融入高校德育理论提升研究。学界认为红色文化资源要有效融入高校德育，还需深入研究其实践形态及行为呈现，需要在教育教学理论的指导下，针对红色文化资源教学行为的鲜活性、实践性、体验性、感悟性等特点，需要注重理论性与实践性相结合、内容实质与表现形式相结合、继承性与创新性相结合，主观能动性与客观规律性相结合等，进一步探析红色文化资源融入高校德育教育教学的规律。⑥

五是红色文化资源融入高校德育成效呈现研究。学界普遍认为从红色文化资

---

① 刘映霞. 利用遵义红色文化资源 构建高校"融入式"德育模式[J]. 赤峰学院学报, 2013 (3); 舒前毅. 红色文化资源融入思想政治理论课教学改革的新探索[J]. 教育观察, 2018 (21).

② 王炳林, 房正. 关于深化中国共产党革命精神研究的几个问题[J]. 中国高校社会科学, 2016 (2); 李康平. 论红色文化资源在思想政治理论课运用的价值与路径[J]. 思想理论教育导刊, 2010 (4).

③ 王炳林, 房正. 关于深化中国共产党革命精神研究的几个问题[J]. 中国高校社会科学, 2016 (2); 袁君丽. 大学生红色文化教育对策研究——以湘鄂西为例[J]. 特区经济, 2017 (5).

④ 李文瑞, 贺新春. 论红色文化资源转化为高校教育教学资源的困境及其对策[J]. 井冈山大学学报, 2012, (2); 林春. 红色文化资源转化为教育教学资源探析[J]. 内蒙古师范大学学报, 2013 (7).

⑤ 熊辉, 沈婷婷. 大学校园红色文化在高校思想道德教育中的运用[J]. 井冈山大学学报, 2015, (5); 诸葛毅. 大学校园红色文化建设的内涵与德育功能[J]. 江苏高教, 2010 (3).

⑥ 王凯鹏. 如何在思想政治教育工作中灵活运用红色文化资源[J]. 学理论, 2014 (10); 肖发生. 红色文化资源在高校思想政治教育中的价值与运用[J]. 井冈山大学学报, 2010 (2); 振强, 王诗卉. 红色文化资源在大学生思想政治教育中的价值及有效应用[J]. 教育与职业, 2013 (35); 肖绍聪. 论红色文化教育评价的基本原则[J]. 科教导刊, 2017 (31).

源融入高校德育成效呈现来看，红色文化资源蕴含了许多德育教育元素，它丰富了高校德育教育内容，创新了高校德育教学方式，深化了高校德育教学规律，建构了高校红色德育体系等，为进一步深化研究和拓展实践打下了坚实基础。①

第二节 红色德育的平台条件

红色文化资源要有效地融入高校德育育人体系之中，需要努力将红色文化资源转化为教育教学资源。为此，各高校结合具体实际，积极开发课程、编写教材、建设实践基地、营造育人氛围，搭建切合实际的平台条件。

一是开展系列特色活动。如井冈山大学通过实施"映山红"文化育人项目，逐步构筑了"映山红"文化育人体系，发挥课程培训、讲座论坛、红色励志教育、社会实践、主题文化活动等的育人功能，探索具有可示范、可引领、可辐射、可推广、可持续意义的文化育人先进经验和典型做法，增强学校思想政治工作吸引力、感染力。

二是搭建特色教育平台。如中国人民大学搭建"思想政治理论课青椒论坛"、北京科技大学建设"数字马院"平台，推动红色革命事迹与高校思政工作融合发展；辽宁师范大学树立"钱师题字石雕"，对学生开展励志教育；东北石油大学成立大庆精神研究基地和育人展馆，传承弘扬"大庆精神"和"铁人精神"；牡丹江师范学院成立中国抗联研究中心，构筑红色党建研究阵地；常州大学搭建近现代史与红色文化研究院，用地方红色文化资源育人；合肥工业大学发起成立大别山革命历史研究会，致力于提炼、弘扬"大别山精神"，让红色基因代代相传；贵州师范大学组建贵州红军文化与红色旅游研究所，为红色文化研究和红色文化资源

---

① 于存雷. 红色文化资源在高校德育工作中的价值 [J]. 沈阳大学学报, 2014 (3)；肖发生, 尧雨晴. 红色文化资源创新大学生思想政治教育的途径和方式 [J]. 井冈山大学学报, 2016 (4)；陈始发, 李立娥. 红色文化资源在高校思想政治理论课教学中运用的思考 [J]. 思想理论教育导刊, 2014 (11).

育人提供支撑等。

三是开发课程和教材。如江西省委教育工委、省教育厅组织编写出版《永远的旗帜：跨越时空的井冈山精神》作为全省高校统编教材，河北师范大学坚持把西柏坡精神学术成果转化为资政育人成果，编写了《党章悦读》等知识性和趣味性相结合的普及读物和《"初心"多棱镜》等科普读本等。

第三节 红色德育的课程教学

课程教学是高校德育育人的主渠道和主要方式。各高校积极打造品牌课程、开发校本课程和特色课程等方式将红色文化资源融入德育的课程教学，通过明确教学目标与教学内容，运用独特的教学设计、教学方式方法，取得良好的教学效果。

一是打造品牌课程。如江西省高校通过"课内实践、课内外衔接、课外拓展"等三个层面，以"讲、诵、唱、演、练"为主要方式，努力探索思想政治理论课实践教学的新路径、新方式和新模式，凝练了"永远的井冈山"教学品牌；开设"南昌起义与八一精神"专题课程，将江西红色文化资源切实融入高校思想政治理论课程等。东北地区高校开办"铁人课堂"，以"大庆精神"和"铁人精神"引领大学生成长成才；以"北大荒"精神为主线建设课程思政，实现北大荒优秀地域文化资源进教材、进课堂、进头脑的育人目的。

二是开发校本课程。如临沂大学推出了以精品课程"红色文化与沂蒙精神"为龙头的《高校思想政治理论课教学案例集——沂蒙精神代代传》《沂蒙红色文化与沂蒙精神》《沂蒙精神大学生读本》系列特色校本教材；龙岩学院开发了《中央苏区妇女运动史》《闽西妇女运动史》《红色闽西与中国革命》《闽西中央苏区简明读本》等校本教材进入课堂；陇东学院积极推动"南梁精神"进校园，在全校开设《南梁精神概论》选修课等。

三是开发特色课程。如西安电子科技大学以红色校史校创新思政课教学模式,创建了思政课"344"教学新模式,即以"三个着眼于"为主题开展红色文化融入思政课的教学改革,服务大学生成长成才;以"四体一体"将红色文化资源转化为课程资源,做到"认知、内化、践行"相统一;构建学术、经费、制度、队伍"四大保障"体系,推动教学改革协同发展。

第四节 红色德育的实践教学

实践教学是红色文化资源德育育人的重要组成部分。各高校依托区域独具特色的红色文化资源,建立校内外实践基地,通过组织暑期社会实践,学生社团活动,思政课第二课堂等,开展丰富多彩的实践教学。

一是开展主题育人活动。如北京大学基础医学院通过让学生在自我学习实践中体会历史的厚度,感受文化的温度;华中师范大学传承代英精神,弘扬核心价值,打造文化名片;井冈山大学赴井冈山参加"弘扬井冈山精神,坚定理想信念"主题培训班;浙江理工大学开展"红色家书诵读,感悟革命志士情怀"活动等。

二是实施系列育人工程。如清华大学实施"领雁工程",扎实开展学生党支部书记培养支持计划;东北师范大学推行"红色体验"教育实践活动,开展"走进西柏坡""重走抗联路""寻访铁人精神""体验焦裕禄精神"等"红色体验"教育实践系列活动;赣南师范大学弘扬苏区精神,传承红色基因,构建了"一个理念、一个目标、一个学院、十大举措"的红色文化育人工作体系;陆军步兵学院坚持用红色基因铸魂育人,组织学员赴井冈山接受革命传统教育,形成"走一条路、铸一个魂、扎一个根"的基本教学经验;遵义师范学院以"红色经典六个一"诵读,张扬学生个性;上饶师范学院开展系列教育,将方志敏精神融入育人工作等。

三是构建特色育人手段。如南开大学活用丰富的红色校史文化资源育人,让红色校史文化资源在内容上"活"起来,在呈现形式上"活"起来;天津职业大学组建女子预备役连队，打造军学协同育人的文化阵地，推动思想政治工作与军队相融合的创新实践；南京晓庄学院践行陶行知先生的"教学做合一"理念，积极推行学生志愿讲解服务；温州大学开展红诗赛，颂经典忆党史念党恩，强化对学生党员的党性教育；江西师范大学建设红色班级，传承红色基因等。

四是开展暑期"三下乡"等实践育人。吕梁学院依托暑期"三下乡"活动开展红色教育；合肥工业大学宣城校区持续组织"抗战老兵寻访"主题体验实践；南昌大学实施"星火引航计划"；江西工业贸易职业技术学院开展不忘初心寻红根，牢记使命再出发实践活动；海军工程大学体系化课程化地开展红安革命传统现场教学；中南大学开展"万名师生寻访革命伟人足迹"活动，高扬红色旗帜，传承红色基因；西藏民族大学以现场实践教学传承红色基因，引领学生争做时代先锋；榆林学院开展"重走转战路，服务黄土地"实践活动，夯实"红色基因"主色调；宁夏大学开展"致敬革命英雄传承红色基因"活动等。

五是将红色文化资源作为高校德育教育的优质资源。各高校通过开展特色活动、创新思想政治教育方法、打造高校德育载体等途径创新高校德育教育，并形成了许多特色鲜明、实效性强、为师生所喜闻乐见的高校德育育人案例。如中南大学的"寻访伟人的足迹"实践活动、浙江理工大学的"红色地名展"活动、合肥工业大学的"抗战老兵寻访"主题体验实践活动等。在思想政治教育方法创新上，有海军工程大学的革命传统现场教学、江西泰豪职业动漫学院的红色思政+VR教学、沈阳农业大学的课内实践教学等。在打造德育教育载体方面，有江西师范大学的"红色班级"、齐鲁工业大学的"学生教官示范团"、天津职业大学的"女子预备役连"等。这些形式多样、内容丰富的教育方式提高了德育教育的趣味性，增强了德育教育的实效性，更提高了大学生的思想道德素质。

第四章 全国利用红色文化资源进行高校智育分析

智育是教育者有目的、有计划、有组织地向学生传授系统的科学文化知识、技能，以及发展学生智力的教育，是全面发展教育的重要组成部分。红色文化资源融入高校智育育人指的是将红色文化资源作为一种教育资源融入高校专业教育教学之中，不仅提升学生的专业素质和专业能力，同时也培养学生的思想政治和社会科学水平，有效地实现"思政进课堂"。近年来，各高校积极加强红色文化资源与高校智育之间的关系研究，探析如何将红色文化资源融入高校智育育人的全过程。同时，在实践上，积极挖掘和整合各区域独具特色的红色文化资源，成立专门的红色学科和相关研究机构，就教育教学资源开发、课程教材建设、实践基地建设以及师资培训、校园文化等方面进行诸多探索，丰富了课程资源，提升了教学效果。

第一节 红色文化资源智育理论研究

红色文化资源作为一种教育资源，为高校智育育人提供了丰富的素材和良好的条件。近年来，学者们围绕红色文化资源融入高校智育育人的条件、课程教学、实践教学等方面开展了诸多富有成效的探索。

一是红色文化资源融入高校智育育人的条件研究。许多学者认为要推动红色文化资源融入高校智育育人，需要深刻认识和精准把握红色文化资源的教育特质，要从制度、方式、方法上来探讨红色文化资源转化为教育教学资源的路径，在具体开发上要体现时代性、把握历史性，在运用上要有创造性和客观性，在效果上要有理论的教育意义和实践的感染力。①在红色课程教材建设上，许多学者认为红色文化资源内涵丰富、形式多样，为红色文化资源融入高校的课程教材建设提供了诸多的素材和载体，而学科渗透模式是红色文化资源转化利用的一种重要方式；②在红色实践基地建设上，学者们认为红色文化资源的教育特质决定了它不能依靠传统课堂教学模式取得预期的教学效果，而必须依靠以现场的、体验的、感悟的教学方式作为其育人价值发挥的主要途径，要结合学科建设、课程设置、教师队伍管理等来建设；③在红色师资培训上，学者们认为师资队伍是决定红色文化资源在高校智育教育教学过程中运用、见效的关键因素，建设一支专业素质过硬、师德人品优良的红色文化资源教育师资队伍对于有效提升红色文化资源教育质量具有重要意义；④在红色校园氛围营造上，学者们认为与将红色文化资源融入校园文化建设，有利于营造校园红色文化氛围，校园红色氛围的营造对大学生的健康成长会产生重要影响。⑤

二是红色文化资源融入高校智育育人的课程教学研究。课程教材是高校教育教学的基本条件和重要内容。学者们认为红色文化资源的教学过程与通常的学校常规教学过程既有共性又有特殊性，这些共性和特殊性是我们认识红色文化资源

---

① 于存雷. 红色文化资源在高校德育工作中的价值 [J]. 沈阳大学学报，2014（3）；肖发生，尧雨晴. 红色文化资源创新大学生思想政治教育的途径和方式 [J]. 井冈山大学学报，2016（4）；陈始发，李立娥. 红色文化资源在高校思想政治理论课教学中运用的思考 [J]. 思想理论教育导刊，2014（11）.

② 张泰城. 建构红色文化资源教育教学理论体系的思考 [J]. 井冈山大学学报，2012（6）；肖绍聪. 红色文化资源教育教学课程开发：理念与策略 [J]. 南昌师范学院学报，2017（1）；林春. 红色文化资源转化为教育教学资源探析 [J]. 内蒙古师范大学学报，2013（7）.

③ 李康平. 红色文化资源开发在大学德育中的运用研究 [J]. 中国高教研究，2009（8）；占毅. 高校红色教育教学资源整合探究 [J]. 思想教育研究，2011（7）.

④ 韦红霞. 高校红色文化教育资源供给的路径研究 [J]. 黑龙江高教研究，2017（8）；彭贤则，余梦. 红色文化融入高校思想政治教育的路径分析——以洪湖红色文化为例 [J]. 改革与开放，2017（19）.

⑤ 王文礼. 红色文化资源融入高校教育教学的路径思考 [J]. 井冈山大学学报，2014（1）；吴先勇. 高校红色文化建设存在的问题与对策 [J]. 广西社会科学，2011（4）.

教学管理规律和设计红色文化资源教学管理机制的前提和基础；①在红色课程教学的教学设计上，学者认为红色文化资源教学设计是对红色文化资源教学活动的事先安排或规划，由于红色文化资源教育主要是在室外现场组织教学，因此统筹谋划和有序安排是成效地开展教学的前提和基础，需要充分考虑教学系统的多样性、非线性、不确定性、自组织性和混沌性；②在红色课程教学的教育方式方法上，学者认为红色文化资源的教学过程作为教导过程与学习过程的相互渗透和交会融合，是包含了教导过程与学习过程的复合过程，红色文化资源的教学方式是"激励—建构"式的，学生也不是知识的被动接受者，而是自觉主动的探索者，红色文化对大学生进行理想信念教育，可以采取多种教育教学形式和方法；③在红色课程教学的教学评价上，学者认为红色文化资源教育教学是一种非传统的体验式教学，主观评价是其基本的评价方式，同时也要健全高校红色文化资源教学的评价机制。④

三是红色文化资源融入高校智育育人的实践教学研究。红色文化资源教育教学主要是现场教学。学者们认为，情境性是红色文化资源作为教育资源最鲜明的教育特质，红色文化资源教育教学是一种在运动中进行教学、在流程中进行管理的体验式教学，当前红色文化资源融入高校社会实践具有形式多样化、模式创新化、参与广泛化等特点；⑤在现场教学特色活动设计中，体验式教学是红色文化资源融入智育教学的一种有效教学方式，通过亲身体验发挥学习者的主体作用，促

---

① 王文礼. 红色文化资源融入高校教育教学的路径思考 [J]. 井冈山大学学报，2014（1）；吴先勇. 高校红色文化建设存在的问题与对策 [J]. 广西社会科学，2011（4）.

② 王文礼. 红色文化资源融入高校教育教学的路径思考 [J]. 井冈山大学学报，2014（1）；吴先勇. 高校红色文化建设存在的问题与对策 [J]. 广西社会科学，2011（4）.

③ 肖绍聪. 论红色文化资源教育教学设计 [J]. 南昌师范学院学报，2016（5）；张泰城. 论红色文化资源的教育教学方式 [J]. 中国井冈山干部学院学报，2015（6）；红色文化资源是优质教育资源 [J]. 井冈山大学学报，2010（1）.

④ 肖绍聪. 论红色文化资源教育教学设计 [J]. 南昌师范学院学报，2016（5）；张泰城. 论红色文化资源的教育教学方式 [J]. 中国井冈山干部学院学报，2015（6）；张泰城. 红色文化资源是优质教育资源 [J]. 井冈山大学学报，2010（1）.

⑤ 张泰城. 构建红色文化资源教育教学理论体系的思考 [J]. 井冈山大学学报，2012，（6）；张泰城. 论红色文化资源的教育特质 [J]. 井冈山大学学报，2015（6）.

进其思考领悟，拉近学习者与红色文化资源之间的时空距离，跨越历史与现实之间的鸿沟，达到知、情、意、行的统一；[①]在现场教学方式上，要把看听思悟行等结合起来，运用多媒体等技术，以景触情，以景感人，以情动人，提升红色文化资源实践教学的育人效果。[②]

第二节 红色智育的实践教学

专业实践教学是高校智育育人的重要组成部分，对于培养学生理论联系实际，运用知识解决实际问题，提高动手能力等方面具有重要的作用。近年来，各高校积极利用第二课堂、实习实践基地等，将红色文化资源融入学生的专业实践教学之中，不仅增强了大学生的价值观认同和社会责任感，而且提升了专业能力。

一是红色文化资源融入专业实践教学体系。红色文化资源融入专业实践教学体系是以经验课程的形态实现的，它为高校利用红色文化资源融入专业实践教学体系提供了科学的理论指导。为此，各高校利用专业集中性实践环节、校内第二课堂活动、校外现场教学，积极探索将红色文化资源融入各专业的实践教学体系之中。如湘潭大学在马克思主义理论专业等专业的见习中，充分利用湘潭以及周边地区的红色文化资源优势，开发了"徒步韶山行"等体验式实践活动；井冈山大学美术类专业开发了"学生作品观摩"活动课程；北京印刷学院的印刷类专业将"红色印刷史"专题活动开发为活动课程等。一些高校基于当地的红色文化资源，依托社会实践活动、艺术演出活动开发出大型的、稳定的、经典的红色文化实践活动项目，这些"活动"本身便作为活动性课程资源成为红色文化资源的重要组成部分，如井冈山大学的音乐舞蹈史诗《井冈山》，既是活动课程，又是活动

[①] 卢锋. 体验式教学在红色文化资源教育中的应用研究 [J]. 中共珠海市委党校珠海市行政学院学报, 2016 (2).

[②] 易鹏, 王永友. 促进红色文化资源融入高校育人实践 [J]. 中国高等教育, 2008 (9).

性的红色文化课程资源。

二是红色文化资源融入高校智育的实践课程设计。红色文化资源融入高校智育的实践课程的模式以专业技能实训、现场教学和社会实践活动为主。对于独立设置的红色专业实践课程，以地方拥有的丰富的、独特的红色文化资源为素材和条件，它具有更强的"实践性"，课程目标主要是培养学生的专业实践能力、组织与合作能力和正确价值观，如井冈山大学的独立性红色文化实践活动课程"红色文化资源与野外生存"等。对于非独立设课的红色文化实践活动，它按照活动课程的设计模式，结合所融入课程的目标要求，选择与组织活动内容。这类实践活动课程，旨在利用学校所在地丰富的红色文化资源，设计一系列探究性学习活动，为学生的专业实践训练和专业实践体验提供更深入的学习机会，以增强课程实施效果，实现专业教育和课程思政的双重目标。例如，北京印刷学院的印刷类专业的活动课程"红色印刷史"等。

三是红色文化资源融入专业教育的实践教学。红色文化资源作为优质教育资源具有强大的吸引力和感召力，催生了多种多样的基于红色文化资源的实践教学。各高校利用实践课程把红色文化资源融入专业教育的实践教学活动，取得了良好的育人效果。如湘潭大学的马克思主义理论、中共党史、中国近现代史、旅游管理等专业，将红色文化资源全面融入实践专业教学，形成了独具特色的人才培养模式；井冈山大学的各类专业，注重课堂理论教学与红色文化资源相结合。空军军医大学设计实施了"红色军医口述史"实践教学项目，以"技能训练—口述实践—文本书写—理论提炼—情感升华"为路径来培养新一代军医坚定的革命理想信念和顽强的意志品质等。

第三节 红色智育的课程资源

红色文化资源因其类型的多样性、内容的丰富性、良好的教育性和分布的广泛性，成为优质的课程资源，利用红色文化资源开发既有专业教育价值，又有情感教育功能的课程，就成为许多高校课程建设的策略选择，以此优化专业课程体系，更好地实现专业培养目标。

一是红色智育育人课程资源的梳理。红色文化资源作为课程资源的重要来源，可划分为多种类型，从形态上，可分为素材性资源、条件性资源和活动性资源三大类；从空间分布上，红色文化资源既有校内资源，又有校外资源；从资源载体来看，红色文化资源有生命载体资源、非生命载体资源；从资源的开发程度考察，红色文化资源可划分为可直接利用的资源和待开发资源。井冈山大学对井冈山及周边地区红色文化资源进行了系统调查、规划与开发。通过学校以学科建设为抓手，建立红色文化资源调查与开发队伍；依据学校"以井冈山精神办学育人"的理念和人才培养要求，明确学校需要开发与利用的红色文化资源的范围和重点，建立相应的信息库。

二是红色智育育人课程资源的挖掘。一些高校成立了专门的研究机构，加强对红色文化资源融入高校智育的资源挖掘与保护。如2013年教育部与中央党史和文献研究院合作共建高等学校中国共产党革命精神与文化资源研究中心，八所高校设立首批研究基地，纳入教育部人文社会科学重点研究基地建设计划，共同组成中国共产党革命精神与文化资源的研究联盟；贵州师范大学在"西南红色文化资源与革命传统教育"研究方向取得了优异成绩；中国井冈山干部学院利用其办学体制优势，建立了一大批基于红色文化资源的现场教学基地等。各高校也组织师生通过多种方式利用暑期社会实践活动、第二课堂活动等来挖掘地方红色文化资源。

三是红色智育育人课程资源的开发与利用。各高校对地方红色文化资源的开发、利用与保护，为红色文化资源融入高校智育提供了丰富的课程资源。井冈山大学利用红色文化资源设计课外研究性学习活动和社会实践活动项目，将红色文化资源融入各学科专业实践活动中，推动了学校各学科、各专业教学方法的改革与创新。此外，高校还利用红色文化资源创编红色历史剧目，如井冈山大学联合中国井冈山干部学院、同济大学，共同创编了音乐舞蹈史诗《井冈山》；利用红色文化资源开展专业与课程建设，如井冈山大学充分利用红色文化资源开展专业建设；在课程教学中，还有一些高校的美术专业课程充分利用学校丰富的红色文化资源，在教材编写方面下足了功夫。

第四节　红色智育的课堂教学设计

课堂教学设计是红色文化资源融入高校智育育人的重要过程，近年来，各高校独立性或非独立性地将红色文化资源融入高校专业课程体系之中，对课堂教学进行了基于学科或学科领域的教学设计，推动了专业和学科的特色发展。

一是红色文化资源在专业课程体系中的融入。近年来，各高校在探索红色文化资源融入高校智育的过程中，基于其拥有的独特红色文化资源，逐步开发了一批独立设置的专业理论性或应用性课程，并将这些红色课程正式纳入学校的人才培养方案，其融入的主要对象为人文社科类、艺术类、体育类等专业。如井冈山大学舞蹈表演本科专业人才培养方案（2018版）和《井冈山旅游》课程大纲等就有详细说明。

二是红色文化资源融入高校智育的学科课程设计。红色文化资源融入高校智育的课程设计主要有两种模式，一是以理论教学为主，探究性学习、专业技能实训、现场教学和社会实践为辅，独立设计的学科课程；二是以理论教学为主，探究性学习、专业技能实训、现场教学和社会实践为辅，设计红色文化专题融入专业学科课程的内容体系。当然，独立设置的红色学科课程，主要是按照学科课程的目标要求和内容选择与组织方式来设计的，如井冈山大学的"红色经典舞蹈作品赏析"。对于非独立设置的"红色文化专题"，这类课程主要是利用地方丰富的红色文化资源，按照学科课程的内容选择与组织方式，在专业学科课程中设计一个或若干个"红色文化专题"，它在专业课程的内容体系中是一个相对独立的内容板块，如井冈山大学"中央苏区史"专题教学方案等。

　　三是红色文化资源融入专业课程的课堂教学。课堂教学是大学生系统接受专业知识与技能教育的主要阵地。将红色文化资源融入课堂教学，不仅可以让课堂教学内容更生动、鲜活，更重要的是可以将知识的传达和信仰的传递有机地结合在一起，充分发挥课程思政在大学生思政教育中的重要作用。关于红色文化资源融入专业课程的课堂教学，一些高校根据红色文化资源的特质，探索了课堂教学与课外实践的紧密结合、线上学习与线下教学的混合，创新了课堂教学模式，取得了良好的智育育人效果，如吕梁学院的"中国近代史（二）"、河北师范大学文学院的"中国现当代文学"的课堂教学设计等。

第五章　运用红色文化资源与高校体育相结合育人

体育是高校教育的重要组成部分，它不仅是素质教育的重要内容，也是素质教育的必要手段。通过体育不仅可以增进学生的身心健康，提高其身体素质，而且可以进行有效的思想品德教育，开发智力，提高心理素质，陶冶情操，发展个性，促进学生的全面发展。红色文化资源与高校体育的育人功能具有互通互融的关系，把红色文化资源融入高校体育可以使学生亲身感悟红色文化精神，端正学习态度，提高学习效果，促进学生成长为"思想过硬、体魄强健、技能突出、意志顽强、人格健全、团结协作"的社会主义建设者和接班人。近年来，各高校积极树立健康第一的教育理念，将红色文化资源融入学生的体育教育教学之中，帮助学生在体育中享受乐趣、增强体质、健全人格、锤炼意志。

第一节　高校开展学校体育工作的国家政策支撑

2020年10月，中共中央、国务院办公厅颁发了《关于全面加强和改进新时代学校体育工作的意见》（以下简称"《意见》"）为高校开展体育教育给予政策性指导。学校体育是实现立德树人根本任务、提升学生综合素质的基础性工程，是加快推进教育现代化、建设教育强国和体育强国的重要工作，对于弘扬社会主义核心价值观，培养学生爱国主义、集体主义、社会主义精神和奋发向上、顽强拼搏的意志品质，实现以体育智、以体育心具有独特功能。构建新时代学校体育教育体系，培养德智体美劳全面发展的时代新人。习近平总书记在全国教育大会上的重要讲话中指出，要树立健康第一的理念，帮助学生在体育锻炼中享受乐趣、增强体质、健全人格、锤炼意志。这为全面加强和改进新时代学校体育工作指明了方向、提供了根本遵循。《意见》的出台是贯彻落实习近平总书记关于教育、体育的重要论述和全国教育大会精神的重要体现，把学校体育工作摆在更加突出的位置，构建德智体美劳全面培养的教育体系。

《意见》的总体要求有三点：

一是指导思想。以习近平新时代中国特色社会主义思想为指导，全面贯彻党的教育方针，坚持社会主义办学方向，以立德树人为根本，以社会主义核心价值观为引领，以服务学生全面发展、增强综合素质为目标，坚持健康第一的教育理念，推动青少年文化学习和体育锻炼协调发展，帮助学生在体育锻炼中享受乐趣、增强体质、健全人格、锤炼意志，培养德智体美劳全面发展的社会主义建设者和接班人。

二是工作原则。——改革创新，面向未来。立足时代需求，更新教育理念，深化教学改革，使学校体育同教育事业的改革发展要求相适应，同广大学生对优质丰富体育资源的期盼相契合，同构建德智体美劳全面培养的教育体系相匹配。——补齐短板，特色发展。补齐师资、场馆、器材等短板，促进学校体育均衡发展。坚持整体推进与典型引领相结合，鼓励特色发展。弘扬中华体育精神，推广中华传统体育项目，形成"一校一品""一校多品"的学校体育发展新局面。——凝心聚力，协同育人。深化体教融合，健全协同育人机制，为学生纵向升学和横向进入专业运动队、职业体育俱乐部打通通道，建立完善家庭、学校、政府、社会共同关心支持学生全面健康成长的激励机制。

三是主要目标。到2022年，配齐配强体育教师，开齐开足体育课，办学条件全面改善，学校体育工作制度机制更加健全，教学、训练、竞赛体系普遍建立，教育教学质量全面提高，育人成效显著增强，学生身体素质和综合素养明显提升。到2035年，基本形成多样化、现代化、高质量的学校体育教育体系。

第二节 红色文化资源体育理论研究

红色文化资源蕴涵着丰富的高校体育教育元素，对于丰富高校体育教育内容，创新高校体育教育的途径和方式具有重要的价值和意义。近年来，学者们围绕着红色文化资源融入高校体育的价值与功能、途径方式、效果评价等方面进行了诸多的研究，产生了以下成果：

一是红色体育文化研究。红色体育是红色文化资源的组成部分。近年来，一些学者以红色体育文化这一特殊文化形式融入高校体育育人为切入点进行研究。普遍认为红色体育文化主要是指以无产阶级为主体，在马克思主义思想的指导下，在新民主主义革命时期，在以革命根据地为主要阵地，从事革命实践活动中形成的，具有健身性、竞技性、群体性和教育性的有组织的体育活动。[①]红色体育文化从属于红色文化，是中国特色先进文化，具有革命性与实践性、教育性与科学性相统一的特征。[②]

二是红色文化资源在高校体育中的价值与功能研究。《意见》指出推广中华传统体育项目。认真梳理武术、摔跤、棋类、射艺、龙舟、毽球、五禽操、舞龙舞狮等中华传统体育项目，因地制宜开展传统体育教学、训练、竞赛活动，并融入学校体育教学、训练、竞赛机制，形成中华传统体育项目竞赛体系。涵养阳光健康、拼搏向上的校园体育文化，培养学生爱国主义、集体主义、社会主义精神，增强文化自信，促进学生知行合一、刚健有为、自强不息。深入开展"传承的力量——学校体育艺术教育弘扬中华优秀传统文化成果展示活动"，加强宣传推广，让中华传统体育在校园绽放光彩。此外，学者认为红色文化融入高校体育育人，

[①] 崔乐泉. 中国体育通史：第四卷 [M]. 北京：人民体育出版社，2008；徐正旭. 对红色体育的再认识——以文化自觉为视角 [J]. 河北体育学院学报，2015（4）.

[②] 崔乐泉. 中国体育通史：第四卷 [M]. 北京：人民体育出版社，2008；徐正旭. 对红色体育的再认识——以文化自觉为视角 [J]. 河北体育学院学报，2015（4）.

能够发挥其价值导向功能，有利于培育大学生社会主义核心价值观、坚定大学生理想信念、提高大学生就业理念和心理承受能力，也有益于传承老一辈无产阶级革命家自力更生、艰苦奋斗、自强不息的生存理念，让学生在参加体育活动，增强体质的同时，接受革命精神熏陶和爱国主义、集体主义和革命传统教育，增强民族和国家认同，推动红色文化的传承与创新。①

三是红色文化资源融入高校体育育人的途径与方式研究。学者认为红色文化资源可以为高校体育教学提供诸多合理的途径和方式，实现"育体"与"育人"的巧妙结合。一方面，在课程上根据学生在体育课中充分表现出来的思想、情感、个性、行为和意志，掌握其特点，有目的、有针对性地对学生进行红色德育和挫折教育。另一方面，红色体育文化可以与校园体育文化融合发展，将红色文化资源与校园网络进行衔接，把红色文化资源作为校园网络的主要阵地，使其成为网络时代高校校园的主流文化等。②此外，在赛事中将比赛项目与红色文化密切结合，与革命历史息息相关，学生在进行比赛时可以感觉到更有趣味性，吸引更多的人参与到红色运动会中，达到传承、弘扬红色文化的目的。③

四是红色文化融入高校体育育人的原则与特点研究。红色文化融入高校体育育人有其独特的原则和特点，学者认为红色体育项目易于运作和组织，场地可大可小，可以在室内，也可以在室外；④红色体育运动的项目都取材于革命战争时期的英雄人物和感人事迹，以生动活泼、喜闻乐见的军民革命战斗生活表现出来，

---

① 王海英. 论红色体育文化思想与大学生核心价值观教育[J]. 吉林广播电视大学学报, 2018（5）；胡达道. 红色文化资源融入野外生存生活教育对大学生就业理念和心理承受能力影响研究[J]. 北京体育大学学报, 2011（5）；张娟. 红色体育文化对大学生进行挫折教育的价值[J]. 陕西教育·科教, 2012（10）.

② 彭勇. 红色文化资源与大学生意志品格教育——井冈山红色文化资源融入大学生野外生存生活教育研究[J]. 井冈山大学学报, 2010，（1）；薛宇, 常保荣. 浅谈红色体育与大学体育的融合发展[J]. 延安大学学报, 2017（3）.

③ 彭勇. 红色文化资源与大学生意志品格教育——井冈山红色文化资源融入大学生野外生存生活教育研究[J]. 井冈山大学学报, 2010（1）；薛宇, 常保荣. 浅谈红色体育与大学体育的融合发展[J]. 延安大学学报, 2017（3）.

④ 彭勇. 红色文化资源与大学生意志品格教育——井冈山红色文化资源融入大学生野外生存生活教育研究[J]. 井冈山大学学报, 2010（1）；薛宇, 常保荣. 浅谈红色体育与大学体育的融合发展[J]. 延安大学学报, 2017（3）.

可以通过体育竞赛的形式展现出来。①

五是红色文化资源融入高校体育育人的难题破解研究。学者认为通过开展红色体育教育，把体育新课程改革深入开展下去，激发学生对红色体育的兴趣，培养学生对民族体育运动的热爱是非常必要的。一方面要充分认识红色体育在学校教育特别是素质教育中的作用；另一方面要加强红色体育文化在学校体育中的应用。同时，红色体育文化的创新要吸收其他优秀文化成果，进行自我转型，增强红色体育文化传播的实用性等。②

六是红色文化资源融入高校体育育人的效果评价研究。学者采用文献资料、实验、问卷调查和数理统计等方法通过对大学生野外生存生活教育中实施就业教育的实验研究，认为红色文化资源在融入高校体育育人中使学生的人生观、价值观发生了积极转变，就业观趋于正确，责任心、合作精神和能力得到加强，抗挫折能力和意志品质得到磨炼。③

第三节 红色体育的条件设施

《意见》提出开齐开足上好体育课。严格落实学校体育课程开设刚性要求，不断拓宽课程领域，逐步增加课时，丰富课程内容。高等教育阶段学校要将体育纳入人才培养方案，学生体质健康达标、修满体育学分方可毕业。鼓励高校和科研院所将体育课程纳入研究生教育公共课程体系。条件设施是开展红色体育的必要基础。近年来，各高校积极加大投入，在充分利用各区域独具特色的红色文化资

---

① 薛宇，常保荣. 浅谈红色体育与大学体育的融合发展 [J]. 延安大学学报，2017（3）；秦炜棋. 红色体育项目融入百色革命老区高校运动会的思考 [J]. 牡丹江师范学院学报，2011（1）.

② 彭勇. 红色文化资源与大学生意志品格教育——井冈山红色文化资源融入大学生野外生存生活教育研究 [J]. 井冈山大学学报，2010（1）；薛宇，常保荣. 浅谈红色体育与大学体育的融合发展 [J]. 延安大学学报，2017（3）.

③ 彭勇. 红色文化资源与大学生意志品格教育——井冈山红色文化资源融入大学生野外生存生活教育研究 [J]. 井冈山大学学报，2010（1）.

源地的自然风貌外，还专门建设体育场地器材，模拟环境，以提升学生的情境感。同时，为了更好地推动红色文化资源融入高校体育教学，一些高校还开发校本课程，培训师资力量等，为高校红色体育育人提供了良好的条件保障。

一是建设场地器材。《意见》要求改善场地器材建设配备。研究制定国家学校体育卫生条件基本标准。建好满足课程教学和实践活动需求的场地设施、专用教室。把农村学校体育设施建设纳入地方义务教育均衡发展规划，鼓励有条件的地区在中小学建设体育场馆，与体育基础薄弱学校共用共享。小规模学校以保基本、兜底线为原则，配备必要的功能教室和设施设备。加强高校体育场馆建设，鼓励有条件的高校与地方共建共享。配好体育教学所需器材设备，建立体育器材补充机制。建有高水平运动队的高校，场地设备配备条件应满足实际需要，不满足的原则上不得招生。统筹整合社会资源。完善学校和公共体育场馆开放互促共进机制，推进学校体育场馆向社会开放、公共体育场馆向学生免费或低收费开放，提高体育场馆开放程度和利用效率。鼓励学校和社会体育场馆合作开设体育课程。统筹好学校和社会资源，城市和社区建设规划要统筹学生体育锻炼需要，新建项目优先建在学校或其周边。综合利用公共体育设施。红色文化资源融入高校体育，对场地器材的要求是既可以有专门建设的场地器材，也可以利用学校现有的场地器材，甚至可以利用自然环境开展教学活动。如井冈山大学"红色体验训练中心"，西安体育学院"红色体育博物馆"等就有专门的体育场地器材。有些高校利用现有的体育场地器材，如全国大学生体协利用田径场举办全国第一届大学生传统（红色）运动会。有些利用校外的自然环境，如湘潭大学通过"毛泽东小道"开展徒步、主题教育；井冈山大学通过"朱毛挑粮小道"开展登山、主题教育。还有利用校内自然环境，如西南大学利用校园模拟重走二万五千里长征路开展越野跑活动；厦门大学利用校园环境举行"探寻红色足迹"定向越野挑战赛等。

二是编写校本教材（讲义）。《意见》强调加强体育课程和教材体系建设。学校体育课程需要聚焦提升学生核心素养。职业教育体育课程与职业技能培养相结合，培养身心健康的技术人才。高等教育阶段体育课程与创新人才培养相结合，培养具有崇高精神追求、高尚人格修养的高素质人才。学校体育教材体系建设要扎根中国、融通中外，充分体现思想性、教育性、创新性、实践性，根据学生年龄特点和身心发展规律，围绕课程目标和运动项目特点，精选教学素材，丰富教学资源。教材（讲义）可以突破时空的界限开展教育教学，为此，一些高校充分利用本地丰富的红色文化资源，将其融入高校体育教育教学之中，开发出校本教材。如井冈山大学基于"红色文化资源与野外生存生活训练""红色文化资源与定向运动""红色文化资源与拓展运动"三门校外课程的需要，编撰并出版了《红色文化资源与大学生户外运动》教材，在公共体育选修课和体育专业选修课中使用。西安体育学院编撰的《中国红色体育史》，既全面反映了中国共产党开展红色体育活动的历史，又阐述红色体育精神在新的历史时期的现实意义和时代价值，是研究者和相关专业人员的重要参考资料。

　　三是培训师资力量。《意见》强调配齐配强体育教师。各地要加大力度配齐中小学体育教师，未配齐的地区应每年划出一定比例用于招聘体育教师。在大中小学校设立专（兼）职教练员岗位。建立聘用优秀退役运动员为体育教师或教练员制度。实施体育教育专业大学生支教计划。通过"国培计划"等加大对农村体育教师的培训力度，支持高等师范院校与优质中小学建立协同培训基地，支持体育教师海外研修访学。推进高校体育教育专业人才培养模式改革，推进地方政府、高校、中小学协同育人，建设一批试点学校和教育基地。明确高校高职体育专业和高校高水平运动队专业教师、教练员配备最低标准，不达标的高校原则上不得开办相关专业。体育实践性很强的，同时具有体验性、趣味性，将红色文化资源与体育融为一体，非常有必要对高校师资进行培训，这样有利于提高教师思想认识，激发教学灵感，提高教师教学水平。如曲阜师范大学、四川信息职业技术学院、阿坝师范学院等院校举办教职工"重走长征路"活动；江苏财经职业技术学院开展青年教师红色定向运动等。

第四节 红色体育的课程教学

《意见》指出强化学校体育教学训练。逐步完善"健康知识+基本运动技能+专项运动技能"的学校体育教学模式。教会学生科学锻炼和健康知识，指导学生掌握跑、跳、投等基本运动技能和足球、篮球、排球、田径、游泳、体操、武术、冰雪运动等专项运动技能。健全体育锻炼制度，广泛开展普及性体育运动，定期举办学生运动会或体育节，组建体育兴趣小组、社团和俱乐部，推动学生积极参与常规课余训练和体育竞赛。合理安排校外体育活动时间，着力保障学生每天校内、校外各1个小时体育活动时间，促进学生养成终身锻炼的习惯。加强青少年学生军训。

推动学校课程特色化建设是彰显学校特色、提升教育教学内涵的重要手段。多样化的校本课程，不仅可以作为国家课程的补充，而且可以满足学生个体化的需求。近年来，各高校结合本地红色文化资源特色，积极开发红色体育校本课程，将红色文化资源融入高校体育教育教学的各环节，取得了较好的效果。

一是开发校本课程。一些高校紧密联系实际，充分发挥地方红色文化资源特色，根据高校人才培养方案，合理开发校本课程，充实课程体系，服务人才培养。如井冈山大学从2008年起先后开设了体育类校本课程"红色文化资源与野外生存生活训练""红色文化资源与定向运动""红色文化资源与拓展运动"。

二是融入教学环节。有些高校在不具备开设校本课程的情况下，将红色文化资源融入教学环节同样是实现育人目标的有效手段。这种融入可以是融入一门课程的一些章节，也可以是融入一堂课的某一环节，形式多种多样。如国防大学以红色文化精神砺虎狼之气，培塑能打胜仗的血性品质；陆军步兵学院利用井冈山等红色文化资源进行野外拉练训练；海军工程大学以红色传统教育促进军事体育训练；第四军医大学、南昌陆军学院、邵阳学院、西华师范大学等院校分别组织了"重走长征路"的特色教育活动。

第五节　红色体育的实践教学

　　体育是一门实践性很强的专业。加强实践教学是提升高校体育教学质量的重要手段。近年来，各高校积极将红色文化资源融入高校体育育人的实践教学，极大地激发了学生的学习兴趣，对学生综合能力和素质的提升效果明显。

　　《意见》指出健全体育竞赛和人才培养体系。建立校内竞赛、校际联赛、选拔性竞赛为一体的大中小学体育竞赛体系，构建国家、省、市、县四级学校体育竞赛制度和选拔性竞赛（夏令营）制度。大中小学校建设学校代表队，参加区域乃至全国联赛。加强体教融合，广泛开展青少年体育夏（冬）令营活动，鼓励学校与体校、社会体育俱乐部合作，共同开展体育教学、训练、竞赛，促进竞赛体系深度融合。深化全国学生运动会改革，每年开展赛事项目预赛。加强体育传统特色学校建设，完善竞赛、师资培训等工作，支持建立高水平运动队，提高体育传统特色学校运动水平。加强高校高水平运动队建设，优化拓展项目布局，深化招生、培养、竞赛、管理制度改革，将高校高水平运动队建设与中小学体育竞赛相衔接，纳入国家竞技体育后备人才培养体系。深化高水平运动员注册制度改革，建立健全体育运动水平等级标准，打通教育和体育系统高水平赛事互认通道。

　　一是开展体育竞赛。体育竞赛是体育教学效果的重要评价指标。一些高校为激发学生的学习兴趣，培养学生的组织能力，将红色文化资源融入体育竞赛中。如临沂大学和井冈山大学通过举办红色运动会，弘扬沂蒙精神与井冈山精神；河南省体育局、教育厅、科技厅举办"重走长征路"河南省校园主题定向活动；武汉体育学院、安阳师范学院、平顶山学院、河南科技学院举办"重走长征路"定向越野比赛；赣南师范大学、华中科技大学举办红色定向越野比赛；山东师范大学和蚌埠学院开展"重走长征路"拓展比赛等。

二是开展课外体育活动。课外体育活动是体育课的补充，是学校体育的组成部分和教育的重要手段。一些高校结合红色文化资源设计主题开展课外体育活动，不但可以强身健体，培养团队精神等，还可以进行思想政治教育。如合肥师范学院举行"重走长征路，践行三走精神"校园荧光跑活动；辽宁工业大学举办"重走长征路，缅怀革命情"主题清明纪念活动；台州学院举办师生"重走长征路"活动；长沙民政职业技术学院举行"重走长征路"红色定向越野活动；萍乡学院依托安源红色文化资源开展定向越野活动；温州大学举行"重走长征路"模拟体验活动等。

三是建设校园体育文化。校园文化建设是高校文化软实力的重要体现，是实现环境育人的重要途径。一些高校利用红色文化资源建设校园体育文化，以红色体育文化激励人、鼓舞人、教育人。如北京体育大学将红色体育精神融入运动队思想政治教育；清华大学实现"理想信念教育—体育锻炼—集体建设"三效合一工作新模式；江西泰豪动漫职业学院编排体操《红星闪闪》；大连理工大学弘扬刘长春体育精神，培育强国筑梦之魄等。

四是融入社会实践。社会实践是大学生认识社会、接触社会、服务社会，培养社会需要的优秀人才的重要环节，将身体锻炼和红色文化有机结合，可以促使学生深刻思考如何成为社会需要的德智体美劳全面发展的又红又专人才。如广西大学举办纪念长征胜利80周年暑假实践活动；郑州财经学院举办重走长征路社会实践活动等。

红色文化资源是高校体育教育的优质资源。各高校充分利用红色文化资源的教育特质，通过开展特色体育活动、搭建教学平台，积极将红色文化资源融入体育教学中，探索了卓有成效的体育育人经验。如厦门大学的"探寻红色足迹"定向越野挑战赛、井冈山大学的大学生野外生存生活教育、临沂大学的红色运动会、西安体育学院建设的中国红色体育博物馆以及井冈山大学的红色拓展训练等。这些探索切实加强了体育教育的趣味性，调动了学生参加体育锻炼的主动性。

第六章　探索红色文化资源与高校美育融合

美是纯洁道德、丰富精神的重要源泉，学校美育是引领学生树立正确的审美观念、陶冶高尚的道德情操、塑造美好心灵的培根铸魂工作。红色文化资源是中国共产党领导人民在革命、建设、改革进程中创造的革命文化和社会主义先进文化，蕴涵着丰富的美育内容。近年来各高校积极挖掘红色文化资源的价值精髓，通过创造性转化和创新性发展，以信仰之美、道德之美、激情之美、艺术之美、行为之美，引导学生树立正确审美观，增强审美意识，提升审美能力，全面成长成才。

第一节　高校开展学校美育工作的国家政策支撑

美育是党的教育方针的重要组成部分。学校美育工作是立德树人、培根铸魂的事业。党的十八大以来，以习近平同志为核心的党中央高度重视学校美育工作，把学校美育工作摆在更加突出位置，作出一系列重大决策部署。2013年党的十八届三中全会提出"改进美育教学，提高学生审美和人文素养"，2015年国务院办公厅印发《关于全面加强和改进学校美育工作的意见》，2018年8月习近平总书记给中央美院8位老教授回信，2018年9月习近平总书记在全国教育大会上对美育工作作出重要指示，2019年3月全国"两会"期间，习近平总书记看望文艺界、社科界委员时，对文化文艺工作又提出明确要求，2020年9月22日，习近平总书记在教育文化卫生体育领域专家代表座谈会上,再次强调加强和改进学校美育。学校美育必须不断增强以习近平新时代中国特色社会主义思想为指导,提升思想自觉、政治自觉、行动自觉,与党中央国务院的要求同向同行,与推进素质教育的要求同向同行,与学生全面发展的迫切要求同向同行。

2020年10月,中共中央办公厅国务院办公厅印发《关于全面加强和改进新时代学校美育工作的意见》(以下简称"《意见》")指出,美是纯洁道德、丰富精神的重要源泉。美育是审美教育、情操教育、心灵教育,也是丰富想象力和培养创新意识的教育,能提升审美素养、陶冶情操、温润心灵、激发创新、创造活力。为贯彻落实习近平总书记关于教育的重要论述和全国教育大会精神,进一步强化学校美育育人功能,构建德智体美劳全面培养的教育体系,《意见》就全面加强和改进新时代学校美育工作提出了如下总体要求:

1. 指导思想。以习近平新时代中国特色社会主义思想为指导,全面贯彻党的教育方针,坚持社会主义办学方向,以立德树人为根本,以社会主义核心价值观为引领,以提高学生审美和人文素养为目标,弘扬中华美育精神,以美育人、以美化人、以美培元,把美育纳入各级各类学校人才培养全过程,贯穿学校教育各学段,培养德智体美劳全面发展的社会主义建设者和接班人。

2. 工作原则。——坚持正确方向。将学校美育作为立德树人的重要载体,坚持弘扬社会主义核心价值观,强化中华优秀传统文化、革命文化、社会主义先进文化教育,引领学生树立正确的历史观、民族观、国家观、文化观,陶冶高尚情操,塑造美好心灵,增强文化自信。——坚持面向全体。健全面向人人的学校美育育人机制,缩小城乡差距和校际差距,让所有在校学生都享有接受美育的机会,整体推进各级各类学校美育发展,加强分类指导,鼓励特色发展,形成"一校一品""一校多品"的学校美育发展新局面。——坚持改革创新。全面深化学校美育综合改革,坚持德智体美劳五育并举,加强各学科有机融合,整合美育资源,补齐发展短板,强化实践体验,完善评价机制,全员全过程全方位育人,形成充满活力、多方协作、开放高效的学校美育新格局。

3. 主要目标。到 2022 年，学校美育取得突破性进展，美育课程全面开齐开足，教育教学改革成效显著，资源配置不断优化，评价体系逐步健全，管理机制更加完善，育人成效显著增强，学生审美和人文素养明显提升。到 2035 年，基本形成全覆盖、多样化、高质量的具有中国特色的现代化学校美育体系。

第二节　红色文化资源美育理论研究

理论研究是实践运用的前提。近年来，党和政府越来越重视高校美育工作，提出要加强和改进学校美育。为此，各高校积极挖掘红色文化资源，探析其在高校育人的理论研究，推动了红色文化资源融入高校美育育人研究的发展。

一是红色文化资源的美学理论研究。红色文化资源作为中国共产党在革命实践中锻造的精神之美，是我们党和国家的宝贵财富。有学者从红色文化资源本体特征的视角来阐述了红色文化资源蕴含的价值之美，是高校美育育人的重要资源；[1] 也有学者认为艺术教育虽不等同于美育，但却是整个审美教育的核心；[2] 还有学者从扎根时代、牢记使命的角度出发，呼吁创作新的符合时代特征的红色作品，将其融入美育教学之中。[3]

二是红色文化资源在高校美育育人中的价值研究。美育是培养全面发展的社会主义建设者和接班人的内涵之一。红色文化资源是中华美学精神中的重要部分，蕴含着丰富的高校美育育人内容，对高校美育教育具有重要的作用。有学者认为红色经典音乐有利于青少年培养正确的人生观、价值观，特别是有利于青少

---

[1] 张泰城．红色文化资源：鲜活的教材［N］．光明日报，2010－06－01（011）．
[2] 丁旭东．新中国美育政策及其成因分析与未来瞻望［J］．乐府新声，2016，(4)．
[3] 宋延军．在发展美育中坚定文化自信［N］．中国文化报，2018－09－07（006）；冉庆国．以红色文化丰富高校美育教育［N］．学习时报，2018－12－26（004）；丁国强．美育与人生［N］．中国教育报，2018－09－13（005）．

年建立科学的审美价值取向。①还有学者认为美育可以陶冶人的情操,培养人的品格修养,提高人的思想道德水准。②还有学者认为优秀传统文化、红色文化和社会主义先进文化是中华民族的精神血脉,红色基因的传承是造血、强力的重要行为,是打造文化软实力、确立自信和认同的关键。③

三是红色文化资源融入高校美育育人的途径方式研究。有学者认为要把红色文化融入大学生社会主义核心价值观教育中去,需要挖掘红色文化发展的内在动力源泉,建设一批有影响力的红色文化平台,全面有力地诠释红色文化在大学生社会主义核心价值观教育中的价值。④此外,学校一方面要继续发挥传统课堂教学的作用,另一方面也要依托学生社团发挥第二课堂的作用,开展红色文化实践活动等。⑤

四是红色文化资源融入高校美育育人的难题破解研究。由于红色文化资源与高校美育育人各自具有独立性,两者互不统属,使得红色文化资源融入高校美育育人过程中出现种种困难。基于此,有学者提出要坚持文艺创新、协调、绿色、开放和共享的发展理念,让红色文化资源与美育有机地结合起来。有学者认为红色文化资源要实现育人功能,要围绕重点对象,做好"三进"工作;要充分利用科技,占领传媒阵地;要把握有利时机,实现群体感化。⑥也有学者认为做好学校美育工作要始终坚持立德树人的根本任务,要着眼于培养德智体美劳全面发展的

---

① 仲呈祥. "加强美育工作,很有必要"——学习"习近平给中央美术学院老教授的回信"笔记[J]. 音乐传播,2018(3). 张泰城,刘浩林. 红色文化资源的时代价值论析[J]. 求实,2011(5).
② 殷双喜. 美育提升国民素质[N]. 人民日报,2018-12-30(008).
③ 黄东. 让红色基因融入教育中[N]. 中国教育报,2018-03-11(002).
④ 常沛. 论红色文化在大学生社会主义核心价值观教育中的传承与创新[J]. 学校党建与思想研究,2016(1).
⑤ 马静. 红色基因:提升国家治理主题能力的重要资源——学习习近平关于传承红色基因的重要论述[J]. 红色文化学刊,2017(2);安巧珍,张茜. 红色文化资源在社会主义核心价值观大众化中的应用——以河北博物院为例[J]. 红色文化资源研究,2018(2).
⑥ 徐功献,贾微晓. "五大发展理念":社会主义文艺繁荣发展的新向标——论习近平文艺思想的发展视角[J]. 红色文化学刊,2017(2).

社会主义建设者和接班人这一目标。①

第三节 红色美育的保障条件

一定的保障条件是高校红色美育育人得以开展的重要基础。近年来，各高校响应党和国家号召，通过开发课程、编写教材、建设实践基地、建设师资队伍、营造校园文化等形式，为推动红色文化资源融入高校美育教育教学之中提供了良好的保障条件。

《意见》指出不断完善课程和教材体系，树立学科融合理念。加强美育与德育、智育、体育、劳动教育相融合，充分挖掘和运用各学科蕴含的体现中华美育精神与民族审美特质的心灵美、礼乐美、语言美、行为美、科学美、秩序美、健康美、勤劳美、艺术美等丰富美育资源。有机整合相关学科的美育内容，推进课程教学、社会实践和校园文化建设深度融合，大力开展以美育为主题的跨学科教育教学和课外校外实践活动。完善课程设置。学校美育课程以艺术课程为主体，主要包括音乐、美术、书法、舞蹈、戏剧、戏曲、影视等课程。职业教育将艺术课程与专业课程有机结合，强化实践，开设体现职业教育特点的拓展性艺术课程。高等教育阶段开设以审美和人文素养培养为核心、以创新能力培育为重点、以中华优秀传统文化传承发展和艺术经典教育为主要内容的公共艺术课程。科学定位课程目标。构建大中小幼相衔接的美育课程体系，明确各级各类学校美育课程目标。学前教育阶段培养幼儿拥有美好、善良心灵和懂得珍惜美好事物。职业教育强化艺术实践，培养具有审美修养的高素质技术技能人才，引导学生完善人格修养，增强文化创新意识。高等教育阶段强化学生文化主体意识，培养具有崇高审美追求、

---

① 孙伟. 学习重要回信精神，践行美育工作 [N]. 中国文化报，2018－09－07（006）；欧阳俊虎. 以美育人不负重托 [N]. 中国文化报，2018－09－07（006）；张江，等."红色经典"蕴含的文化基因深植我们的血液之中 [N]. 文汇报，2016－10－21（010）.

高尚人格修养的高素质人才。

一是课程开发。各高校通过将红色文化资源进行筛选与重组，将展现革命历史事件、革命事迹、革命英雄人物、革命遗迹的音乐、舞蹈、美术、戏剧等艺术形式，融入相关课程，开发出红色文化特质的课程体系。如北京科技大学充分利用革命史迹参访成果，把丰富的红色文化资源融入思想政治理论课课堂教学，鼓励学生以革命情景剧的艺术形式进行展示；河北美术学院构建"五位一体"课程实践教学体系，每门思想政治理论课程形成独具特色的实践教学方案；吕梁学院利用吕梁红色美术资源开展思政课实践教学；东北石油大学突出"大庆精神育人"，开设了"版画""剪纸艺术""芦苇画创作"等校级重点课程；江西泰豪动漫职业学院始终强调各专业课教师在专业课教学过程中，要尽可能地做到红色文化和专业课的有机结合；贵州师范大学在"中国近现代史纲要"课课堂教学中融入地方红色文化资源，穿插红色诗词、红色影视片段、红色歌曲、红色故事等，增强教学的趣味性，活跃课堂气氛；宁夏大学音乐学院在中国音乐史、合唱指挥等课程的教学过程中，融入红色文化资源教学内容等。

二是教材编写。《意见》指出加强教材体系建设。编写教材要坚持马克思主义指导地位，扎根中国、融通中外，体现国家和民族基本价值观，格调高雅，凸显中华美育精神，充分体现思想性、民族性、创新性、实践性。根据学生年龄特点和身心成长规律，围绕课程目标，精选教学素材，丰富教学资源。加强大中小学美育教材一体化建设，注重教材纵向衔接，实现主线贯穿、循序渐进。中小学美育教材按规定审定后使用。高校落实美育教材建设主体责任，做好教材研究、编写、使用等工作，探索形成以美学和艺术史论类、艺术鉴赏类、艺术实践类为主体的高校公共艺术课程教材体系。近年来，高校在对红色文化资源进行整合、挖掘方面，通过将优秀红色艺术作品融入教材，或设计红色艺术体验活动等形式进行教材编写，开展美育教育，进行了积极探索和实践。河北师范大学编写了《党章悦读》等知识性和趣味性相结合的科普读本；牡丹江师范学院编写抗联红色教科书；中国美术学院通过编印出版《时代画卷——中国美术学院师生校友主题性美术作品集》等。

三是实践基地建设。《意见》指出统筹整合社会资源，加强美育的社会资源供给，推动基本公共文化服务项目为学校美育教学服务。城市和社区建设规划要统筹学生艺术实践需要，新建文化艺术项目优先建在学校或其周边。鼓励学校与社会公共文化艺术场馆、文艺院团合作开设美育课程。整合校内、校外资源开展美育实践活动。有条件的地方和学校每年组织学生现场参观1次美术馆、书法馆、博物馆，让收藏在馆所里的文物、陈列在大地上的文化艺术遗产成为学校美育的丰厚资源，让广大学生在艺术学习过程中了解中华文化变迁，触摸中华文化脉络，汲取中华文化艺术精髓。充分挖掘学校艺术场馆的社会服务功能，鼓励有条件的学校将艺术场馆向社会有序开放。

高校依托地方优质红色文化资源，建立校内外实践基地，让学生在红色文化景观区、革命纪念馆、革命博物馆等真实情境中，以视觉、听觉和触觉等形式，深化对红色文化的认识和了解，感悟红色文化精神。如清华大学广泛建立红色实践基地，着力打造规范化的精品培训；北京体育大学创新高校人才培养模式；河北美术学院建立"2+4+5"多功能服务型社会实践基地；黑龙江八一农垦大学以北大荒精神展示馆为阵地建设红色教育基地；南昌大学与小平小道爱国主义教育基地管理处合作建立了思政课实践教学基地；贵州师范大学与遵义会议纪念馆、息烽集中营革命历史纪念馆等全国爱国主义教育基地签订合作协议，建立思政课实践教学基地等。

四是教师队伍建设。《意见》指出配齐配好美育教师，鼓励优秀文艺工作者等人士到学校兼任美育教师，推动实施艺术教育专业大学生支教计划。全面提高美育教师思想政治素质、教学素质、育人能力和职业道德水平。优化美育教师岗位结构，畅通美育教师职业发展通道。将美育教师承担的学校安排的艺术社团指导、课外活动、课后服务等第二课堂指导和教学任务计入工作量。在教学成果奖等评选表彰中，保证美育教师占有一定比例。高校通过艺术与思政、人文等学科交叉融合，推动红色美育教育的发展，促进大学生健康人生观、价值观的形成。如牡丹江师范学院结合红色抗联精神搞好干部培训；上饶师范学院成立方志敏研究中心，立足方志敏与赣东北苏区研究，传承红色文化；湘潭大学构建"请进来，走出去"的师资培训体系；广西艺术学院建好"红色智库"等。

五是校园文化环境。《意见》指出改善场地器材建设配备，建好满足课程教学和实践活动需求的场地设施、专用教室。加强高校美育场馆建设，鼓励有条件的高校与地方共建共享剧院、音乐厅、美术馆、书法馆、博物馆等艺术场馆。配好美育教学所需器材设备，建立美育器材补充机制。制定学校美育工作基本标准。从校园红色文化氛围的建设入手来改善大学生的道德教育环境不仅切实贴合大学生的现实情况，也符合红色文化传播的思路。如北京大学通过观看红色影片、经典话剧，结合讨论与撰写心得体会，强化学生的爱国主义精神与奉献精神；南开大学结合学生的特点，举办"红色文化节"系列活动；河北师范大学原创大型音乐舞蹈史诗《西柏坡》；温州大学开展红诗赛；龙岩学院坚持"理论+实践"两条腿走路的方针；华中师范大学将话剧《恽代英》的排演作为优秀的校园文化；湖北工业大学以红色文化为主题打造校园文化；广西艺术学院通过组织好"红色晚会""红色书画展""红色剧目""红色网媒"等活动进行校园红色文化建设；百色学院将红色基因融入"三风"建设、学校人文景观建设和校史编撰，开展"传承红色基因、担当复兴重任"主题教育；重庆大学依托校园话剧，建立校园文化平台，实现红色文化熏陶；西安电子科技大学构建以经典教育为核心的红色文化传承体系；安康学院在重要节日，全校开展红色歌曲传唱活动；陇东学院开展南梁精神进校园的红色文化活动等。

第四节　红色美育的课堂教学

将红色文化资源融入高校美育的课堂教学，是夯实新时代青年美学价值观的有效途径，也是增强新时代青年文化自信、践行社会主义核心价值体系的生动实践。近年来，各高校积极推动红色美育育人课堂教学建设，取得了良好的实效。《意见》指出深化教学改革，逐步完善"艺术基础知识基本技能+艺术审美体验+艺术专项特长"的教学模式。在学生掌握必要基础知识和基本技能的基础上，着力提升文化理解、审美感知、艺术表现、创意实践等核心素养，帮助学生形成艺术专项特长。成立全国高校美育教学指导委员会，培育一批学校美育优秀教学成果和名师工作室，建设一批学校美育实践基地，开发一批美育课程优质数字教育资源。推动高雅艺术进校园，持续建设中华优秀传统文化传承学校和基地，创作并推广高校原创文化精品，以大爱之心育莘莘学子，以大美之艺绘传世之作，努力培养心灵美、形象美、语言美、行为美的新时代青少年。

一是以红色文化丰富高校美育教育。红色文化资源具有多种形态，将红色文化资源融入课堂教学，授课教师必须对这些丰富的红色文化资源进行分类加工、整理萃取，提取形象生动、学生乐于接受的资源运用到课堂教学中。如北京科技大学思想政治理论课上充分利用革命史迹参访成果，把丰富的红色文化资源融入课堂教学；河北师范大学以西柏坡精神等中国共产党革命精神为中心，借助红色音乐文化的育人功能将红色文化资源融入课堂教学中；东北石油大学将革命传统精神和红色文化资源转化为美育教育资源，融入公共美育教育课程；福建师范大学将福建红色文化资源融入思想政治理论课课堂教学中；榆林学院有针对性地充分发挥红色文化资源的育人功能，在各门课程中开发榆林红色文化资源专题内容。

二是做好课堂教学设计。红色文化资源内容丰富，形式多样，将红色文化融入美育教学内容，重点是在教学内容呈现方式的设计上。如北京科技大学鼓励学生在思想政治理论课课堂上进行情景剧展示；河北美术学院将红色题材艺术作品作为思想政治理论课课堂教学的典型案例；沈阳农业大学将红色文化资源有机融入课程教学中，通过讲好红色故事，提升课堂的吸引力；福建师范大学进行故事型课堂教学等。

三是创新教学方式方法。红色文化资源的形式多样，教师应根据各门课的学理基础抓好红色文化资源嵌入的契机，广泛吸收和应用现代化的教学手段，让红色文化资源调动学生在课堂上的积极性，使红色文化注入下的高校美育课堂更加生动和富有感染力。如北京科技大学利用"数字马院"平台，通过 VR 系统给学生讲解北京的红色革命历史遗迹；河北师范大学将红色音乐专业素质教育与排演过程有机结合，提升学生的音乐专业能力；河北美术学院构建红色题材艺术作品实践育人新模式；沈阳农业大学通过讲好红色故事、红色教育基地大学生志愿者走进课堂、观看红色经典影像等教学路径实现红色文化资源融入"中国近现代史纲要"课程教学；陇东学院围绕南梁精神进课堂开展课题教育等。

四是开展教学效果评价。美育实践课程的授课内容重在增强课程"红色文化"的融合性与时代性，而融合性是美育过程的重要特征。如河北美术学院红色题材艺术作品是通过美术、音乐、舞蹈、文学创作等方式得以呈现；沈阳农业大学观看红色经典影像是红色文化资源融入"中国近现代史纲要"课程教学的有效手段；东北石油大学剪纸艺术课程面向全校学生，是推动民间剪纸艺术语言演绎"大庆精神"的新手段、新语言；山东师范大学马克思主义学院以教学展示活动为契机，让学生在不断的实践学习和探讨合作中以小组为单位，共同完成红色文化作品表现形式的创新；榆林学院将校史故事、家乡故事融入课堂等。

五是加快艺术学科创新发展。《意见》强调推进评价改革。专业艺术教育坚持以一流为目标，进一步优化学科专业布局，构建多元化、特色化、高水平的中国特色艺术学科专业体系，加强国家级一流艺术类专业点建设，创新艺术人才培养机制，提高艺术人才培养能力。艺术师范教育以培养高素质专业化创新型教师队伍为根本，坚定办学方向、坚守师范特质、坚持服务需求、强化实践环节，构建协同育人机制，鼓励艺术教师互聘和双向交流。鼓励有条件的地区建设一批高水平艺术学科创新团队和平台，整合美学、艺术学、教育学等学科资源，加强美育基础理论建设，建设一批美育高端智库。

第五节　红色美育的实践教学

实践感悟和体验是红色美育育人的重要手段。近年来，各高校充分挖掘地方红色文化资源，通过创编红色主题艺术作品、在特定的时间或节日开展红色主题活动等形式，开展了丰富多彩的美育实践教学活动，营造了浓厚的红色文化氛围，提升了红色美育育人的成效。《意见》强调丰富艺术实践活动。面向人人，建立常态化学生全员艺术展演机制，大力推广惠及全体学生的合唱、合奏、集体舞、课本剧、艺术实践工作坊和博物馆、非遗展示传习场所体验学习等实践活动，广泛开展班级、年级、院系、校级等群体性展示交流。有条件的地区可以每年开展大学生艺术专项展示，每三年分别组织一次省级大学生综合性艺术展演。加强国家级示范性大学生艺术团建设，遴选优秀学生艺术团参与国家重大演出活动，以弘扬中华优秀传统文化、革命文化、社会主义先进文化为导向，发挥示范引领作用。

一是凝练实践教学主题。高校在红色文化资源融入美育实践活动中主要从四个不同的角度和层面凝练主题。1. 创编主题性艺术作品。如清华大学创作话剧《马兰花开》；辽宁科技学院打造音乐盛典《民族脊梁》；中山大学创编"红色三部曲"等。2. 依托地方红色文化资源凝练主题。如北京科技大学开展"北京红色革命史迹寻访传承行动"；百色学院举办主题为"弘扬革命文化，重温英雄故事"的百色起义红色故事讲述比赛等。3. 在特定的时间或节日凝练主题，开展红色美育活动。如浙江理工大学开展"手绘红色地图"主题活动；长江师范学院以"致敬重庆抗战老兵助力中华民族复兴"为主题，在"九一八"纪念日开启书画巡展活动等。4. 发挥学校艺术类专业特色，开展红色主题美育实践活动。如清华大学美术学院以"艺术服务社会"为主题，形成了一系列红色主题文创产品，弘扬红色美学，服务奉献社会；中国美术学院以"时代画卷"为主题，构成一讲、一著、一展、一歌、一平台的五位一体革命文化主题活动。这些主题活动，凝聚了活动方向，突出了活动主题，提升了红色文化美育的育人效果。

二是设计实践教学活动。活动设计是实现红色文化资源融入大学生美育主题的具体实施计划，是美育实践教学活动成功的基础。高校美育实践活动的设计，主要从三个方面展开。1. 通过创编表演红色艺术作品，提升审美情操。如《马兰花开》《杨石先》，音乐舞蹈史诗《西柏坡》《井冈山》《民族脊梁》《永不磨灭的信念》《追寻》《中山情》《苏区干部好作风》等。2. 结合学校特色和专业特点，开展美育实践教学活动。如北京大学基础医学院将"寻求中国精神"与"纪念中国人民抗日战争暨世界反法西斯战争胜利70周年"相结合，开展"品读红色经典，书写红色诗篇"美育实践活动；井冈山大学开展思想政治理论课的实践教学创新，以"讲、诵、唱、演、练"为基本形式，构建起了以"永远的井冈山"命名的独具特色的井冈山大学实践教学模式等。3. 结合主题日，开展红色文化艺术活动。如河北大学开展"共唱红色经典，追忆辉煌岁月"红色歌唱合唱比赛等。

三是实施教学管理。《意见》指出加强制度保障。完善学校美育法律制度，研究制定规范学校美育工作的法规。鼓励地方出台学校美育法规制度，为推动学校美育发展提供有力的法治保障。健全教育督导评价制度，把政策措施落实情况、学生艺术素质测评情况和支持学校开展美育工作情况等纳入教育督导评估范围。完善国家义务教育美育质量监测，公布监测结果。把美育工作及其效果作为高校办学评价的重要指标，纳入高校本科教学工作评估指标体系和"双一流"建设成效评价。对政策落实不到位、学生艺术素质测评合格率持续下降的地方政府、教育行政部门和学校负责人，依法依规予以问责。教学实践活动管理是高校举办红色美育活动、形成良好的育人效果的关键保障。高校把红色文化美育活动上升到学校的教学实践管理层面，并通过党政齐抓，共同发力。如北京大学基础医学院在学院党委、行政及医学部、学工部指导下，通过红歌走基层活动，各团支部组织学习演唱红色歌曲或朗诵红色诗歌；吕梁学院以专业的形式组织2015年美术学专业画展"吕梁抗战漫画"；江西科技师范大学党委宣传部联合音乐学院积极创作以八一精神为代表的红色文化相关音乐、舞蹈、戏剧等。

四是创新实践教学方式。在高校美育教学中，红色美育的实践教学方式较多。有些是以学校或相关部门为主体，设定主题，组织开展美育实践教学活动，全校或部分专业学生参与。如辽宁科技学院师生创编辽宁本溪地区抗战抗联大型音乐史诗《民族脊梁》；牡丹江师范学院活用党史文化，集体创作编演大型歌舞史诗《永不磨灭的信念》；中山大学党委宣传部、党委组织部、党委学生工作部共同组织创作中山大学"红色三部曲"。有的是学校在特定的时间或节日组织开展主题性美育活动。如北京大学基础医学院在中国工农红军长征胜利八十周年之际，开展了一系列长征主题的美育实践教学活动；长江师范学院在"九一八"纪念日开启书画巡展活动等。也有的是在学校相关部门或教学单位的指导下，以红色文化为主题组织开展校园红色艺术节，学生作为主体，通过第二课堂或利用课余、假期的时间参加美育实践教学活动。如南开大学举办"红色文化节"系列活动；大连理工大学通过设立"大工文学艺术奖"征集专项作品，传承红色基因；遵义师范学院在师生中坚持开展"红色经典六个一"诵读活动等。还有的是发挥学校专业特色开展主题美育实践活动。如河北美术学院要求学生们利用专业技能或者特长形成多种形式美育实践活动成果等。还有的是依托地方红色文化资源，拓展美育活动。如东北石油大学以"铁人精神"和"大庆精神"开展美育实践教学活动；上饶师范学院开展了主题为"可爱的中国"的方志敏作品朗诵比赛等。

五是红色文化资源因其蕴含的可歌可泣的革命故事和伟大的人格魅力，成为艺术创作的重要灵感来源。各高校充分利用红色文化资源这一特质，通过话剧、歌剧、朗诵、绘画等艺术形式开展红色艺术创作，并将红色艺术成果用于高校美育育人，产生了良好的效果，形成了许多独具风格的艺术作品和育人经验。比如同济大学举办的红色艺术教育周、中山大学制作的"红色中大"三部曲之音乐话剧《笃行》、上海音乐学院创编的红色歌剧《贺绿汀》、山东青年政治学院编排的红色朗诵作品《乳娘》、中国美术学院开展的"时代画卷"红色主题教育以及西安美术学院推出的"一画一课"红色美术教育等。红色文化资源美育育人提高了学生审美和人文素养，成为高校美育育人的重要环节。

第七章 探究红色文化与高校劳动教育结合

为深入贯彻习近平总书记关于教育的重要论述，全面贯彻党的教育方针，落实《中共中央国务院关于全面加强新时代大中小学劳动教育的意见》（以下简称《意见》），加快构建德智体美劳全面培养的教育体系，教育部制定了《大中小学劳动教育指导纲要（试行）》（以下简称《指导纲要》），高校需要认真贯彻《意见》中的相关内容，在高校劳动教育中实现育人。

第一节 劳动教育的性质和基本理念

一、劳动教育性质

劳动是创造物质财富和精神财富的过程，是人类特有的基本社会实践活动。劳动教育是发挥劳动的育人功能，对学生进行热爱劳动、热爱劳动人民的教育活动。当前实施劳动教育的重点是在系统的文化知识学习之外，有目的、有计划地组织学生参加日常生活劳动、生产劳动和服务性劳动，让学生动手实践、出力流汗，接受锻炼、磨炼意志，培养学生的正确劳动价值观和良好劳动品质。劳动教育是新时代党对教育的新要求，是中国特色社会主义教育制度的重要内容，是全面发展教育体系的重要组成部分，是大学必须开展的教育活动。

二、劳动教育基本理念

1. 强化劳动观念，弘扬劳动精神。将劳动观念和劳动精神教育贯穿人才培养全过程，贯穿家庭、学校、社会各方面。注重让学生在学习和掌握基本劳动知识技能的过程中，领悟劳动的意义价值，形成勤俭、奋斗、创新、奉献的劳动精神。2. 强调身心参与，注重手脑并用。把握劳动教育的根本特征，让学生面对真实的个人生活、生产和社会性服务任务情境，亲历实际的劳动过程，善于观察思考，注重运用所学知识解决实际问题，提高劳动质量和效率。3. 继承优良传统，彰显时代特征。在充分发挥传统劳动、传统工艺项目育人功能的同时，紧跟科技发展和产业变革，准确把握新时代劳动工具、劳动技术、劳动形态的新变化，创新劳动教育内容、途径、方式，增强劳动教育的时代性。4. 发挥主体作用，激发创新创造。关注学生劳动过程中的体验和感悟，引导学生感受劳动的艰辛和收获的快乐，增强获得感、成就感、荣誉感。鼓励学生在学习和借鉴他人丰富经验、技艺的基础上，尝试新方法、探索新技术，打破僵化思维方式，推陈出新。

三、当前忽视劳动的现象主要表现为轻视体力劳动，尤其是看不起普通劳动者

《指导纲要》重申《意见》提出的"以体力劳动为主，注意手脑并用"要求，并进一步阐明了劳动教育的内涵和特征，指出"劳动教育是发挥劳动的育人功能，对学生进行热爱劳动、热爱劳动人民的教育活动"，它具有三个基本特征：一是鲜明的思想性，强调劳动者是国家的主人，一切劳动和劳动者都应该得到鼓励和尊重，反对一切不劳而获、崇尚暴富、贪图享乐的错误思想；二是突出的社会性，要求引导学生走向社会，认识社会，强化责任担当意识，体会社会主义社会平等、和谐的新型劳动关系；三是显著的实践性，以动手实践为主要方式，引导学生在认识世界的基础上，学会建设世界，塑造自己，实现树德、增智、强体、育美的目的。

第二节 劳动教育的目标和内容

一、劳动教育的总体目标

准确把握社会主义建设者和接班人的劳动精神面貌、劳动价值取向和劳动技能水平的培养要求,全面提高学生劳动素养。一是树立正确的劳动观念。正确理解劳动是人类发展和社会进步的根本力量,认识劳动创造人、创造价值、创造财富、创造美好生活的道理,尊重劳动,尊重普通劳动者,牢固树立劳动最光荣、劳动最崇高、劳动最伟大、劳动最美丽的思想观念。二是具有必备的劳动能力。掌握基本的劳动知识和技能,正确使用常见劳动工具,增强体力、智力和创造力,具备完成一定劳动任务所需要的设计、操作能力及团队合作能力。三是培育积极的劳动精神。领会"幸福是奋斗出来的"内涵与意义,继承中华民族勤俭节约、敬业奉献的优良传统,弘扬开拓创新、砥砺奋进的时代精神。四是养成良好的劳动习惯和品质。能够自觉自愿、认真负责、安全规范、坚持不懈地参与劳动,形成诚实守信、吃苦耐劳的品质。珍惜劳动成果,养成良好的消费习惯,杜绝浪费。

二、劳动教育的主要内容

劳动教育主要包括日常生活劳动、生产劳动和服务性劳动中的知识、技能与价值观。日常生活劳动教育立足个人生活事务处理,结合开展新时代校园爱国卫生运动,注重生活能力和良好卫生习惯培养,树立自立自强意识。生产劳动教育要让学生在工农业生产过程中直接经历物质财富的创造过程,体验从简单劳动、原始劳动向复杂劳动、创造性劳动的发展过程,学会使用工具,掌握相关技术,感受劳动创造价值,增强产品质量意识,体会平凡劳动中的伟大。服务性劳动教育让学生利用知识、技能等为他人和社会提供服务,在服务性岗位上见习实习,树立服务意识,实践服务技能;在公益劳动、志愿服务中强化社会责任感。

三、劳动教育的学段要求

1. 职业院校。重点结合专业特点，增强职业荣誉感和责任感，提高职业劳动技能水平，培育积极向上的劳动精神和认真负责的劳动态度。可以组织学生开展以下活动：（1）持续开展日常生活劳动，自我管理生活，提高劳动自立自强的意识和能力；（2）定期开展校内外公益服务性劳动，做好校园环境秩序维护，运用专业技能为社会、为他人提供相关公益服务，培育社会公德，厚植爱国爱民的情怀；（3）依托实习实训，参与真实的生产劳动和服务性劳动，增强职业认同感和劳动自豪感，提升创意物化能力，培育不断探索、精益求精、追求卓越的工匠精神和爱岗敬业的劳动态度，坚信"三百六十行，行行出状元"，体认劳动不分贵贱，任何职业都很光荣，都能出彩。2. 普通高等学校。强化马克思主义劳动观教育，注重围绕创新创业，结合学科专业开展生产劳动和服务性劳动，积累职业经验，培育创造性劳动能力和诚实守信的合法劳动意识。使学生达到如下要求：（1）掌握通用劳动科学知识，深刻理解马克思主义劳动观和社会主义劳动关系，树立正确的择业观、就业观、创业观，具有到艰苦地区和行业工作的奋斗精神；（2）巩固良好的日常生活劳动习惯，自觉做好宿舍卫生保洁，独立处理个人生活事务，积极参加勤工助学活动，提高劳动自立自强能力；（3）强化服务性劳动，自觉参与教室、食堂、校园场所的卫生保洁、绿化美化和管理服务等，结合"三支一扶"、大学生志愿服务西部计划、"青年红色筑梦之旅""三下乡"等社会实践活动开展服务性劳动，强化公共服务意识和面对重大疫情、灾害等危机主动作为的奉献精神；（4）重视生产劳动锻炼，积极参加实习实训、专业服务和创新创业活动，重视新知识、新技术、新工艺、新方法的运用，提高在生产实践中发现问题和创造性解决问题的能力，在动手实践的过程中创造有价值的物化劳动成果。

四、在劳动教育方面高职院校和普通院校开设课程要求

很多劳动离不开技术和工具，现代劳动工具、设备技术含量高，劳动教育必须加强技术学习指导，但是仅有技术学习还不是完整的劳动教育。劳动教育要以

技术为重要载体，培养学生的劳动情感、劳动能力和劳动品质，在劳动素养的培育上下功夫。《指导纲要》明确提出职业院校劳动教育的重点是结合专业特点，增强学生职业荣誉感和责任感，提高职业劳动技能水平，培育积极向上的劳动精神和认真负责的劳动态度；规定职业院校开设劳动专题教育必修课，不少于16学时，主要围绕劳动精神、劳模精神、工匠精神、劳动组织、劳动安全和劳动法规等方面设计；同时将劳动教育全面融入公共基础课和专业课之中，注重培养学生的敬业精神、吃苦耐劳、团结合作、严谨细致的工作态度；还要求职业院校主动开放实训实习场所、设施设备，为普通中小学和普通高校提供所需要的服务。结合普通高等学校的实际情况，《指导纲要》强调了三个方面要求：一是明确重点，强化马克思主义劳动观教育，注重围绕创新创业，结合学科专业开展生产劳动和服务性劳动，积累职业经验，培育创造性劳动能力和诚实守信的合法劳动意识；二是规定载体，要求明确主要依托的课程，其中本科阶段劳动教育必修课不少于32学时，明确学生日常生活中的劳动事项和时间，组织开展劳动周或劳动月；三是强化服务，加强劳动教育师资培养，有条件的院校开设劳动教育相关专业。

第三节 劳动教育的途径、关键环节和评价

一、开展劳动教育的途径

将劳动教育纳入人才培养全过程，丰富、拓展劳动教育实施途径。

1. 独立开设劳动教育必修课。职业院校开设劳动专题教育必修课，不少于16学时；主要围绕劳动精神、劳模精神、工匠精神、劳动组织、劳动安全和劳动法规等方面设计。普通高等学校要将劳动教育纳入专业人才培养方案，明确主要依托的课程，可在已有课程中专设劳动教育模块，也可专门开设劳动专题教育必修课，本科阶段不少于32学时；课程内容应加强马克思主义劳动观教育，普及与学生职业发展密切相关的通用劳动科学知识，并经历必要的实践体验。2. 在学科专

业中有机渗透劳动教育。职业院校要将劳动教育全面融入公共基础课，要强化马克思主义劳动观、劳动安全、劳动法规教育。专业课在进行职业劳动知识技能教学的同时，注重培养"干一行，爱一行"的敬业精神，吃苦耐劳、团结合作、严谨细致的工作态度。普通高等学校要将劳动教育有机地纳入专业教育、创新创业教育，不断深化产教融合，强化劳动锻炼要求，加强高等学校与行业骨干企业、高新企业、中小微企业紧密协同，推动人才培养模式改革。专业类课程主要与服务学习、实习实训、科学实验、社会实践、毕业设计等相结合开展各类劳动实践，注重分析相关劳动形态发展趋势，强化劳动品质培养。在公共必修课中，要进一步强化马克思主义劳动观教育、劳动相关法律法规与政策教育。3. 在课外、校外活动中安排劳动实践。将劳动教育与学生的个人生活、校园生活和社会生活有机结合起来，丰富劳动体验，提高劳动能力，深化对劳动价值的理解。职业院校和普通高等学校要明确生活中的劳动事项和时间，纳入学生日常管理工作。每学年设立劳动周，采用专题讲座、主题演讲、劳动技能竞赛、劳动成果展示、劳动项目实践等形式进行。职业院校和普通高等学校兼顾校内外，可在学年内或寒暑假安排，以集体劳动为主，由学校组织实施。高等学校也可安排劳动月，集中落实各学年劳动周要求。4. 在校园文化建设中强化劳动文化。学校要将劳动习惯、劳动品质的养成教育融入校园文化建设之中。要通过制定劳动公约、每日劳动常规、学期劳动任务单，采取与劳动教育有关的兴趣小组、社团等组织形式，结合植树节、学雷锋纪念日、五一劳动节、农民丰收节、志愿者日等，开展丰富的劳动主题教育，营造劳动光荣、创造伟大的校园文化氛围。要举办"劳模大讲堂""大国工匠进校园"、优秀毕业生报告会等劳动榜样人物进校园活动，组织劳动技能和劳动成果展示，综合运用讲座、宣传栏、新媒体等，广泛宣传劳动榜样人物事迹，特别是身边的普通劳动者事迹，让师生在校园里近距离接触劳动模范，聆听劳模故事，观摩精湛技艺，感受并领悟勤勉敬业的劳动精神，争作新时代的奋斗者。

二、劳动教育的关键环节

各地和学校要注重围绕劳动教育的目标和内容要求，从提高劳动教育的效果出发，把握劳动教育任务的特点，抓住关键环节，选择适宜的劳动教育方式。1. 讲解说明。围绕什么是劳动、为什么劳动问题，有重点地进行讲解，让学生懂得劳动的意义和价值。加强劳动观念、劳动纪律、劳动相关法律法规的正面引导，指明轻视劳动特别是轻视普通劳动的危害，让学生明辨是非。加强劳动知识技能的讲解，让学生认清事理，掌握实践操作的基本原理、程序、规则，正确使用工具的方法和技术。讲解要与启发思考、示范、练习等结合起来。2. 淬炼操作。围绕如何做的问题，注重示范与练习，让学生会劳动。强化规范意识，注重从最基本的程序学起，严守规则，避免主观随意。强化质量意识，注重引导学生关注细节，每个步骤、环节都要精准到位。强化专注品质，注重引导学生对操作行为的评估与监控，做到眼到、手到、心到，有始有终。3. 项目实践。围绕劳动能力的培养，让学生完成真实、综合的任务，经历完整的劳动过程。注重劳动价值体认，引导学生从现实生活中发现需求，选择和确定劳动项目。强化规划设计意识，充分发挥学生的主动性、积极性、创造性，引导学生对项目实践进行整体构思，综合运用所学知识、技术，不断优化行动方案。强化身体力行，锤炼意志品质，敢于在困难与挑战中完成行动任务。4. 反思交流。围绕劳动价值意义的建构，引导学生总结、交流，促进学生形成反思交流习惯。指导学生思考劳动过程和结果与社会进步、个体成长的关联，避免停留在简单的苦乐体验上。组织学生交流分享劳动的体验和收获，肯定具有积极意义的认识，纠正观念上的偏差。将反思交流与改进结合起来，使学生在劳动中获得成长。5. 榜样激励。围绕劳动的精神追求，树立典型，激发劳动热情。注意遴选、树立多类型榜样，不仅要有大国工匠、劳动模范，还要有身边劳动表现优异的普通劳动者和同学。指导学生从榜样的具体事迹中领悟他们的高尚精神和优良品质。明确要求学生在日常劳动实践中努力向榜样看齐。

三、劳动教育评价

将劳动素养纳入学生综合素质评价体系。以劳动教育目标、内容要求为依据，将过程性评价和结果性评价结合起来，健全和完善学生劳动素养评价标准、程序和方法，鼓励、支持各地利用大数据、云平台、物联网等现代信息技术手段，开展劳动教育过程监测与纪实评价，发挥评价的育人导向和反馈改进功能。1. 平时表现评价。要在平时劳动教育实践活动中及时进行评价，以评价促进学生发展。要覆盖各类型劳动教育活动，明确学年劳动实践类型、次数、时间等考核要求。关注学生在劳动教育活动中的实际表现，注重从行为表现中分析把握劳动观念形成情况。以自我评价为主，辅以教师、同伴、家长、服务对象、用人单位等他评方式，指导学生进行反思改进。要指导学生如实记录劳动教育活动情况，收集整理相关制品、作品等，选择代表性的写实记录，纳入综合素质档案，作为学生学年评优评先的重要参考。2. 学段综合评价。学段结束时，要依据学段目标和内容，结合综合素质档案分析，兼顾必修课学习和课外劳动实践，对劳动观念、劳动能力、劳动精神、劳动习惯和品质等劳动素养发展状况进行综合评定。建立诚信机制，实行写实记录抽查制度，对弄虚作假者在评优评先方面一票否决，性质严重的应依法依规严肃处理。在高中和大学开展志愿者星级认证。高中学校和高等学校要将考核结果作为毕业的依据之一。推动将学段综合评价结果作为学生升学、就业的重要参考。3. 开展学生劳动素养监测。将学生劳动素养监测纳入基础教育质量监测、职业院校教学质量评估和普通高等学校本科教学质量评估。可委托有关专业机构，定期组织开展关于学生劳动素养状况的调查，注重学生劳动观念、劳动能力、劳动精神、劳动习惯和品质等的监测。发挥监测结果的示范引导、反馈改进等功能。

第四节 学校劳动教育的规划与实施

一、整体规划劳动教育

学校是劳动教育的实施主体,应根据国家相关规定,结合当地和本校实际情况,对劳动教育进行整体设计、系统规划,形成劳动教育总体实施方案。方案要明确劳动教育目标内容、课时安排、主要劳动实践活动安排、劳动教育过程组织与指导及考核评价办法等。同时要基于学生的年段特征、阶段性教育要求,研究制定"学校学年(或学期)劳动教育计划",对学年、学期劳动教育实践活动作出具体安排,特别是规划好劳动周等集中劳动,细化有关要求,使总体实施方案和学年(或学期)活动计划相互配套、衔接,形成可持续开展的劳动教育实施方案。

学校在劳动教育规划时要注意处理以下几个方面的关系:1.理论学习和实践锻炼的关系。理论学习和实践锻炼都是劳动教育的必要内容。理论学习重在让学生理解和掌握"劳动创造了人本身""劳动创造世界"等历史唯物主义基本理论主张以及劳动相关法律、法规、政策,并作为行动指南。实践锻炼重在将所学知识转化为真正有用的实际本领,形成良好的劳动习惯,弘扬劳动精神。规划劳动教育时,要两者兼顾,坚持以实践锻炼为主,切实保证每一个学生都有必要的劳动实践经历,不能只是口头上喊劳动、课堂上讲劳动。要通过学生实践前的计划构想、实践中的观察思考和实践后的反思交流,加深对有关思想理论、法规政策的理解,实现理论学习和实践锻炼的统一。2.劳动教育与其他教育活动的关系。在开足专门劳动教育必修课的同时,职业院校、普通高等学校劳动教育中学生生产劳动和服务性劳动可以通过专业实习、实训、创新创业等实践环节完成,日常生活劳动可以通过学生管理落实。3.劳动的传统形态与新形态的关系。将日常生活劳动教育贯穿大中小学始终。在安排生产劳动和服务性劳动项目时,职业院校、普通高等学校要注重结合产业新业态、劳动新形态,选择现代农业、工业、服务业项目，提升创造性劳动能力。

二、劳动教育的组织实施

1. 实施机构和人员。学校要建立健全劳动教育组织实施的工作机制。明确主管校领导，设置机构或明确相关部门负责劳动教育的规划设计、组织协调、资源整合、师资培训、过程管理、总结评价等。要建立专兼职相结合的劳动教育教师队伍。根据学校劳动教育需要，明确劳动教育责任人，进行劳动教育规划、组织实施、评价等，配齐劳动教育必修课教师，保持教师队伍的相对稳定性。要充分发挥教职员工特别是班主任、辅导员、导师的作用，利用少先队、共青团、党组织以及学生社团等各方面的力量，合力开展劳动教育实践活动。充分利用家长及当地人力资源，聘请相关行业专业人士担任劳动实践指导教师。2. 劳动安全风险防范与管理。学校要把劳动安全教育与管理作为组织实施的必要内容，强化劳动安全意识，建立健全安全教育与管理并重的劳动安全保障体系。要依据学生身心发育情况，适度安排劳动强度、时长，切实关注劳动任务及场所设施的适宜性。科学评估劳动实践活动的安全风险，认真排查、消除学生劳动实践中的各种隐患。在场所设施选择、材料选用、工具设备和防护用品使用、活动流程等方面制定安全、科学操作规范，强化劳动过程每个岗位的管理，明确各方责任，防患于未然。制定劳动实践活动风险防控预案，完善应急与事故处理机制。要特别关注劳动过程中的卫生隐患，按照疾控、卫生健康部门及行业有关规定，采取相应措施，切实保护学生的身心健康。鼓励购买劳动教育相关保险。3. 建立协同实施机制。职业院校、普通高等学校要建立学校负责规划设计、行业企业社会机构主要负责业务指导、双方共同管理的劳动教育实施机制。通过建立劳模工作室、技能大师工作室，设置荣誉教师、实务导师岗位等，多渠道引入社会力量参与学校劳动教育。要联合社会力量，共建共享稳定的劳动实践基地、校外实习实训基地、各类型创新创业孵化平台，多渠道拓展劳动实践场所。

第五节　劳动教育条件保障与专业支持

地方教育行政部门要切实加强对劳动教育工作的组织领导，明确机构和人员承担区域推进劳动教育的职责任务，切实加强条件保障、专业支持和督导评估，整体提高大中小学劳动教育质量和水平。

一、条件建设

1. 丰富和拓展劳动实践场所。地方教育行政部门要统筹规划和配置劳动教育实践资源，满足学校多样化劳动实践需求。充分利用现有综合实践基地、青少年校外活动场所、职业院校和普通高等学校劳动实践场所，建立健全开放共享机制，特别是充分利用职业院校实训实习场所、设施设备。可安排一批土地、山林、草场等作为学农实践基地，确认一批厂矿企业作为学工实践基地，认定一批城乡社区、福利院、医院、博物馆、科技馆、图书馆等事业单位、社会机构、公共场所作为服务性劳动基地。推动学校充分利用校内学习、生活有关场所，逐步建好配齐劳动技术实践教室、实训基地，丰富劳动教育资源。2. 加强师资队伍建设。要明确劳动课教师管理要求，保障劳动课教师在绩效考核、职称评聘、评先评优、专业发展等方面与其他专任教师享受同等待遇。推动职业院校与普通高等学校建立师资交流共享机制，发挥职业院校教师的专业优势，承担普通学校劳动教育教学任务。建立劳动课教师特聘制度，为学校聘请具有实践经验的社会专业技术人员、劳动模范等担任兼职教师创造条件。高等学校要加强劳动教育师资培养，有条件的院校开设劳动教育相关专业。把劳动教育纳入教育行政干部、校长、教师、辅导员培训内容，开展全员培训，强化劳动意识、劳动观念，提升劳动教育的自觉性。对承担劳动教育课程的教师进行专项培训，提高劳动育人意识和专业化水平。3. 健全经费投入机制。各地要统筹中央补助资金和自有财力，多种形式筹措资金,加快建设校内劳动教育场所和校外劳动教育实践基地,加强学校劳动教育设施建设,建立学校劳动教育器材、耗材补充机制。学校可按照规定统筹安排公用经费等资金开展劳动教育,可采取政府购买服务方式,吸引社会力量提供劳动教育服务。

二、加强专业研究和指导

1. 加强劳动教育研究与指导。在全国教育科学规划、教育部人文社会科学研究项目中支持劳动教育研究。地方教育行政部门鼓励和支持相关机构设立劳动教育研究项目。设立一批试验区或试验学校,注重开展跟踪研究、行动研究。举办论坛讲座,营造良好的学术氛围。各级教研机构要配备劳动教育教研员,组织开展专题教研、区域教研、网络教研,通过协同创新、校际联动、区域推进,提高劳动教育整体实施水平。鼓励高等学校依托有关专业机构开展劳动教育教学研究。2. 组织开展劳动教育课程资源研发。基于劳动教育教学的实际需要,省级教育行政部门明确学校劳动实践指导手册编写要求,体现"一纲多本",满足不同地区学校的多样化需求,负责组织审查。职业院校可组织编写劳动精神、劳模精神、工匠精神专题读本,由编写院校或委托专业机构进行审查。鼓励学校、学术团体、专业机构等收集整理反映劳动先进人物事迹和精神的影视资料,组织研发展示劳动过程、劳动安全要求的数字资源,梳理遴选来自教学一线的典型案例和鲜活经验,形成分学段、分专题的劳动教育课程资源包,促进优质资源的共享与使用。

三、督导评估与激励

1. 加强对学校劳动教育实施情况的督查。把劳动教育纳入教育督导体系,完善督导办法。对地方各级人民政府和有关部门保障劳动教育情况进行督导。对学校劳动教育开课率、学生劳动实践组织的有序性、教学指导的针对性、保障措施的有效性等进行督查和指导。督导结果要向社会公开,作为衡量区域教育质量和水平的重要指标,作为对被督导部门和学校及其主要负责人考核奖惩的依据。

2.建立健全劳动教育激励机制。在国家级、省级教学成果奖励中,将劳动教育教学成果纳入评奖范围,对优秀成果予以奖励。依托有关专业组织、教科研机构等开展劳动教育经验交流和成果展示活动,激发广大教师实践创新的潜能和动力。积极协调新闻媒体传播劳动光荣、创造伟大的思想,大力宣传劳动教育先进学校、先进个人。《指导纲要》在评价改革方面突出强调三点:一是依据劳动教育目标,制定劳动素养评价标准,注重对学生劳动素养形成和发展情况的测评分析;二是将平时表现评价、学段综合评价和学生劳动素养监测区别开来,分别提出相应要求;三是利用大数据、云平台、物联网等现代信息技术,改进评价方式手段。

第六节 红色文化融入高校劳动教育的路径探究

一、改变教育观念,劳动教育中传播红色精神

习近平总书记在全国教育大会上强调要培养德智体美劳全面发展的社会主义建设者和接班人。但是,现阶段在我国的教育体系中劳动教育的地位不高,大多数学校忽视了劳动教育的重要性。当前,构建并完善适应新时代的劳动教育体系是紧急必要的。首先,高校应该改变现在的教育观念,学习先进的教育理念,观念上重视学生的劳动教育。在高校开展劳动教育理论课程、社会劳动实践课、志愿者服务等,使学生在观念上尊重劳动、热爱劳动,行动上积极参与劳动、乐于奉献。同时,高校应该将红色精神融入劳动教育课程中,使劳动教育能够取得更好的效果。可以利用教材、新媒体网络等媒介,传播红色精神,高效地对学生进行正确的劳动价值观教育。将红色精神融入大学生劳动教育,有助于培育大学生政治认同的核心素养。在大学生劳动教育过程中宣传红色精神,让广大青年学生了解红色精神的精髓,引导学生尊重劳动、热爱劳动,做一个乐于奉献、勤劳果敢、坚强奋斗的人;在大学生劳动教育过程中宣传红色精神,使青年学生坚信并自觉拥护中国共产党的领导,始终认同中国特色社会主义道路,坚持中国特色

社会主义，弘扬社会主义核心价值观并能自觉践行，做一个爱国家、爱社会的人。有助于增强大学生劳动意识，形成正确的劳动价值观，新时代劳动教育的主要目的是增强学生的劳动意识，帮助学生形成正确的劳动价值观。将红色精神融入大学生劳动教育，有助于增强大学生劳动意识，形成正确的劳动价值观。劳动教育具有育人导向功能，红色精神更是新时代青年人的精神支柱。红色精神融入大学生劳动教育，使学生更深刻地理解只有具备实事求是、勤劳勇敢、勤俭节约、艰苦奋斗、无私奉献、自力更生、自强不息等红色革命精神，才能创造人类最美好的明天，实干才能成就梦想，国家才能进步、社会才能发展。有助于满足社会需要，培育大学生良好的职业素养。经过专业教育和劳动教育，引导学生将理论知识与实践活动结合起来，形成自己真正的技能和能力。劳动教育，一方面加强了学生们对于抽象学科知识的理解，另一方面也培养了他们的实践创新能力和兴趣爱好，使其个性得到了进一步发展[3]。在劳动教育的过程中，不仅使学生的劳动技能得以提升，还有助于学生形成正确的劳动价值观，尊重劳动、热爱劳动、学会团结合作、激励创造精神等。现在社会很多企业都在感叹"招不到合适的人才"，这一现象在很大程度上是与学生的职业素养难以满足企业的要求有关。将井冈山革命精神、延安精神、长征精神等红色精神融入大学生劳动教育，着力培养学生实事求是、吃苦耐劳、团队合作等精神，有助于培育其良好的职业素养。

二、营造学习氛围，劳动教育中弘扬红色精神

高校对学生进行劳动教育时，应该充分考虑学生身心发展的特点和规律，结合本学校的办学理念，整合教育资源，合理有效地对学生实施劳动教育。师生共同营造尊重劳动的氛围，改进现行的教学评价机制，将尊重劳动、增强劳动意识、积极参与劳动等加入教学评价机制，引导学生尊重劳动、参与劳动、懂得"劳动最光荣、劳动最伟大"的道理。思想政治教育工作者对学生进行中华民族传统美德之劳动教育的时候，还应该引导学生继承和弘扬红色精神。营造良好的校园环境、建立融洽的师生关系是教育当代大学生学习红色精神的必要条件。营造学习

氛围，在劳动教育中弘扬红色精神，使受教育的青年学生拥有巨大的精神财富，在我国社会主义事业中，发挥坚实的精神支柱力量。新时代弘扬红色精神对于当代大学生坚定理想信念、培育社会主义核心价值观，教育当代大学生牢记革命先辈的艰苦奋斗史、继承和发扬优良革命传统、学会克服生活和学习中的困难、自立自强做生活中的强者，具有重大而深远的意义。红色精神是中国共产党在一百多年的历史中，用鲜血和汗水凝聚而成的跨越时代的革命精神。如井冈山斗争时期，形成的"实事求是，艰苦奋斗"的井冈山精神；晋察冀抗日战争中，形成的"无私奉献，舍己为人"的白求恩精神；红军两万五千里长征中，形成的"不畏艰险，勇往直前"的长征精神；三五九旅在南泥湾垦荒过程中形成的"自力更生，艰苦奋斗"的南泥湾精神等。红色精神代表着爱国、民主、团结、平等、友善、乐观、奋进、顽强的精神追求，是高尚道德情操的重要体现。在新时代思想政治教育创新与发展的大环境下，应该注重继承和弘扬红色精神。红色精神为新时代大学生提供了活泼生动的人物形象和学习的精神动力，是一本好的教科书，可以引导大学生树立正确的政治方向、锻炼正确的政治鉴别力；帮助大学生树立正确的价值取向，为中华民族伟大复兴而努力，为祖国的繁荣富强而努力，为热爱党和人民而努力，为践行社会主义核心价值观而努力。

三、创新教学模式，拓宽育人渠道

在劳动教育中践行红色精神，高校要突出学校教育主阵地，拓宽育人渠道，对青年学生进行劳动素质教育。为提高劳动教育的教学质量、实现劳动教育的目的，高校应该积极探索适合大学生劳动教育的教学模式。在高校中开展劳动教育，首先应该对学生进行思想动员，通过传播红色精神，结合高校思想政治教育相关课程，让学生认识到劳动的重要性。对学生进行劳动教育除了理论知识的渗透，还应该与社会实践相结合，让学生在参与劳动的过程中，感悟红色精神传递的能量，在课外劳动实践过程中受到启发，形成正确的劳动价值观。高校应当有目的、有计划地对学生进行劳动教育，运用多种教学模式，如：理论知识渗透、学校组织义务劳动、社会实践课、文明班级评比、文明寝室评比、校园文明建设明星评比等，制定合理的评价标准，及时总结教育效果。通过劳动教育，培养大学生勤劳勇敢、不畏艰难、自强不息的奋斗精神，勇于奉献、敢于承担社会责任，提高自我教育意识，将红色精神铭记于心并自觉践行，将一分耕耘一分收获的劳动价值观传递下去。

四、学校供给，深度融合劳动教育与红色文化

红色文化是中国人民在革命实践中所创造的历史产物，是中华民族优秀传统文化的价值体现，更是全国各族人民集体劳动智慧的结晶，其蕴含着独特的劳动价值。劳动精神作为新时代劳动教育的精神文化载体，它的确立是实现劳动教育的核心所在，并在劳动教育实践中发挥着引领劳动者崇尚劳动光荣、树立正确的劳动价值观和养成良好的劳动素养的社会形态指向功能。红色文化包含的艰苦奋斗、无私奉献等精神为新时代劳动精神的培育提供了文化支撑，是促进劳动者养成良好劳动素养的精神动力，故而挖掘红色文化资源中的劳动精神内核对新时代劳动精神的弘扬与传承具有重要意义。

新时代大学教育对传承红色基因和传递劳动精神具有价值导向、思想凝聚和精神锤炼等教育功能。新时代红色文化资源中劳动精神的传承与发展需要高校的供给，深度融合劳动教育与红色文化。一是高校需强化学生劳动意识的培养和劳动知识的积累。红色文化蕴含着革命先辈的智慧、奉献、奋斗等先进的理想信念，要发挥红色文化的价值导向作用，帮助学生形成新时代劳动价值观，增强"劳动最光荣""劳动最崇高"的意识，引导学生在劳动实践中创新工作方法，体会劳动带来的学业成就感和职业归属感。另外，要求学生通过劳动实践加深对知识的认知和理解，了解和懂得中华优秀传统文化成果的形成是中国人民历经无数次失败与努力实践而创造出来的文化产物，使其认识到劳动实践是实现生产技术知识转化的重要路径，才能获得事物之真知。二是高校要发挥劳动教育树德、增智、健体、育美的综合育人价值。全面推进劳动教育在大学教育中重要功能的发挥，注重劳动思想教育和劳动技能培育，把红色文化知识融入思想政治教育、专业课程教学、实习实训，引导学生在生产劳动和社会实践中增进知识、锤炼意志、培养社会责任感。另外，要深刻认知劳动精神对社会主义核心价值观的浸润作用，社会主义核心价值观中的敬业与爱岗，正是劳动精神的价值内核的重要体现。要将劳动精神深度融合到社会主义核心价值观体系之中，让学生在职业岗位中养成任劳任怨、爱岗敬业的奋斗精神、专业精神、进取精神等劳动精神，营造和谐劳动关系氛围，增强职业荣誉感和责任感，养成积极向上的劳动精神和认真负责的劳动态度。三是加强理论与实践的融合。学校要注重红色文学作品研究，建立红色文化研究中心，由思想政治课教师、专业课教师、辅导员共同组建红色文化研究团队，负责红色文化传播与理论研究，建设校园红色文化教育基地，充分发挥环境载体支撑红色文化教育的价值功能。另外，要将红色文化理论研究与红色教育实践活动结合，充分依托红色革命圣地开展红色研学活动，激励学生怀着不畏艰难、实事求是、勇于奉献的"长征精神"投身于中国特色社会主义伟大事业；同时加强与社会组织的合作，为学生假期提供实践岗位，让学生在教育实践中确立正确的人生理想和价值追求，培养其家国情怀。

五、加强红色文化理论教学

（一）学习红色知识

高校需要在日常教学中以及课后积极地宣贯我们的红色文化，要加强学生对于红色文化知识的学习。一座学校从建校到成长起来都有着深厚的红色文化底蕴，正是这种强大的红色文化力量使得一所学校能够在几十年甚至上百年中发展得越来越好，所以作为学校的学生，首先，一定要了解该校的创建与发展史，以及掌握为学校发展作出贡献的重要人物，以他们为榜样，传承他们的精神，提高劳动素养，为学校发展添砖加瓦，一定要有主人翁意识，要明白一所学校的红色文化就是一所学校的灵魂所在，是体现一所学校的文化深度、办学理念、育人风气的一种综合性的文化，这些都是一所学校在几十年甚至上百年的成长中沉淀下来的，在学习与劳动生活中要发扬光大。其次,在当前这个互联网时代,我们需要将学生培养成有独立思想、有鲜明个性的优秀人才,要打造一套适合当下劳动教育环境以及学生健康成长的培养体系,高校不仅要引领校园文化,更要将红色文化融入教学,结合历史、政治等相关学科甚至编纂红色文化校本教材,让学生能够积极地学习红色文化知识,深入了解先辈们有关自力更生、无私奉献、自强不息、在最艰难的时期仍旧坚守心中的信念、为中华民族的崛起而奉献自我的事迹,在每一个历史时期都有伟大的人,而红色精神是贯穿中华民族百年奋斗史的脉络,能够让学生清楚地认识到今日幸福来之不易,是有人替自己扛起了重压。第三,学生是红色文化最基本的传承者,高校需要开展相关校园红色文化活动,通过一些具体的竞赛、交流会、参观展览、座谈沙龙,让学生和老师都参与进去,积极地进行红色文化交流,将教师和学生的红色文化素养提高。第四,高校要积极在校园之内加强红色文化传承,对于原来学校红色文化象征性很强的建筑要加以保护。最后,要让学校原有的红色文化顺利地传承下去,除了学生自身要加强校园红色文化的学习,学校管理层要以身作则让全校师生明白校园红色文化的重要性,要将红色教育落地到实处,要从红色知识教育的基础做起,要以全校师生为主体,以整个学校的课堂活动以及校园环境为载体,努力营造好校园红色文化氛围,这将对把红色文化融入劳动教育具有重要的作用。

(二)学习劳动教育理论知识

劳动教育是当前高校新兴的教育模式,对于学生综合素养的提高有着积极的推进作用,高校需要积极地促进全校师生学习劳动教育理论知识。一所学校的劳动教育理论管理并不是凭某个人主观想象出来的,而是在习近平总书记的领导与教育指导下,结合了改革开放的新形势以及社会主义现代化建设的大背景,全国所有的学校以及教育工作者集体创造出来的,且劳动教育理论知识是与时俱进的,要紧跟着时代的要求和当下的文化趋势去引领校园劳动教育理论知识的发展。学校在传授劳动教育理论知识时,要结合习近平总书记对于新时代学习劳动教育理论知识的要求,根据学校的实际情况进行创新性发展,一方面要以学生为主体,发挥学生的积极性、创造性以及主动性，一方面也需要有计划性、指导性。学校要注重校园劳动氛围的建设，积极开展各类活动教学，努力打造全新的劳动教育模式，使学生在校园里能够顺利融入劳动教育，在劳动教育理论知识上得到全面的提升。劳动教育理论知识不仅仅是面向学生，同时也是面向学生家长和社会各界人士，好的劳动教育知识能够增强家长对学校劳动教育模式的理解，增强家长对学校的直观了解，让家长理解学校的劳动文化，就能够让家长更加愿意配合学校的工作，而在家长的配合下，学校的劳动文化、学风会变得越来越好，如此形成一个良性循环。

（三）学习红色文化下的劳动精神

我们不仅仅要理解一所学校的红色文化以及学校打造的劳动精神，更应该将两者结合起来，以红色文化为背景学习劳动精神。红色文化下的劳动者是伟大的劳动者，尽管每一个劳动者都是伟大的，但是在红色文化指导下的劳动者具有艰苦奋斗、不怕苦不怕累、无私奉献、爱岗敬业的精神，这些劳动者为了中华民族的崛起而不断奋斗，是我们国家的栋梁和支柱，是时代的楷模，也是每一个大学生的楷模。在红色文化下的劳动精神就是无私奉献的劳动精神，是将国家和集体利益放在个人利益之上的伟大精神。在校园内学习传承好劳动精神，在课外积极劳动，不断加大对自我的培养力度，在红色文化的熏陶下尊重劳模、争当劳模，将自我标准设置为优秀劳动者。我们的学生学习起源于学校，也发展于学校，可以说他们的根据地就是学校，因此学校的教育模式以及文化内涵在无形之中影响着学生们的学习与生活，在无声无息当中促进了学生的思想养成，培养了他们的日常学习习惯。新时代之下，学校的作用发挥越大，红色文化建设效果以及劳动精神的教育就会越好。

首先我们要建立开放度高的红色文化阵地，这样就可以让越来越多的学生参与进来，让他们在学校当中感受到红色文化氛围。在这样的大环境之下也可以让他们进行更好的劳动精神学习，得到更好的劳动锻炼，提高他们对红色劳动文化的认可度与满意度，这样也进一步深化了校园红色文化阵地的影响力。其次，我们要将校园红色文化阵地打造为功能性非常强的阵地。我们的校园红色文化阵地是为学生服务的，而不仅仅是一个摆设，我们学校的所有红色文化阵地必须充分地发挥其作用，高度体现出其内在的劳动精神，要让我们的学生在这些阵地当中得到红色文化的熏陶，能够在这里理解、感受劳动精神，所以我们要积极地促进学生在校园内的红色文化之下进行劳动精神的学习与理解。

（四）加强学生劳动实践

（1）红色基地劳动实践。红色基地劳动实践是红色文化融入大学生劳动教育中的重要内容。在高校的劳动教育中，当前普遍存在的问题就是，即便教师进行过大量的红色精神、红色文化理论教学，列举过无数的红色文化案例，但是这些内容对于学生来讲却过于虚幻和脱离。因为当前的学生不可能经历战争动乱年代的残酷，自然也就无法深刻理解我国的革命先烈所具有的大无畏红色精神是多么宝贵。仅仅依靠文字和图片所能够带给学生的冲击力并不强，但是红色基地作为红色文化的保存遗迹，往往都留存着当年革命先辈们受刑时所用过的刑具，所留下的文字、书籍，保留着革命先烈的生活痕迹，这些内容对于学生的冲击力也许比一部革命电影来得更加强烈，只有真实深切地感受到当年革命先烈们的生活气息，才能够让高校的学生真正理解，今日美好生活的来之不易，才能够让他们更加珍惜当前的生活条件，并且进行同样努力的奋斗。（2）专业课程劳动实践。学生的专业课程实践也是高校劳动教育的重要内容，在当前的高校劳动教育中，专业课程实践是主要的形式。而融入红色文化的专业课程实践，更多是针对学生的敬业精神和艰苦奋斗的创业精神以及以人民为中心的奉献精神。（3）社会公益劳动实践。社会服务、公益服务是帮助大学生实现劳动教育升华的有效途径之一，因为社会公益活动并不是以经济收益作为目标，而是以为社会做出贡献为目标，所以对于学生的思想道德素养提高具有积极的促进作用，并且社会服务意识对于学生之间的互帮互助，以及今后工作学习的奉献精神养成都能够起到推动作用。通过劳动实践课程，学生能够深入感受到第一线基层生产的工作感受，在高校中，很多学生的父母也是一线劳动者、生产者，让学生参与劳动实践能够将其放到父母的生产环境，真切体会劳动的辛苦，深刻理解今日幸福来之不易。另一方面，在一线的劳动实践中，学生为了达到劳动效果，需要跟其他的学生通力合作，积极沟通，这对于提升学生的交流能力也具有积极的促进作用。因此，高校的劳动教育应该经常开展学生的社会公益劳动实践，而对于红色文化融入劳动教育来讲，这种公益活动可以选择在红色基地进行志愿服务，或者在红色遗址进行讲解宣传，一方面能够起到劳动教育的目的，对学生的劳动能力和劳动意识进行有效的培养锻炼，另一方面在劳动工作的过程中，学生也能更加深入地了解学习到我国伟大先辈在为了最广大人民的自由和幸福的道路上所做出的伟大贡献，从而更加深入地理解红色精神，并以红色精神规范自身的言行。

第八章 系统论指导下"五育"协同发展模型构建

在系统论视域下，高等教育系统包含多个子系统，将子系统按照各自所处的宏观、中观、微观三个维度进行划分。大学生思想政治教育协同发展是指思想政治教育子系统通过与高等教育其他子系统相互配合、沟通合作，促进各子系统的快变量、慢变量相互协同、融合互动，持续推进全员、全过程、全方位育人理论与实践的发展，各育人主体协同联动、形成育人合力，助力实现德智体美劳"五育"并举的育人目标，培养全面发展的社会主义建设者和接班人，不断提升大学生思想政治教育工作的质量和水平。

第一节 构建高等教育系统中不同维度层面子系统之间的关系模型

一、高等教育系统不同维度层面子系统的构成

高等教育系统包含多个分属不同层次、具有不同特性的子系统，按照维度层次，对高等教育系统中的子系统以宏观维度层面、中观维度层面、微观维度层面进行归类，根据各子系统的内涵和外延对其进行维度归类，有助于各子系统相互间关系的进一步明晰。处于宏观维度层面的子系统具有较为宽泛的外延，能够涵盖高等教育系统某一方向的领域内容，包括人才培养子系统、科学研究子系统、社会服务子系统、文化传承与创新子系统、国际交流与合作子系统；处于中观维度层面的子系统内涵较宏观维度层面的子系统更为具体,涵盖的是高等教育系统某一方面的工作内容,包括"德育"子系统、"智育"子系统、"体育"子系统、"美育"子系统、"劳育"子系统;处于微观维度层面的子系统自身具有的内容较为具体,所指代的工作更具针对性,外延范围较小,包括思想政治教育子系统、专业课教学子系统、课外实践实习子系统、校园文化建设子系统、创新创业教育子系统。如图 8-1 所示。

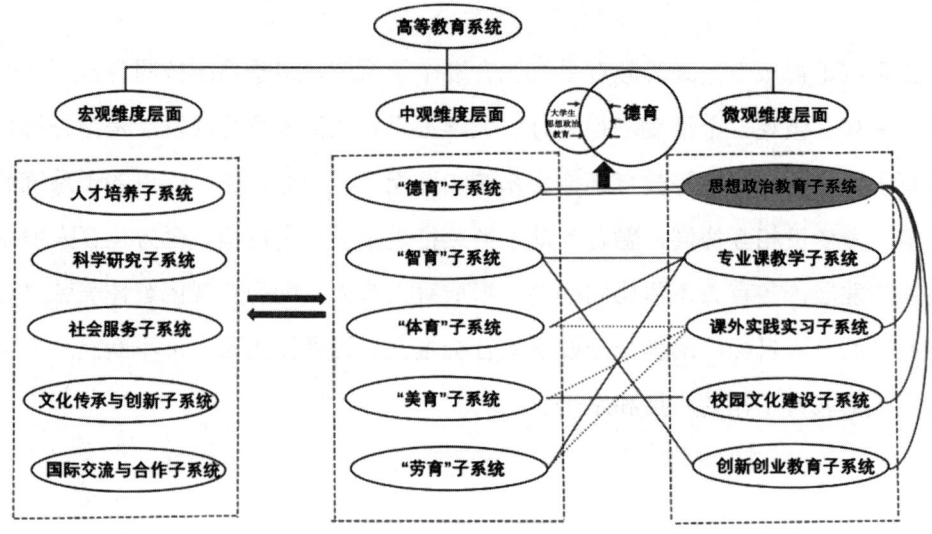

图 8-1　高等教育系统不同维度层面子系统构成

二、高等教育系统不同维度层面子系统相互间的关系

高等教育系统中处于不同维度层面的子系统间存在相互关联、相互交叠、相互影响的关系。从总体上看,宏观维度层面子系统对中观、微观维度层面的子系统具体指向性较弱,但其所指代的内容在大方向上指引着中观、微观维度层面各子系统的发展,与中观、微观维度层面各子系统间是相互促进、共同发展的关系。中观维度层面与微观维度层面各子系统互动较为频繁,在内涵、特性、作用等方面具有相同或相似的对应性的中观、微观维度层面子系统间具有交叠、强相关、次强相关、弱相关等关系。该文主要探讨中观维度层面子系统和微观维度层面子

系统之间的关系，"德育"子系统与思想政治教育子系统间是交叠关系，二者之间具有重合部分，且不重合部分也基本具有强相关的关系，二者间具有紧密的关联性，基本处于重合关系。"智育"子系统与专业课教学子系统、创新创业教育子系统间是强相关关系，实践中主要是通过专业课教学和创新创业教育达到"智育"的育人目标。"体育""劳育"子系统均与专业课教学子系统为强相关关系，与课外实践实习为次强相关关系，要通过专业课教学为学生教授体育和劳动技能，同时提高学生对体育和劳动的重视度；通过课外实践实习对体育教学和劳动教育成果予以进一步强化，以更好地达到"体育""劳育"的育人目标。"美育"子系统与校园文化建设子系统是强相关关系，与课外实践实习子系统是次强相关关系，主要是通过校园文化建设提升学生欣赏美、创造美的意识和能力，辅之以在课外实习实践中渗透美学教育内容。

三、大学生思想政治教育子系统与其他各子系统间的关系

大学生思想政治教育子系统与高等教育系统中观维度层面各子系统是间接关联的，需要通过与中观维度层面子系统具有对应相关性的同一维度层面子系统增强联系、相互作用，才能实现协同发展。其中较为特殊的是大学生思想政治教育子系统与"德育"子系统，大学生思想政治教育与"德育"在外延上具有较大的重叠面积，重叠部分内部二者相同，未重叠部分二者也具有强相关性。为实现大学生思想政治教育与"智育"的协同发展，大学生思想政治教育需要与同处于微观维度层面且和"智育"具有相关性的子系统增进沟通、加强关联，在高等教育系统的微观维度层面上，专业课教学和创新创业教育与"智育"具有强相关性，因此，大学生思想政治教育子系统要通过加强与专业课教学和创新创业教育子系统的联系，来实现与"智育"的协同发展。同理，大学生思想政治教育子系统通过与专业课教学、课外实践实习子系统的协同发展促进"体育""劳育"目标达成；通过与校园文化建设、课外实践实习子系统的协同发展促进"美育"目标达成。

第二节 构建"五育"并举的大学生思想政治教育协同发展的动态模型

一、大学生思想政治教育与高等教育系统微观维度层面其他子系统的相互作用

将思想政治教育内容融入专业课教学，增强专业课任课教师思政育人意识，发挥各门专业课特别是思想政治理论课在思想政治教育上的作用，注重教育教学双向互动，通过定期开展教育教学联席会、专业课教师担任班主任等，加强与专业课教师的经常性联络和互动。以思想政治教育要求指导课外实践实习，课外实践实习要将思想政治教育的要求落实到位，通过走访红色教育基地、访谈红色先锋人物、开展志愿服务等活动，在实践中提升学生的思想政治素质；通过将思想政治教育融入学生实习过程，在实习中引导学生认知真理、学习优秀品质，培养学生在干事创业中不惧风雨、勇往直前的品格。用思想政治教育精神引领校园文化建设，以思想政治教育滋养校园文化，通过红色革命历史剧编排和展演、文艺体育活动的组织开展、各类文化类主题活动的举办等，弘扬中华民族优良传统，做好学生的理想信念塑造和爱国主义教育。以思想政治教育方针指引创新创业教育，在开展大学生创新创业教育中，通过典型案例教学、组织专题研讨、开展专项培训等，将道德修身教育、公民行为规范、法律意识提升等内容融入其中，促进大学生的全面发展。

二、大学生思想政治教育与"五育"并举育人目标的动态关联

思想政治教育是高等教育系统微观维度层面上的子系统，"德育""智育""体育""美育""劳育"是高等教育系统中观维度层面的子系统，处于不同维度层面的子系统间在通常情况下只存在间接联系，需要借助与中观维度层面子系统具有

对应相关性的微观维度层面子系统的动态关联才能实现思想政治教育子系统与其的协同发展。其中较为特殊的是思想政治教育子系统与"德育"子系统间的相互动态关联，由于二者的内容在很大程度上是重叠的，重叠部分内容完全一致，不存在协同互动，只存在同步发展。思想政治教育子系统与"智育"子系统的动态关联主要是通过专业课教学子系统和创新创业教育子系统实现的；与"体育""劳育"子系统的动态关联主要是通过专业课教学子系统和课外实践实习子系统实现的；与"美育"子系统的动态关联主要是通过校园文化建设子系统和课外实践实习子系统实现的。

三、以"五育"并举为目标的大学生思想政治教育协同发展的动态模型

思想政治教育子系统与"德育"子系统间重叠部分具有一致性，在此不做赘述，对于非重叠部分，其相互间具有强相关性，助力二者的协同发展，需要促进快变量和慢变量的趋同或趋近。其中，快变量包括以理想信念教育、爱国主义教育为组成的主要内容，以教育与管理相结合、课堂教学与课外实践相结合为内容的教育方法，以谈心谈话、专项活动等为内容的教育载体；慢变量包括以树立正确的"三观"、具有良好的道德品质等为内容的教育目标，以立德树人、德育为先等为内容的教育宗旨，以全面发展、素质教育等为内容的教育理念。通过思想政治理论课教师、其他专业课教师、辅导员、班主任等育人主体以课上课下、线上线下为工作方式，以课堂教学知识讲授、个体咨询与团体辅导等工作形式对大学生进行教育引导，促进大学生思想政治教育协同发展，助力"德育"育人目标的实现。

思想政治教育子系统与"智育"子系统、"体育"子系统、"美育"子系统、"劳育"子系统间协同的方式相类似，因此一并做以阐述。快变量包括以营造良好风气、端正认知态度等为内容的教育内容，以社会实践、现场教学、网络教学为内容的教育方法与载体。慢变量包括以在思想上认识到重要性、培养全面发展的大学生等为内容的教育目标，以立德树人、全面发展等为内容的教育宗旨与理念。

通过专业课教师、辅导员、班主任等育人主体以课堂、网络、班会等工作载体，以课堂教学、学生日常事务管理、个体指导等工作途径对大学生进行教育引导，促进大学生思想政治教育协同发展，助力"智育""体育""美育""劳育"育人目标的实现。

第三节　生态系统理论视角下构建"三全五育融合"实践模型

借鉴生态系统理论的结构模型，构建针对学生的"五育融合"实践工作层级体系，如图8-2所示。该体系包括宏观层面的宏观政策支持体系，外部层面的和谐统一的社会教育环境治理模式，中层层面的"家、校、企、社"全方位协同育人模式，微观层面的新时代家庭、新型学校、现代化企业、智慧社区育人模式。

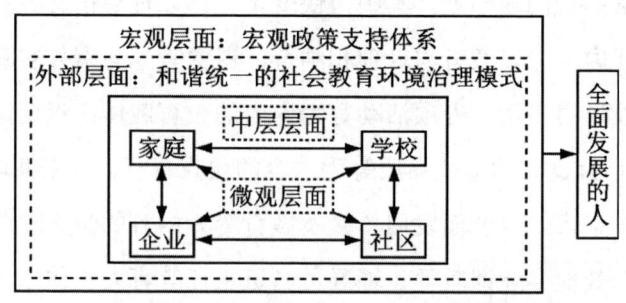

图8-2　"五育融合"实践工作层级体系

一、宏观系统层面的"五育融合"实践

宏观系统是微观系统、中层系统与外部系统所嵌套的文化与社会背景。从宏观层面看，国家政策、法律条例和其他相关教育制度是学生"五育融合"实践的重要保障。建立宏观政策支持体系，要将"五育融合"作为教育规划编制、教育政策制定、教育资源分配过程中的首要任务，为高校学生"五育融合"提供宏观的政策支持和保障。在教育规划中，要将"五育融合"发展列为首要目标。在教

育政策上，应设立专项倾斜政策，设置专项计划，引导学校、家庭、企业和社区共同践行"五育融合"。在教育资源分配过程中，要将"五育融合"作为各类评估的重要条件，确定"五育融合"实施的示范项目并重点给予资源分配。总体而言，宏观政策支持体系要协同国家、社会、学校、企业和家庭形成教育生态合力，聚焦共生型和多元化的教育生态重建，打造融合教育的中国样板。

二、外部系统层面的"五育融合"实践

外部系统是指那些个体并未直接参与但却对个体身心发展产生影响的系统。从外部层面看，价值观念、舆论导向、文化氛围是高校学生"五育融合"实践中重要的间接影响因素。以社会环境为塑造主体，构建和谐统一的社会教育环境治理模式，从价值观培育、舆论引导、文化规范等方面进行全方位的社会教育环境塑造，为高校学生"五育融合"实践提供外部系统支持。要从教育治理层面上整体设计"五育融合"实践体系，为我国新时代教育治理提供借鉴。要发挥习近平新时代中国特色社会主义思想的引领作用，占领意识形态高地，把握正确舆论导向，抵御以历史虚无主义为代表的西方错误思潮对学生的影响，肃清社会风气，形成良好的社会文化氛围。

三、中层系统层面的"五育融合"实践

中层系统是指各微观系统之间的联系或相互关系。布朗芬布伦纳（Bronfenbrenner）认为，如果微观系统之间有较强的积极联系，发展可能实现最优化。从中层层面看，各微观系统因素的交互协同是高校学生"五育融合"的关键手段，构建"家、校、企、社"全方位协同育人模式可以实现各微观系统的交互协同。首先，思想统一。学校、家庭、企业和社区四个主体要统一思想，明确"培养什么样的人、如何培养人"这一关键问题，摒弃智育为大而忽略劳动教育和美育的观点。因为如果育人的思想观念有分歧，缺少统一的观念引领，育人效果就会大打折扣。其次，行为统一。有了统一的观念引领，就要推进多元主体协同育人。要办好家庭

学校，建立家委会，促进产教融合，发展继续教育，形成你中有我、我中有你的"五育融合"大育人格局。最后，共建共享。要发挥各方的专业优势，学校向家庭提供先进的育人理念，提升家庭的育人水平；企业与学校共建实训实验中心，面向社会开放实践场地，为高校学生提供训练实践的场所和机会；社区与学校共建继续教育的智慧社区，让毕业后的高校学生在工作之余可以继续上"社区大学"，实现终身教育。同时，社区应发挥组织作用，促进家庭之间的沟通交流，发挥一定的校外课堂作用。通过构建家庭、学校、企业、社区共同参与的多元协同育人体系，打通家庭、学校、企业和社区的功能边界，利用全方位协同育人模式，形成"五育融合"实践的新路径。

四、微观系统层面的"五育融合"实践

微观系统是指个体活动和交往的直接环境，这个环境是不断变化和发展的，是环境系统的最里层。从微观层面看，家庭、学校、企业和社区是高职学生"五育融合"的关键因素。第一，构建新时代家庭"五育融合"育人模式，帮助家庭树立正确的"五育融合"教育理念，提升家庭教育专业化水平，让"五育融合"进家庭、进生活、进头脑。父母是孩子的第一任老师，无论个体将来如何发展，都深深地刻有原生家庭的烙印。在家庭中，要树立优良的家风，培养孩子良好的道德品质；要加强劳动教育，让孩子参与到家务劳动之中，使其承担家庭成员应当承担的劳动任务；要培养孩子的兴趣爱好，做好美育引导，帮助孩子树立正确的"三观"。第二，构建新型学校"五育融合"育人模式，构建适应"五育融合"的制度体系、课程体系、教学体系、班级建设体系和校园文化体系，让"五育融合"进学校、进学科、进教学。以"新三教"改革为契机，要将"五育融合"的内容融入教师思想、教材内容和教法改革，形成闭环的育人模式。第三，构建现代化企业"五育融合"育人模式，发挥现代学徒制的制度优势，提升企业文化育人的科学化水平，让"五育融合"进行业、进企业。现代化的企业要平衡用人和育人的问题，做好用人、培养人和发展人的人力资源可持续发展工作。第四，构

第八章 系统论指导下"五育"协同发展模型构建

建智慧社区"五育融合"育人模式。大数据、物联网和人工智能已经进入城市社区，为智慧社区的实现提供了基础。要利用社区多渠道资源优势，提高智慧精准服务水平，让"五育融合"进社区、进网络、进服务，从而将智慧社区建设成为促进个人德智体美劳全面发展的继续教育阵地。

第九章　贵州红色资源融合高校思政教育培养路径

红色文化资源是中国共产党领导全国人民在革命、建设和改革开放时期为实现民族独立和国家富强过程中凝聚的、以马克思主义为指导和中华民族优秀传统文化为基础的具有中国特色的重要精神和文化资源。党的十八大以来，习近平总书记强调要把红色资源利用好、把红色传统发挥好、把红色基因传承好。2019年3月习近平总书记在学校思想政治理论课教师座谈会上强调要用习近平新时代中国特色社会主义思想铸魂育人，贯彻党的教育方针，落实立德树人根本任务。有理想、有担当、有责任的当代大学生，历来是党和国家进行思想政治教育的重点对象，将红色文化资源融入高校思想政治教育，让红色文化教育进课堂、进教材、进头脑是坚定文化自信、标识中国特色、增强大学生文化认同和国家认同的有效途径。因此，以红色文化资源与高校思想政治教育融合为切入点，探究红色文化资源融入高校思想政治教育的路径研究，正是回应了立德树人、培育担当民族复兴大任的时代新人这一育人新要求，回应了习近平总书记所提倡的大力弘扬红色文化、传承红色基因这一新时代要求。

贵州省有拥有丰富的红色文化资源，目前重要的革命遗址有2000多处。红军在贵州的足迹，遍及全省68个县（市）。作为红军长征转战时间最长、发生重大事件最多、留给后人革命精神最丰富的省份之一，贵州省这些红色文化资源的基因库，存放着无比深厚的红色宝藏，是贵州省各大高校师生的重要课外"教科书"。新时代，高校思想政治教育需要融入新元素、新内涵，对红色文化资源的开发和利用亦需要注入新的生机和活力。因此，将红色文化资源融入高校思想政治教育，实现二者的有机融合，极为必要。

本章从高校思想政治教育这一学科整体角度把握红色文化资源与它的内在关系，以红色文化资源与高校思想政治教育融合为切入点，以文献研究法、系统研究法和问卷调查法为研究方法，探析了目前贵州红色文化资源融入高校思想政治教育的应用现状。一方面，高校对红色文化资源的重视程度不断加深，大学生对红色文化资源的认同感不断提升。另一方面，红色文化资源在融入高校思想政治教育的过程中，还存在融入方式单一、融入内容薄弱、融入效果不佳等问题。因此，如何更好地提升红色文化资源融入高校思想政治教育的育人价值、增强高校思想政治教育实效性，是当前高校思想政治教育工作需要探索的重要问题。要从发挥高校思想政治理论课的主渠道作用、拓宽红色文化资源融入大学校园文化建设的育人方式、优化红色文化资源融入高校思想政治教育的网络环境、完善红色文化资源融入高校思想政治教育的条件保障等实现路径，进一步提升红色文化资源融入高校思想政治教育的应用效果。本章选取贵州省具有代表性的高校进行调研，对目前红色文化资源融入高校思想政治教育的现状进行分析，最后根据贵州省的实际情况，探讨提出建立贵州红色文化资源与高校思政教育的融合路径。

第一节　红色文化资源融合高校思政教育价值和意义

文化是凝结在具体事物之中而又游离于具体事物之外的人类社会现象。红色文化总是同其载体凝结在一起，这种凝结体通常被称为红色资源或红色文化资源。红色文化资源是优质的教育资源，具有资政育人的功效。高校思想政治教育要利用红色文化资源的优势，充分发挥其教育价值，将红色文化资源作为思政教育的重要载体，与高校思想政治理论课相融合，将其充分融入课堂教学与课外实践活动中，延展红色文化资源的内涵，最大限度地发挥其教育价值。

一、红色文化资源的含义与价值

要将红色文化资源更好地融入高校思想政治理论课,实现课程育人,首要前提就是深入探析红色文化资源的含义,这样才能更好地发挥红色文化资源的教育价值。

(一)红色文化资源的含义

"资源"一词在《辞海》中解释为"天然的财源"。所谓资源指的是可以被我们开发利用的物质、能量和信息的总称,可以创造出物质财富和精神财富的客观物质形态。而红色文化资源从思想政治教育的角度出发,又赋予了"资源"一词新的含义,陈华洲认为"资源"是指在思想政治教育活动中,能够被教育者开发利用、最终实现教育目的的各种要素的总和。由此可见,红色文化资源是象征着革命理想和信念、能够被我们开发利用的资源最终形成的一切物质和精神财富的总和。[①]

关于红色文化资源的含义,学者们各抒己见。红色文化资源的概念最开始是由谭冬发和吴小斌提出的,他们认为狭义的红色文化资源是指在第二次国内革命战争、抗日战争和解放战争期间各族人民在中国共产党的领导下经过顽强拼搏和努力奋斗最终形成的历史遗存和精神瑰宝。[②]他们对于红色文化资源概念的阐释主要是从广义和狭义两个角度出发,这种界定方法比较典型,也比较能被大众认可接受。但综合大部分学者对红色文化资源含义的阐释,可以发现这些概念之间既有共识也有分歧。相似之处在于学者们大多认为红色文化资源是物质载体和革命精神的总和,而意见的分歧则是从三个不同的角度来理解红色文化资源的含义。

一是从红色文化资源的创造主体这个角度出发。有的学者认为红色文化资源的创造主体为古今中外的所有先进人物和先进群体,这样的概括显然过于狭隘了。红色文化资源之所以被打上了无产阶级的烙印,就是因为它起源于中国革命,是革命和建设的产物,它的主体应该是全国各族人民,他们都是历史的创造者和享

---

① 陈华洲. 思想政治教育资源论 [M]. 北京:中国社会科学出版社,2007:32.
② 谭冬发,吴小斌. "红色资源"与扶贫开发 [J]. 老区建设,2002(7).

受者，而不是仅仅包括革命和建设中的先进分子。

二是从红色文化资源的时间跨度这个角度出发。有的学者认为红色文化资源的时间起点为全世界共产主义运动兴起之时；部分学者坚持将新民主主义革命时期，包括井冈山斗争时期、长征时期、抗日战争时期和解放战争时期作为红色文化资源的时间界限；还有的学者认为除了新民主主义革命时期还应该包括社会主义革命建设与改革开放时期。关于时间跨度的界定，既然红色文化资源的主体是中国共产党及其领导下的广大人民群众，那么时间起点应为中国共产党成立之时。因此，我们认为红色文化资源的时间跨度应该是包括中国革命、建设和改革的各个时期。

三是从红色文化资源的功能价值这个角度出发。作为精神和物质载体的总和，红色文化资源具有多样的价值功能：经济价值、政治价值、文化价值、生态价值等。随着思想政治教育工作的紧密展开，红色文化资源作为一种优质的教育资源，其教育价值逐渐得到了学者们的关注，越来越多的人开始深入挖掘红色文化资源中蕴含的教育价值，并展开了相关的调查研究工作。

综合前人的理论成果，在调查研究的基础上，红色文化资源的含义可以概括为自中国共产党成立以来，在革命战争、社会主义建设和改革开放这些时期中，中国共产党及其领导下的全国各族人民共同创造的历史遗存和革命精神，是革命价值的体现。而贵州的红色文化资源主要包括以红军长征为主的红军文化资源、以中共贵州省工委为主的地下斗争文化资源和以党组织领导的抗日救亡为主的抗战文化资源。

红色文化资源的类型具有多样性，存在的形态主要不是文字符号。红色文化资源通常可以划分为物质类、信息类、精神类三大类型。红色文化资源还可以具体划分为红色旧址、红色器物、红色文献、红色人物、红色事件、红色文艺、红色建筑、红色精神、红色研究、红色创作十大类型。

（二）红色文化资源的价值

作为优质的教育资源，红色文化资源在高校思想政治理论课教学中具有重要意义。它以不同的形式为我们展现了一幅革命斗争和社会建设时期雄伟浩大的历史画卷，彰显了可歌可泣的革命精神与民族热情，这都可以作为思想政治理论课教学的宝贵素材。红色文化资源之所以在今天仍旧发挥着资政育人的关键作用，最根本的原因是它具有重要的价值功效。

1. 政治引领价值

红色文化资源作为一种政治资源，有助于引导人们进一步增强对政党和政府的政治认同，并对保持党的先进性和纯洁性具有促进作用。红色文化资源中所倡导的崇高道德情操和精神境界，就像一面旗帜，为我们党和国家航行的巨轮定向、掌舵，指引我们朝着正确的方向破浪前行。

贵州丰富多样的红色文化资源，一定要进行科学的研究和详细的梳理。只有深入挖掘红色文化资源中所蕴含的精神内涵，才能让红色文化资源真正发挥政治引领的作用。贵州的红色文化资源中最著名的就是遵义会议会址。众所周知，遵义会议是中共中央政治局在红军第五次反"围剿"失败和长征初期严重受挫的情况下召开的一次重要的扩大会议。这次会议不仅挽救了党、挽救了红军，也挽救了中国革命。四渡赤水，是遵义会议之后毛泽东指挥中央红军三个月时间六次穿越三条河流，转战川贵滇三省，在运动中以少胜多的光辉战例。这些长征史上光彩神奇的篇章，以及党所展现的远见卓识和非凡魄力，引领我们在革命和建设事业中不断从胜利走向胜利。

2. 经济驱动价值

作为文化建设的载体，红色文化资源对拉动经济的发展起到了举足轻重的作用。红色文化资源是一种战略性的资源，它能够通过产业化和资本化带来巨大的经济效益；另外，由于红色文化资源是特定时代的产物，难以复制，具有稀缺性和不可再生性，因此，红色文化资源实现资本化转变和产业化经营，合理开发红色文化资源的经济价值不仅有利于解决就业问题，促进产业结构的转型升级，创新经济发展模式，还能创造出巨大的经济效益。

贵州全省各地都拥有丰富的红色文化资源，尤其是资源相对比较集中的遵义、毕节、黔东南和贵阳等地。除了对红色文化资源加以保护，更要抓住机遇合理开发利用，充分发挥各地红色文化资源的经济驱动价值，不断推动经济结构调整，优化地区产业结构，打造红色旅游品牌，培育特色产业，将红色文化资源与旅游产业有机结合，与文化产业深度融合，把历史、文化和资源优势真正转化为经济优势，并带动相关产业和行业的发展，进一步扩大就业，增加农民收入，推进乡村振兴战略，为贵州革命老区的经济社会发展注入新的生机和活力，真正实现经济效益和社会效益的统一。

3. 文化传承价值

红色文化资源承载着丰富的历史和文化内涵，有着深厚的文化传承价值。各地的红色文化资源动员大众广泛参与中国革命、建设和改革，引领各个时期的社会文化思潮，对塑造和坚定精英分子和人民大众的理想信念起到了重要作用。

在贵州众多的红色文化精神资源中，以长征精神最为显著。1933年，以王明为代表的"左"倾教条主义逐渐在党中央居于主导地位，由于错误的作战方针，红军第五次"反围剿"失败，被迫进行长征。长征途中，我们的革命战士怀揣着共产主义理想，不怕吃苦，团结一心，同敌人和恶劣的自然环境进行了艰苦的斗争，三大主力于1936年10月在甘肃会宁胜利会师，表现出大无畏的革命乐观主义精神和高尚的道德品质，长征精神由此产生。长征精神，就是把全国人民和中华民族的根本利益看得高于一切，坚定革命的理想和信念，坚信正义事业必然胜利的精神；就是为了救国救民，不怕任何艰难险阻，不惜付出一切牺牲的精神；就是坚持独立自主、实事求是，一切从实际出发的精神；就是顾全大局、严守纪律、紧密团结的精神；就是紧紧依靠人民群众，同人民群众生死相依、患难与共、艰苦奋斗的精神。中央红军长征一共历时一年零九天，在贵州转战的时间就长达五个月零八天。因此，贵州的红色文化资源不但承载了中华儿女以爱国主义为核心的民族精神，更承载了以改革创新为核心的时代精神。新时代深入探索和弘扬以长征精神为代表的红色文化资源的文化传承价值，可以帮助我们充分汲取中华优秀传统文化的精髓，更加坚定我们为中华民族伟大复兴努力奋斗的理想信念。

4. 历史佐证价值

红色文化资源除了物质的红色文化资源，还包括信息的红色文化资源以及精神的红色文化资源。物质的红色文化资源，如革命旧址、遗迹、文物等；信息的红色文化资源，如文献、诗词、歌曲等；精神的红色文化资源，如长征精神、延安精神等。历史价值作为红色文化资源的重要价值之一，一处战争遗址、一部红色电影或者一首红歌，都是对过往革命和建设峥嵘岁月的记忆，更是中华民族万众一心、自强不息精神的历史印证。

贵州的红色文化资源，是中国共产党带领中国人民在贵州大地上进行的斗争和革命中所积累的文化资源。红军在贵州的足迹，遍及全省68个县市区，其中重要的革命遗址有2067处，红军长征文化遗址共900多处。但由于贵州红色文化资源比较分散，这就需要考察之后进行科学的梳理和分类：贵州重要的会议会址有遵义会议会址、黎平会议会址等；战斗遗址主要有娄山关战斗遗址、四渡赤水战斗遗址等；名人故居包括邓恩铭故居、王若飞故居等；纪念馆主要包括四渡赤水纪念馆、息烽集中营革命历史纪念馆等；革命烈士陵园主要包括红花岗区红军烈士陵园、赤水红军烈士陵园等；重要的办公地旧址有红军总政治部旧址、中共贵州省工委旧址等。这些红色遗址遗迹全方位、多角度地展示了贵州在战争、革命和建设改革历程中发生的重大历史事件、产生的英烈英模人物、取得的巨大成就、留下的革命精神遗产等丰富内容，具有永恒的历史价值。

5. 多维育人价值

在新时代，红色文化资源中所包含的爱国情感、理想信念以及革命精神都是今天社会主义核心价值观教育的重要内容，直接影响着人们的思想观念，具有丰富的多维育人价值。

运用红色文化资源激发大众弘扬崇高的爱国情怀。贵州的红色文化资源是在极其恶劣残酷的环境下沉淀下来的，是贵州人民历经艰难险阻保存下来的历史卷册。正是因为这些将帅伟人、英雄人物的赤胆忠心，才会有我们中华民族今天的成就。我们的民族自豪感因此提升，我们的爱国热情因此增强。

运用红色文化资源引导大众树立正确的理想信念。贵州的红色文化资源所蕴含的内容十分丰富,通过一个个鲜活的案例让大众感受革命先烈为国献身的决心,有助于培育人们尤其是青年人正确的理想信念,抵御历史虚无主义等错误思潮的渗透,树立正确的世界观、人生观和价值观。

运用红色文化资源教育大众继续传承中华民族的优良传统。艰苦奋斗、无私奉献等中华民族的优良传统在新的时代有所淡化,通过对贵州红色文化资源的挖掘和梳理,让大众对我们国家的历史有更深刻的认识,用真实的历史素材激发人们心灵和情感上的共鸣,从而为广大人民群众补精神之"钙"。

红色文化资源是我们的天然教材。面对多元文化的影响,通过参观贵州的革命遗址、历史纪念馆,观看红色文化影视作品,参与革命老区志愿服务等红色文化教育活动,人们可以更真切地了解历史,学习榜样精神,培养爱国主义情感,约束规范不良行为。

二、红色文化资源融入高校思政教育的重要性

红色文化资源是在继承传统文化的基础上,汇集了党和人民的智慧才干,集结了全体人民坚定的理想信念和高尚的道德情操,最终凝聚而成的物质和精神的财富。红色文化资源是展现中国革命建设的生动历史教材,拥有蓬勃旺盛的生命力,即使在今天,红色文化资源仍旧具有资政育人的作用,是优质的教育资源,对高校思政课程育人起着重要作用。习近平总书记在全国高校思想政治工作会议上指出要发挥好课堂教学这个主渠道,守好一段渠、种好责任田。与此同时,教育部印发的《高校思想政治工作质量提升工程实施纲要》中详细规划了课程、科研、实践、文化等"十大育人"体系,强调要聚焦高校思想政治教育工作中的短板弱项,着力构建一体化育人体系。实现全方位育人首先就要推进课程育人,核心就是要把握好课堂这个主渠道。正是因为红色文化资源具有重要的教育价值,将其融入高校思想政治理论课就显得尤为重要。

（一）红色文化资源凸显思政课程的思想引领作用

红色文化资源是在党的领导下，由全体人民共同创造的具有鲜明的民族性和深刻的革命性的优质教育资源。红色文化资源是在革命斗争和社会建设过程中形成的，体现了崇高的价值追求，彰显了强大的思想指引和精神感召作用。它从诞生之初起就被打上了无产阶级的烙印，是马克思主义中国化的丰硕成果，因此，它坚持以马克思主义为主流价值，同时也具有明显的社会主义价值取向。因此，充分发挥红色文化资源在思政课程育人中的思想指引和价值导向功能显得尤为重要。

1. 红色文化资源有利于大学生坚定共产主义理想信念。

理想信念不仅是支撑人们生存和发展的精神支柱，还是推动人们不断向前进步的精神动力，就如同黑夜里的一盏明灯，指引着人们努力向前。红色文化资源承载着党和人民艰苦卓绝的奋斗史，蕴含着全体人民顽强拼搏的理想信念，这些崇高的精神品质与理想信念在任何时候都具有强大的号召力与感染力。红色文化资源所发挥的思想引领作用已经开始融入大学生的日常生活学习，并逐渐被他们所接受，最终内化为实际行动的价值指南。因此，用红色文化资源这种蕴含着共产党人崇高理想信念的教育资源来对大学生进行教育，有利于加强马克思主义在意识形态领域的领导地位，帮助大学生树立共产主义伟大理想。即使面对多种诱惑，在价值观念受到冲击的情况下，还能够保持最初的那份理想信念，能够凝聚人心，引导大学生树立正确的价值观，增强他们的向心力与凝聚力。

2. 红色文化资源有利于培养大学生的爱国情怀。

爱国主义包含着人们对于自己国家的深厚情感和奉献精神，是动员鼓舞各族人民团结奋斗的精神支柱，是实现国家繁荣富强的动力源泉。红色文化资源形成于艰难困苦的革命环境中，包含着无数革命人士满腔的爱国热情，他们倾尽了毕生的心血，致力于实现民族独立和国家富强，这份对于祖国、对于人民的浓烈情感是内心深处最深沉的爱恋，是我们每一个中国人最宝贵的财富。充分发挥红色文化资源的教育价值功能，激发大学生爱党爱国的热情，充分发挥博物馆和纪念馆的作用,增强大学生热爱祖国的热情,充分发挥革命遗址遗迹的作用,帮助学生铭记历史,继续向前。红色文化资源中蕴含着共产党人对祖国、对人民浓烈的爱国情怀和愿意为祖国安定、人民幸福无私付出的爱国热情。高校思政课最重要的就是培养当代大学生的爱国情感,将红色文化资源融入高校思政课程,充分利用红色文化资源进行爱国主义教育,陶冶情感,升华心灵,让大学生切身体会爱国主义的价值,亲身感受爱国情感的真实表达,从而真正实现红色文化资源在培养大学生爱国情怀、塑造爱国精神中的独特作用。

3. 红色文化资源有利于帮助大学生树立正确的价值观。

核心价值观是得到全社会共同认可的,对民族团结、国家繁荣具有深远持久的重要力量。红色文化资源是马克思主义理论在中国的传播发展过程中形成的,具有强烈的意识形态性,不管是精神化的红色文化资源还是物质化的红色文化资源都对大学生正确价值观的形成与确立具有重要的教育意义。充分开发利用红色文化资源的教育价值,通过举办一些丰富多彩的红色文化教育活动,让参与其中的学生潜移默化地被其中蕴含的可贵精神品质所影响,情绪上受到感染,心灵上受到震撼,也就更容易接受正确价值观的洗礼。思想是行动的指南,只有先从内心做出了正确的价值判断,才能更进一步深入了解,最终将其外化为自己的实际行动。

(二)红色文化资源明确思政课程的政治标识作用

1. 红色文化资源有利于塑造大学生的政治心理,强化其政治观念。

红色文化资源作为党领导人民进行革命、建设过程中鲜活的历史记忆,体现了中国共产党在过去的革命征途中所具有的强大生命力,彰显了各族人民对中国共产党及其执政地位的强烈认同感。通过将红色文化资源融入高校思想政治教育,有利于大学生更加深入地了解中国共产党的价值立场、理论主张和执政能力,积极拥护党的领导。

2. 红色文化资源蕴含着群众观点、民主观念和以人为本的思想。

将红色文化资源中的这些积极思想融入高校思想政治理论课,有利于培育大学生的民主观念，提升他们的政治素养，提高他们参与政治生活的能力，增强他们的政治责任感，进而提高国民政治素质，推动我国民主政治的建设。

3. 红色文化资源有利于促进民族团结。

红色文化资源的创造主体是全国各族人民，它是由全体人民共同创建的，这是团结的力量，也是各族人民共同奋斗的结果。充分开发和利用红色文化资源，可以开设相关的课程，让少数民族地区的学生了解到五十六个民族同为一家人的历史渊源和见证，尊重不同民族的宗教信仰和文化传统，互帮互助，加深彼此间的交流和合作。同时帮助他们树立正确的民族观，认识到国家团结统一自古以来就是各族人民共同的心声和为之不懈奋斗的目标。

（三）红色文化资源优化思政课程的道德示范作用

1. 红色文化资源中蕴含的德育内容对提升思想道德品质具有示范激励作用。

思想政治教育方法中有一种是"示范教育法"，它是通过典型的人、事物及内在精神来进行示范，引导人们深入探究，从中取长补短，达到提高认识、升华精神、调试行为的目的。充分开发利用红色文化资源，将其融入高校思想政治理论课，发挥思政课程的道德示范作用，先进的榜样人物和优秀的事迹比单一的理论知识和传统灌输说教式的教学方法更加具有说服力和感染力。

2. 红色文化资源中蕴含的道德品质是思政教学的历史素材和理论支撑。

红色文化资源中蕴含的艰苦奋斗、无私奉献、诚实守信的精神品质，都可以作为当代大学生思想政治教育和思想政治理论课的重要历史素材。习近平总书记的《念奴娇·追思焦裕禄》，真切表达了对焦裕禄精神的深切赞颂。焦裕禄同志"心中装着全体人民，唯独没有他自己"的公仆情怀，正是红色文化资源中所蕴含的可贵精神品质。虽然时代在不断前进，但这种精神却永远也不会过时，它永远是鼓舞我们每一个人默默付出、无私奉献的强大思想动力。当代大学生更应该以身作则，从身边的小事做起，成为一名担当民族复兴大任的时代新人。

第二节 贵州红色文化资源融合高校思政教育的现状调查及存在问题

将贵州红色文化资源融入高校思想政治教育,有利于增强思想政治教育的实效性,提高大学生学习的积极性与主动性。贵州省高校在红色文化资源与思政教育相融合的过程中,取得了一定的成效,但仍存在诸多问题。

一、贵州红色文化资源融入高校思政教育的现状调查

为了更深入地了解红色文化资源融入高校思想政治教育的现状,探究高校利用红色文化资源实现思政教育过程中存在的不足,分析产生这些问题的原因,提出相应的解决措施,增强思政课程育人的实效性,对贵州红色文化资源与高校思政教育融合的现状进行了较深入的调查研究。

(一)调查问卷的设计与基本情况

调查问卷的内容由两部分组成:一是关于调查对象的基本信息,即受调查对象的性别、年龄、所在学校、就读专业、政治面貌等。二是调查大学生对红色文化资源的基本认知,以及调查大学生对红色文化资源融入思政教育育人效果的评价和建议。重点是对红色文化资源融入高校思政教育的现状和存在的问题进行调查分析,这样才能更全面、更客观地了解红色文化资源教育在思政教育育人中的实效性。

(二)问卷调查的基本情况

本次调研主要采取问卷法收集资料,调查采取不记名方式,分别在线上和线下进行,即当场填写问卷回收,网上转发填写问卷。取样范围主要集中在贵州几所高校——贵州大学、遵义师范学院、凯里学院、安顺学院、黔南民族师范学院,对这些高校的在校本科生随机进行抽样调查。共发放问卷 1000 份,回收有效问卷

929 份，有效回收率为 88.2%。本次问卷的调研对象中女生达到 58.65%，男生所占比例为 41.35%。

（三）个别访谈的基本情况

为了提高调查结果的真实可靠性，更好地收集大学生的看法和建议，在贵州师范大学、铜仁学院、兴义民族师范学院、六盘水师范学院部分高校对大学生进行了实地访谈。访谈对象为 40 名学生，其中男生 20 人，女生 20 人。受访对象所在年级和人数分别为大一 16 人，大二 12 人，大三 8 人，大四 4 人。本次的调查对象具有广泛性和代表性，体现了不同年级、不同专业的学生情况。采取问卷调查和采访访谈相结合的实践调查方式，保障了调查结果的有效性和真实性。

二、调查问卷的结果分析

针对这些调查数据，主要以学生、教师、思想政治教育课程这三个主体作为调查维度进行分析。问卷的内容主要由三个部分组成：一是学生对红色文化资源的认知和了解程度；二是红色文化资源融入思想政治理论课的现状，主要从第一课堂、第二课堂两个部分来分析；三是教师在课堂教学中运用红色文化资源的实际情况。

（一）高校学生对红色文化资源的了解程度调查

关于大学生对红色文化资源认识程度的调查题"你了解红色文化资源吗"，在"非常熟悉""比较熟悉""知道一点""不了解"四个选项上，占比分别是 6.72%、34.48%、48.94%和 9.86%。近半数的学生对红色文化资源略微了解，三分之一的学生对红色文化资源的相关内容有一个大致片面的了解，但真正熟知红色文化资源内涵的学生少之又少，大部分高校学生对红色文化资源的了解还是比较欠缺。

在"你了解革命英雄事迹、革命精神和革命遗址吗"问题中，与革命史、革命精神这些较为抽象化的内容有关的问题上，仅有 3.17%的学生毫无了解，相比之前对红色文化资源的认识程度明显要高一些。革命英雄事迹、革命精神和革命遗址本身都属于红色文化资源的内容，之所以大学生对这种具体化的红色文化资源的表现形式认识程度更高一些，根本原因还是大学生对于红色文化资源的理解过于片面，掌握得不够深入，认为红色文化资源仅仅指革命遗址或者历史纪念馆等，不能真正理解其内涵，很难感悟到其中蕴含的内在精髓。

在调研中还发现学生对红色文化资源的关注度与参与度，很大程度上是为了完成学习任务。在关于被动接受与主动学习红色文化资源相关内容的问题上，只是为了完成学习任务而选择被动接受的学生占55.19%，由于自身的兴趣爱好而主动选择学习红色文化资源的学生仅有23.56%，这些情况都反映了学生对红色文化资源的认可度有待提高，正是由于不了解，没有对红色文化资源有一个全面的认识，因此缺乏主动学习的热情和动力。要想让红色文化资源更好地融入思政教育，关键要提高学生学习红色文化资源的兴趣，提高他们的认可度，加深他们对红色文化资源的了解。

（二）红色文化资源在思政教育中的重要性调查

通过调查分析看出虽然学生对红色文化资源的了解仍比较片面，但大多数学生已经认识到红色文化资源的重要性，并充分肯定了红色文化资源融入高校思政课程育人的重要意义。被问到是否参观过红色旅游景点这个问题时，19.05%的大学生表示参观过不少的红色旅游景点，74.59%的学生表示有过一些参观体验经历，而只有6.34%的学生表示从没有去过红色旅游景点。从这组数据中看出，越来越多的学生已经充分认识到红色文化资源的重要性。作为优质的教育资源，红色文化资源存在于我们生活中的方方面面，参观红色旅游景点，也是开展红色文化资源教育的重要途径。68.75%的学生认为红色文化资源对学生树立坚定的理想信念具有重要意义，57.05%的学生认为红色文化资源中蕴藏的革命英雄事迹和优秀道德品质，对于培养学生高尚的道德情操具有榜样示范作用。在红色文化资源融入高校思政教育必要性的问题讨论中，有91.65%的学生认为这样做是有必要的，仅有4.75%的学生认为此举是没有必要的，剩下的3.6%的学生表示不太清楚。由此可见，绝大多数的学生不但意识到了红色文化资源的重要性，而且认为将红色文化资源融入思政课程中也是必要的。只有把红色文化资源教育真正落在实处，将其融入高校思想政治理论课中,才能增强教学效果,实现课程育人。

(三)红色文化资源与第一课堂相结合的实际情况

要想将红色文化资源更好地与思想政治理论课相融合,促进课程育人的实现,就要贯彻落实"三进"思想,先让红色文化资源的内容融入教材的编写中,再将红色文化资源引入课堂教学,最后使红色文化资源进入学生头脑,内化为他们自身的知识素养。要想实现红色文化资源与第一课堂的完美结合,首要前提就是将红色文化资源融入思想政治理论课的相关教材中。在关于思政课的教材中是否体现红色文化资源教育内容的问题讨论中,65.5%的学生提出教材中涉及了部分红色文化资源的相关内容,而只有33.75%的学生认为所学教材中涉及了很多红色文化资源的相关内容,这个比例明显就低了很多。由此可以看出,思想政治理论课的教材编写中肯定有体现红色文化资源教育的相关内容,但是所占篇幅可能不多,所包含的内容不够完善,所体现的重点也不突出。因此,要推动红色文化资源教育更好地"进教材",完善教材中红色文化资源的相关教育内容。

红色文化资源融入思政教育最关键的就是牢牢把握课堂这个中心环节,守住课堂教学这个主渠道。现阶段,科学的思想政治理论课教学不仅包括第一课堂这个主要途径,还开辟了以实践教学为主的第二课堂。在问题"你所在学校开设的五门公共必修课中有没有专门进行红色文化资源教育"的回答中,有50.66%的学生认为在公共课的教学过程中蕴含了红色文化资源教育的内容,有25.38%的学生认为红色文化资源教育经常出现在公共课的教学环节中。可以看出思想政治公共必修课的课堂教学中几乎都涉及了红色文化资源的相关内容。

关于所在学校是否开设与红色文化资源相关的特色课程的问题探讨中,仅有25.5%的学生表示所在学校有运用红色文化资源开设的思想政治教育特色课程,比如与红色文化资源相关的公共选修课;有29.32%的学生所在学校正着手准备开设相关课程;33.05%的学生所在学校并没有与此内容相关的特色课程;12.13%的学生对此类课程并不了解。可见红色文化资源融入思想政治公共选修课的情况不如公共必修课在此方面开展得好。贵州高校在推动课程育人的过程中,不仅要重视红色文化资源与公共必修课的结合,也要推进其融入公共选修课,重视红色文化资源与各类课程的开发整合。

(四)红色文化资源与第二课堂相结合的情况调查

第一课堂重点强调课堂教学,而第二课堂主要是指校内和校外的实践活动。在学校组织开展与红色文化资源相关的课外实践活动的频率这一个问题上,调查显示共有258人所在的学校偶尔开展此类活动,这一现象说明高校开展红色文化资源教育的社会实践活动频率不高,今后应该多举办此类课外活动,更好地将红色文化资源与第二课堂紧密相连。那么,学校又是通过哪些途径来开展课外实践活动呢?选择"征文比赛、知识竞赛"的人最多,为319人;其次是"军训活动",有287人选择此项;其余选择"校园文娱活动""观看红色电影""参加红色文化主题讲座""组织实地参观"的人数都差不多;选择"红色社团"的人数最少。由此可见,将红色文化资源融入高校思政教育的效果不强,尤其是与第二课堂相结合的力度还不够,需要改进强化的地方还很多。目前无论从广度还是从深度上分析,红色文化资源的教育作用都尚未得到有效发挥,即使学生对此感兴趣,也缺乏有效的渠道和途径获取相关知识,活动形式也较为单一。另外,部分高校过分注重理论知识的灌输,而忽视了学生社会实践能力的培养,甚至个别高校开展此类教学实践活动仅仅是为了完成教学目标,过分看重教学结果,形式主义倾向较为严重。因此,将红色文化资源融入思政教育,要注重加强其与第一课堂、第二课堂的结合,从课堂教学和课外实践中对学生进行熏陶教育,实现课程育人。

(五)高校教师对红色文化资源的运用情况调查

作为教学活动的主要参加者,教师在思想政治理论课的教学过程中起着重要的引导和传授作用。因此,要想将红色文化资源更好地融入思政教育中,教师的角色举足轻重。在关于思政课教师教学方法的调查中,42.85%的学生选择了理论灌输法,33.52%的学生选择了互动式教学法,15.44%的学生选择了专题教学法,仅有8.19%的学生选择了研讨式教学法。可见在思想政治理论课的教学过程中,大部分教师仍采取理论灌输的方法,教学方式还有待改进。

教师在思想政治理论课教学过程中运用红色文化资源的情况，反映在多媒体手段的运用上。在课堂教学的多种传授途径中，教师将红色文化资源融入课件、Flash 视频软件中所占的比重达到了 56.85%，这点值得肯定，但教师在课件、Flash 视频软件中只选取了少量的红色文化资源，并没有将丰富多样的红色文化资源教育内容完全融入其中，融入的内容还有待完善，力度还有待加强。

另外，教师在课堂作业、课后思考题、阅读参考书目中运用红色文化资源的情况不是很理想，甚至有部分同学反映教师布置的课后作业、规定阅读的参考书目中完全没有体现红色文化资源的内容。针对这种情况，教师在将红色文化资源融入思想政治理论课的过程中，除了在课堂上要加强红色文化资源的运用，课后作业的布置和课后学习的拓展与检验中也应重视红色文化资源的引入，以期让红色文化资源在课上和课后都得到完美的呈现。并将课上和课后的两种体验方式更好地结合起来。总之，在注重学生课堂掌握、消化的同时，也关注课后的巩固加强，更好地发挥红色文化资源的教育价值，推动思政课程育人的实现。

在对教师运用红色文化资源的效果进行调查时，有 49.75% 的学生认为效果一般，接近一半；25.35% 的学生对效果较为满意；感到非常满意的学生所占比例仅为 10.88%；认为效果不好的学生占到了 14.02%。可见大部分学生对教师在思政课教学中结合红色文化资源的内容、运用红色文化资源的方式和最终实现效果的反应并不是很满意。要想真正实现红色文化资源与思政课程育人的有机结合，关键在教师，要重点发挥教师的引领作用，教师在教学内容上要有所取舍，教学方式上要有所改进和创新，这样才能提高教学质量，增强教学效果。

（六）红色文化资源融入思政教育的实效性调查

调查结果显示，无论是从第一课堂还是第二课堂的角度来看，红色文化资源融入思政课程的最终效果要想达到育人的目标，还需要不断地提高红色文化资源融入思政教学的方式，改进教学内容，创新教学途径，加强课程育人的实效性。在对红色文化资源相关的教学活动进行评价的过程中，有 65.5% 的学生认为还有待进一步加强，对此类教学活动效果感到满意的学生仅占 25.12%。这组数据表明，大部分学生对高校开展的红色文化资源教学活动并不是特别满意。另外，对红色文化资源融入第一课堂与第二课堂的效果进行评价时，反映效果一般的学生占总人数的 45.68%，仅有 22.75% 的学生认为成效显著。综合以上几组数据，可见红色文化资源融入思政课程的效果不尽如人意，进一步完善的空间还很大。

除了问卷调查，课题组还通过提问访谈的形式来收集高校学生的看法及建议。一方面，部分学生认为红色文化资源融入课堂教学中的效果并不理想，主要是教学内容的空洞与教学方式的单一。另一方面，还有些学生认为红色文化资源融入实践教学中的情况也有待加强，主要是因为高校举办活动的次数、场地有限，而且大部分学生参与活动的积极性也不高。不管红色文化资源是融入课堂教学还是课外实践活动，效果都不是特别理想，仍需要高校相关部门、教师、大学生等多方面协调合作，共同努力提高红色文化资源融入思政教育的效果。

二、贵州红色文化资源与高校思政教育融合过程中存在的问题

（一）贵州红色文化资源融入高校思想政治教育的方式过于传统化

高校思想政治教育的目的是立德树人。对部分贵州高校的教师和学生进行的"红色文化资源在高校思想政治教育教学中的运用情况"的一项调查显示，贵州高校思想政治教育中的红色教育普遍存在重理论轻实践、重灌输轻引导的现象。通过"对比课堂上的红色理论教育和课堂外的红色实践教育，哪种方式让你感触更深、获益更多"的调查来看，目前贵州省绝大多数高校已采取红色文化理论与红色文化实践双管齐下的方式开展思想政治教育，但思政课讲解仍然采取传统的教学手段，情境教学、实践教学等新型教学手段使用相对较少。另外一项调查问卷的统计结果显示，绝大部分学生认为"现行的思想政治教育的教材内容过于空洞和枯燥"。由此可见，传统的思政课教材已经不能满足当前学生思想政治教育的任务要求，如不尽快加以改进，将使红色文化内化于心和外化于行的教育目标成为一句空谈。

（二）贵州红色文化资源融入高校思想政治教育的内容相对浅层化

高校思想政治教育是对大学生进行政治教育、思想教育和道德教育的一门学科。当前的高校思想政治教育中，对于红色文化资源的运用还仅仅停留在组织学生参观红色基地、观看红色题材影片后写观后感、谈谈体会等较浅的层次上，大学生对红色文化资源中体现的本质和内涵，在整体上缺乏科学性和系统性的认知。通过对部分贵州高校大学生调查问卷的结果进行分析，发现有部分大学生对贵州的"红色文化"、"红色精神"和"红色基因"不甚了解，有部分省外的低年级学生对此甚至完全不了解。由于大部分学生看重的还是知识的学习和技能的掌握，加之学校多注重红色文化资源的理论教学，在挖掘红色文化资源的教育价值方面还不够深入，这就导致大学生即使在接受教育之后也难以产生共鸣。问卷调查还显示，高校组织大学生参观红色文化遗址或红色纪念馆的时候，并不注重对红色文化内在精神的渗透与升华，这就导致红色文化的教育色彩淡化，效果不佳，难以融入学生的思想和精神层面。

（三）贵州红色文化资源与高校思想政治教育的融合机制存在脱节现象

通过调查发现，目前我国高校大学生的思想政治教育存在一个共性问题，那就是教与学分离、理论与实践脱节、虚与实不能统一。从地域上来看，贵州的红色文化资源属地较为分散，遍布全省东、西、南、北、中各个地区。尽管贵州的红色文化资源具有很高的教育价值，对学生树立良好的世界观、价值观、人生观和提高思想道德素质大有裨益，但由于没有足够的时间和精力进行实地调研和深入研究，大多数思政课教师讲课只能是照本宣科，学生听课的目的也仅限于应付考试。通过调查，大部分教师表示"从教以来，外出进行红色文化培训学习和思想政治教育考察研讨的机会较少"；绝大部分学生表示"在红色文化资源的运用过程中，学校进行的传统理论教育和社会实践的关联度较低"。由此可见，高校在进行红色文化资源教育活动中并没有形成非常有效的机制，红色文化与思政教育融合的方式都比较循规蹈矩，教学手段传统守旧，教育教学方式的创新性仍然不够。

第三节 贵州红色文化资源与高校思政教育融合过程中产生问题的原因剖析

一、教材编写中对红色文化资源地位与作用的认识不够深入

当前大多数高校思想政治理论课都是使用教育部统一编订的教材，这些教材都是在教育部门的统一指导下，集中本专业学术领域有名的专家学者共同编写与修订后诞生的。思想政治理论课教材的编写是高校进行思想政治教育的基础性工程，也是实现课程育人的首要前提。教材专家在思想政治理论课教材的编订中发挥着重要的作用，但现阶段部分高校编订的思想政治理论课教材中，红色文化资源的直接体现并不充分，包含的红色文化资源重要内容有待丰富，其中蕴含的教育内涵也有待加强。究其根本，是因为在教材编写的过程中对红色文化资源的重要地位及其所蕴含的教育价值认识不够深入，有待进一步挖掘梳理。

教材专家们明确红色文化资源的教育价值，也清楚将红色文化资源融入思想政治理论课的教材中能够充分发挥它的教育意义，但因为编写的是全国普适性的教材，所以专家学者对红色文化资源的地位与作用的认识还停留在对其普遍意义的阐述阶段，很多红色文化资源的内容都是立足整体，从整个社会的实际情况出发，没有结合当地的具体实情。因此，如何对每个地域的特色，给予重点关注，在重视其历史文化价值的同时，更加充分挖掘其重要的教育价值，将贵州本土红色文化资源的地位与作用充分地在教材中体现，使其更好地与思政课程相融合，是值得贵州的专家学者们深入探讨研究的核心问题。

二、相关部门对红色文化资源的挖掘利用不够深入细致

虽然贵州省拥有丰富多样的红色文化资源，但是其分布的地点较为分散。大力挖掘、开发红色文化资源，充分整合、利用红色文化资源的教育价值，是当前的迫切任务。部分地区因观念落后、方法陈旧导致红色文化资源的闲置或滥用，有些珍贵的红色文化资源未得到有效保护甚至遭人损毁，这些都对红色文化资源造成了巨大的损失。

（一）相关部门对红色文化资源物质载体的挖掘力度不够

物质载体是红色文化资源的外在表现形式，是红色文化资源的重要组成部分，对这些具有教育价值的物质资源进行挖掘和开发，是整合利用红色文化资源的前提和基础。贵州拥有丰富的红色文化资源，但突出的问题就是资源的分布较为分散，且大多数具有重要利用价值的红色文化资源都集中在偏远山区，给红色文化资源的发掘、利用与保护工作增加了很大的难度。除了靠近城镇周围的红色文化资源物质载体，如烈士陵园、革命英雄故居等得到了开发利用，还有很多隐藏在大山深处的红色文化资源未得到有效的开发利用，造成了部分红色文化资源的闲置浪费。

（二）相关部门对红色文化资源内在精神的挖掘深度不够

深入挖掘开发红色文化资源的精神载体，凝练其精神内涵是当前面临的一个重要课题。随着国家相关部门对思想政治教育工作的日益重视，红色文化资源的教育价值丰富深刻，教育意义和精神价值还有待我们进一步探索领悟。那些已经被开发的红色文化资源，在后期的建设中并没有得到科学的管理和良好的维护。相关部门在开发利用红色文化资源的过程中，一味地追求经济效益的实现，过分强调物质资源的保护，在维护精神价值方面，缺乏清醒的认识，没有意识到其中的重要教育价值，缺乏深入挖掘其精神内涵的计划和措施。这样一来，学生到红色文化资源教育基地进行参观学习时，很难感受到其中深刻的精神内涵与教育意义，取而代之的是浓厚的商业气息，这与普通的旅游景点并无差别，不利于红色文化资源的可持续发展。

（三）相关部门缺乏对红色文化资源的分析整合

对红色文化资源在社会教育层面进行了充分的意义挖掘之后，很少会有学校或机构单独对这些红色文化资源再次进行分析整合，区分出哪些红色文化资源可以发挥出它的校园教育功效，为高校思想政治教育提供丰富的教育素材，以便更好地对其进行再利用。有些部门在挖掘到红色文化资源之后，缺乏对红色文化资源教育价值的正确认识，不知道怎样做才能更好地发挥其资政育人的功效。有些学校具有区域优势，享有当地特色的红色文化资源，但由于缺乏分类整合的过程，未开设与红色教育内容相关的校本课程或选修课程；在公共必修课的课堂教学中，也很少将当地红色文化资源中蕴含的优秀传统文化和可贵精神品质融入课本教材，甚至较少将红色教育的知识融入教学内容，这样一来，就无法充分发挥红色文化资源的教育价值。

（四）相关部门机构对红色文化资源缺乏妥善管理

贵州各地红色文化资源分布较为分散，加之相关管理部门缺乏必要的协同合作意识，无法从整体上形成合力。各地关于红色文化资源的开发利用工作也局限于自己当地的资源，不能将其他地区的各种红色文化资源有效地联系起来，缺乏全局意识和统筹规划的能力，甚至有些部门之间的管理还存在着一定的矛盾冲突，这样一来，在红色文化资源的开发利用方面就很难发挥出整体优化的作用，影响了红色文化资源融入高校思政课程育人规划的整体性效果。

三、红色文化资源融入课堂方式单一，不够丰富

将红色文化资源融入高校思政教育，关键就是将红色文化资源充分融入第一课堂与第二课堂，实现二者的完美结合。但目前红色文化资源融入课堂的方式较为单一，还有待丰富和完善。首先，作为思想政治教育的主渠道，课堂教学尤为重要。要想实现红色文化资源与课堂教学的完美融合，就要将红色文化资源的内容融入课堂导入部分。通过调查访谈发现，高校教师对于将红色文化资源融入导课环节所产生的积极作用还不够重视，即使增加了红色文化资源的内容作为课堂导入部分，也只是笼统地描述，简单地带过；大部分教师还是采取直接口述导课内容的方式来开启一堂新课，这样的课堂导入方式显然不够丰富。新课导入部分对新课讲授起着重要的作用，课堂导入环节设计得新颖、巧妙，才能吸引学生的

注意力，引起学生对新课内容的关注。教师可以丰富课堂导入的方式，通过播放一首红色歌曲，一个红色电影的小片段，甚至是讲述一段革命历史故事，用这些丰富生动的导入环节，调动学生学习的兴趣。其次，在课堂方式中，除了新课讲授外，结课复习也起着关键作用。结课复习的方式不仅仅包括课后作业的布置，还包括课后读物、参考书目的阅读和课后社会实践调研活动等。新课结束后，教师可以给学生布置与本节课所学的红色文化资源内容相关的课外读物，加深学生对课堂所学知识的理解，还可以组织学生进行红色文化资源的实地调研活动，加强学生对所学知识的实践运用能力。教师可以设置开放式的考核方式，将学生的平时成绩纳入考核标准，红色经典读物的阅读、红色论文的写作、红色教学基地的社会调研实践等计入考核的范围，而不仅仅采取以知识点的检测为主要内容的考核方式。最后，由于受教学时间和教学场地的限制，高校思想政治理论课的课堂教学方式以理论教学为主。但缺少了实践环节，师生之间不能形成良好的互动，也就失去了师生交流的重要途径。这样一来，学生对于教学内容的掌握情况就不能及时地反馈给教师，学生也无法将所学知识通过亲身实践的方式加以巩固提升，自主思考学习的能力受到了限制，课堂教学的质量与效果也会受到影响。

四、红色文化资源融入思政教育的方法略显单调

当前，部分高校负责思想政治教育的教师在运用红色文化资源方面的水平参差不齐。调查显示，大多数教师将红色文化资源融入思政课的教学方法主要仍为传统的理论灌输法，显得呆板单调，缺乏灵活性。为了避免学生陷入被动学习的困境，培养学生积极学习、主动思考的能力，教师可以将理论灌输法与研讨教学法结合起来，注重启发性教育。涉及与红色文化资源相关的重点知识时，教师首先可以向学生进行讲解，让学生对知识点有一个大致的了解，然后通过小组讨论的方式，让学生之间开展积极热烈的讨论，加深对知识点的理解认识，最后再由学生代表将小组讨论的成果汇报给教师。教师的指导可以更好地帮助学生对教学内容进行查漏补缺。除此之外，教师在讲授红色文化资源相关知识点时，可以将

理论教学与案例教学法相结合,通过列举红色革命故事和革命英雄的事迹来引出教学内容。透过这些经典案例,不仅可以帮助学生更好地理解教学内容,还可以提高学生学习的积极性。综上,教师运用红色文化资源的方法有待提升。教师在授课的过程中,如果对红色文化资源十分了解,并且能够熟练地将红色文化资源运用到教学过程的各个环节中,那么思想政治教育的效果也将事半功倍。

第四节 贵州红色文化资源融合高校思政教育的实施策略

作为优质的教育资源,红色文化资源的开发利用是一项长期系统的工程,需要对其进行开发挖掘、整合运用。课堂教学是思想政治教育的主渠道,充分利用思想政治理论课这个平台,发挥红色文化资源的教育价值,要从课程设置着手,把握好课堂教学,促进红色文化资源与第一课堂、第二课堂相结合,提升高校思想政治教育中红色文化资源的运用价值。总之,高校应勇于探索以红色文化资源为载体的高校思想政治教育的新途径,着力营造红色文化育人氛围,积极构建新颖的红色课堂内容体系,促进思政课程育人的有效实现。

一、开发利用红色文化资源与课程设置相结合

为更好地将贵州红色文化资源融入高校思政教育,要积极推动红色文化资源进教材、进课堂、进学生头脑,充分发挥其教育价值。推动"三进"工作的实现,首先要从课程设置入手,充分开发利用红色文化资源,挖掘其中蕴含的丰富内涵,使资政育人的功效发挥到极致。

（一）在课程设置中挖掘搜集红色文化资源

红色文化资源是优质的教育资源,对其要大力挖掘开发、广泛搜集,将优秀的红色文化遗产与课程设置相结合,最大限度地发挥红色文化资源的教育价值。首先,贵州红色文化资源丰富多样,分布却较为分散,这就为红色文化资源的挖

掘开发带来了一定的困难。因此要充分挖掘红色文化资源,尤其注重开发偏远地区的红色文化资源,将挖掘搜集来的红色文化资源与课程设置相结合,为思政课程的设置提供丰富多样的素材。其次,由于部分地区将关注点过多地集中在物质化的红色文化资源,一味去建造一座座新的革命纪念馆,修缮一个个革命英雄故居,却忽视了这些物质载体背后所蕴含的革命精神与道德品质。在精神价值更为重要的今天,我们要更加注重红色文化资源的精神化开采,深入挖掘开发红色文化资源物质载体背后具有教育意义的内在精神,将其与课程设置相结合,为思政课程提供内涵深刻的教育素材。此外,相关部门在挖掘开发红色文化资源的过程中,要选取合适的方式,采用先进的方法,并且结合当地的实际情况,因地制宜地进行史料挖掘工作,将搜集到的红色文化资源与课程设置相结合,为思政课程的设置提供特色高效的教育素材。

(二)在课程设置中筛选分析红色文化资源

要将红色文化资源的教育价值发挥得淋漓尽致,就要在课程设置中对红色文化资源进行有效的筛选与分析,挑选出具有教育意义,并能够被高校所利用,可以融入思想政治理论课的适宜的红色文化资源。首先,政府及相关部门要发挥导向作用,肩负起筛选分析红色文化资源的重要任务。政府有关部门要精心组织人力筛选这些挖掘搜集来的红色文化资源,从中挑选出那些具有教育价值,可以对接课堂教学的特色红色文化资源,将其充分与课程设置相结合。其次,高校要承担筛选分析红色文化资源的重任。要想更好地实现教育的最终目的,就要充分利用好红色文化资源这个媒介,充分地发挥它的教育价值,与思政课程相结合。在梳理搜集来的红色文化资源的基础上,结合本校的实际情况,对这些红色文化资源进行筛选分析,挑选与教育目的相吻合,与教育内容相契合的教育价值显著的红色文化资源加以整合利用,使其更好地与思政课程设置相结合。最后,教师要发挥主导作用,对这些挖掘出来的红色文化资源进行二次筛选与分析。教师要拥有一双慧眼,能够从中辨别出哪些资源是可以融入思政课程中,对课堂教学起促进作用的,并将这些选用的红色文化资源进行有效的分类,厘清哪些可以融入第一课堂的教学活动中，哪些可以融入第二课堂的实践活动中，将第一课堂与第二课堂的思政教学完美地结合，充分发挥红色文化资源的教育价值。

（三）在课程设置中整合利用红色文化资源

高校应积极开展课程改革，主动了解大学生思想政治理论课的新进展，逐步提高其教学效果。红色文化资源是马克思主义与中国文化相结合的历史积淀，蕴含着丰富的马克思主义理论、中共党史等学科背景知识。这都是高校将红色文化资源融入思政教育的重要原因。在课程设置中，应将红色文化资源科学合理地与教学大纲和教学计划相结合，设置专门的学时学分，并加以贯彻执行。各高校除了贯彻落实红色文化资源融入公共必修课的举措以外，还可以积极挖掘、提炼本地红色文化资源，开设蕴含当地红色文化的特色课程。一方面，高校可以积极开设蕴含红色文化资源的必修课程，开展与红色文化资源有关的专题教学，指导学生完成相应的学习任务与要求。另一方面，高校还可以开设红色文化资源的选修课程，系统深入地加强这方面的教育。

二、开发利用红色文化资源与第一课堂相结合

高校思想政治理论课的课堂教学是学生系统接受马克思主义理论教育的主渠道。红色文化资源内涵丰富、形式多样、生动形象，将红色文化资源融入课堂教学，不仅可以丰富教学内容，还可以将知识的讲授和信仰的传递有机结合起来，充分发挥思想政治理论课的主渠道作用。将红色文化资源融入思政教育，要守好课堂这个主渠道，发挥红色文化资源的教育意义，把红色文化资源转化为教学素材，拓展课堂教学的内容，创新课堂教学的方式，促进红色文化资源与第一课堂的完美融合。

（一）积极编撰红色文化资源主题的教材

在将红色文化资源融入思政教育的过程中，高校除了使用教育部统一编写的教材，还应当结合当地红色文化资源的实际情况，充分依托本土丰富的红色文化资源，结合本校大学生的思想状况和自身特点，组织专家学者从人文、历史、精

神这几个层面来挖掘整合生动的教育题材，将红色文化资源融入教材。首先，立足贵州、兼顾全国选取红色文化资源教育素材，准确解读贵州红色文化资源的深刻内涵，继承发展红色文化资源的优秀遗产；深入挖掘整合红色文化资源的历史内涵，充分尊重历史事实，牢牢把握红色文化资源展现的教育价值；深入挖掘人民在革命建设时期所创造出来的物质财富和精神财富，正确解读红色文化资源的教育内涵，将其充分融入思想政治理论课的教材。其次，在继承传统红色文化编写教材的时候，要注重创新。注重德智体美劳融会贯通，红色文化资源的相关内容要根据时代的特点，因时而变，增强红色文化资源的时代性，更有效地发挥红色文化资源的教育价值。另外，高校将红色文化资源融入教材，要对红色文化资源的内容进行提炼整合，发现红色文化资源与思想政治理论课教学的内在联系，找到二者的共通点。做到内容的深度与广度的延展，这也是教学的重点、难点。最后，教材的编写要立足现实，一定要结合学生身心发展的特点，满足学生成长需要，将红色教材的内容与大学生的认知规律和实际生活相结合，实现教材的通俗化，增强大学生对红色文化资源的认同感。同时，高校可以积极探索红色教材编写的新方式，在教材中插入重要历史人物和历史事件的图片等辅助性材料，增强教材的趣味性和真实性，调动学生学习的积极性。

（二）主动开发红色文化资源主题的课件

红色文化资源具有直观生动的特点，多媒体课件同样也具有直观简洁的特性。教师在备课时可以深入挖掘教材中所涉及的红色文化资源相关内容，去粗取精，将这些内容加入多媒体课件中。二者的结合，将会更有效地将教学内容精准快速地传递给学生。教师还可以在设计多媒体课件的时候，提前在互联网上搜集与红色文化资源相关的课件模板、图片、背景音乐等，可以将这些小插件也引入到多媒体课件的制作中，将红色文化资源渗透进多媒体课件的每一个小细节中，潜移默化地影响学生。

另外，现在大部分高校思政课程采取集体备课的方式，教师在统一制作多媒体课件的同时，也要注意分工的明确化。要结合学生的实际情况，在集体制作多媒体课件的基础上，适当做出调整：比如在面向理工类专业学生的授课过程中，多媒体课件可以适当多加入一些红色文化的图片和视频，提高学生学习的兴趣，帮助学生更好地理解教学内容；在面向文史类专业学生的讲授过程中，可以通过多媒体课件多展示一些历史文献资料，让教学内容更真实可信，帮助学生更深入地理解教学内容。

（三）充分将红色文化资源融入新课讲授

高校思想政治理论课包含五门公共必修课，其中，"中国近现代史纲要"是对大学生开展红色教育最直接、最重要的一门课程，有助于培养大学生的爱国情操与民族精神；"马克思主义基本原理"和"毛泽东思想和中国特色社会主义理论体系概论"课程则上升到理论层面对大学生进行宏观的红色教育，帮助大学生树立中国特色社会主义伟大理想信念；"思想道德修养与法治"最贴近大学生的实际生活，通过通俗易懂的方式帮助大学生树立正确的价值观，陶冶情感，升华思想；"形势与政策"这门课全方位地深度剖析当代国际社会的现状和中国国内目前的形势，帮助大学生更好地认识中国社会的发展现状及国际形势，培养全局意识，树立大局观。

将红色文化资源融入新课讲授，最重要的就是先整合、提炼红色文化资源的内涵，将其与思政课程的教学内容有效结合起来，在课堂教学中渗透红色文化资源的相关知识。在红色文化资源融入新课讲授的过程中，创新课堂教学方法也是非常重要的。教师可以围绕课堂教学的中心内容来选取革命先辈的英勇事迹作为教学案例，以正面教育为主，让学生更容易理解接受教学内容。教师还可以采取讨论式的教学方法，将学生组织起来，以小组或班级为单位，鼓励学生各抒己见，发表自己对问题的见解。这样更能加深学生对该知识点的理解，将红色文化资源的教育变为学生的自觉行为，实现教学效果的最优化。教师还可以采取展示式的教学方法，依据教学内容，向学生展示各种实物图片，组织学生实地考察，从而获得新知识或巩固已学的知识。这些创新式教学可以弥补讲授法的不足，让学生在心灵上产生共鸣，更好地理解红色文化资源的精神，增加课堂教学的鲜活性和形象性，让学生将感性认识上升到理性认识，提高对红色文化资源内在意义的理解和认同，对于提高教学质量有着非常好的效果。

（四）合理将红色文化资源融入结课复习

作为红色文化资源"三进"育人工作成果的重要体现，红色文化资源"进头脑"是在"进教材、进课堂"的基础上的凝练和升华，最终目的是推进课程育人的实现，增强教学效果。因此，将红色文化资源与第一课堂相结合，也要注重合理地将红色文化资源融入结课复习，加强课后的总结归纳，可以从课后作业、课后读物和考核制度三个方面着手。首先，教师要注重课后练习和作业的布置。教师在上完一节新课后，适当地布置与红色文化教育内容相关的课后作业，既能加深学生对课堂知识的巩固理解，也有利于学生更好地掌握红色文化资源的价值。其次，教师还可以在新课结束后布置课后读物，或规定与所学内容有关的参考书目，让学生在新课结束后也自觉接受红色教育。最后，教师可以调整思想政治理论课的考核制度，改革考核内容和方法，实行闭卷和开卷考试相结合的方式，加大平时成绩的考核力度，把唱红歌、讲红色故事、做宣讲红色精神的手抄报、红色论文的写作、写社会调研和观后感等计入平时成绩，以多种方式对学生学习情况进行检阅。这样学生就从被动接受的学习态度和死记硬背式的学习方法转变为主动参与的态度和课后认真复习的学习方式，通过课后练习和随堂考试等形式，巩固所学知识，提升思想境界，增强课堂教学的效果。

三、开发利用红色文化资源与第二课堂相结合

高校在将红色文化资源融入思想政治理论课的过程中，除了重视课堂教学之外，也要注重第二课堂的发展，采用第一课堂与第二课堂相结合的教学模式来开展红色教育。

（一）红色文化资源融入社会实践活动

将红色文化资源融入思政教育，最有效的途径就是理论结合实践，不仅将红色文化资源引入课堂，还要将红色文化资源融入学生的实际生活。让学生在学习

和掌握理论知识的同时，积极参与社会实践，在丰富多彩的实践活动中感受红色文化资源所蕴含的革命信念与崇高精神，把红色文化资源的教育价值发挥到极致。

高校在进行思想政治教育时，要注重将红色文化资源与大学生的实际生活相结合。贵州红色文化资源分布广泛，高校可以利用红色文化资源这一特征，与当地的红色文化资源单位建立友好的合作关系，创建红色教学基地和爱国主义教育基地，为思想政治教育创造有利条件。同时，高校要注重将红色文化的思想启蒙渗透进红色教学基地，用其中蕴含的深刻意义和革命精神来充实实践基地的内涵，扩大其外延。红色基地将红色文化资源形象生动地展示在学生面前，让学生亲身感受到红色文化资源的丰富内涵和教育价值。高校要积极开辟红色教育基地作为大学生思想政治教育的第二课堂，将课堂理论知识的传授与课外基地的实践学习相结合，发挥红色教育基地的隐性教育功能，增强红色文化资源的吸引力和感染力，提高学生学习的主动性和积极性。拥有丰富红色文化资源的贵州高校，可以充分发挥地理位置优势，利用本地特色的红色文化资源，建立红色教学示范基地、党员教育基地，因地制宜地开展红色教育实践活动。

比如，地处红色革命圣地的遵义师范学院就率先提出新红色文化资源育人路径：考察当地红色纪念地、聆听名师红色讲座、观看特色红色演出、开展红色纪念活动、收集红色文化资料等形式，让学生体验富有特色的思想政治教育。在开放式的课堂中，学校邀请红色文化专家学者为学生讲课，课后组织学生参观考察革命旧址，收集红色文化资源，撰写心得体会。通过这种开放体验式的实践教学模式，不仅弘扬了具有地方特色的红色文化，也促进了第一课堂与第二课堂的结合，推动了高校思想政治教育工作的有效开展。

（二）将贵州红色文化资源融入校园文化活动

将贵州红色文化资源融入形式多样的校园文化活动，让红色基因润物无声地进入大学生的血脉，产生潜移默化的影响，有利于丰富大学生的业余生活，提升大学生的思想道德修养，促进校园文化的繁荣。校园文化活动发挥隐性教育的作用，开展红色教育题材的校园文化活动，让大学生的思想受到熏陶，觉悟得到提高,最终增强红色教育的效果。

高校要开展形式多样的校园文化活动,将红色文化资源融入校园文化活动,充分展现红色文化资源的丰富内涵,增强红色文化资源的感染力。可以组织大学生定期观看各类优秀的红色影片,举办红色经典诗文朗诵比赛,开展红色征文比赛等激发大学生浓厚的爱国热情与深切的革命情感,加深学生对红色革命精神的认识,激发学生主动学习红色文化资源的兴趣,让学生在红色文化氛围中轻松愉悦地学习,潜移默化地接受教育,实现寓教于乐。

高校开展校园文化活动,要注重"引进来"和"走出去"相结合。将红色文化资源"引进"校园文化活动,不仅能提高大学生的知识素养,还能开阔他们的眼界,特别是一些亲历者口述的形式,将红色文化的史实情节等呈现在大学生面前,可以加深了他们对红色文化的理解与认识,充分发挥红色文化资源的教育意义。高校可以组织大学生参观革命遗址、博物馆、革命纪念馆、革命英雄故居,让大学生切身感受红色文化资源的丰富内涵与革命精神的深刻影响力;还可以利用节假日、寒暑假等课余时间开展"红色夏令营""红色冬令营"等课外游学活动,组织大学生共同祭奠革命先烈、瞻仰先进事迹,在这些活动中重温红色历史,发扬红色精神,提升大学生对红色文化资源的认同。

(三)将贵州红色文化资源融入学生社团活动

部分有红色文化背景的高校,可以结合学生的实际情况以及社会对人才的需求,将红色文化资源融入学生社团活动,提升大学生社会实践的能力和水平。高校学生社团是传播红色文化的主要平台,通过开展一系列与红色文化有关的社团活动,可以激发学生的创造性,提高学生的自主能力,更好地促进红色文化资源融入"第二课堂"。同时,学生社团要与时俱进,不断丰富红色社团的活动内容,创新社团组织形式,吸引更多的学生加入,最大限度地发挥红色文化资源的教育价值,传播其背后蕴含的厚重的历史文化底蕴和伟大的革命精神。另外,党团组织要加大对红色社团的建设投入力度,加强对社团的指导与监督工作;加强红色社团的队伍建设,选拔富有责任心、工作能力强的学生担任社团负责人,充分有效地带动红色社团的发展进步；建立科学的红色社团评价机制，将学生在社团的表现情况作为参评的标准，通过优秀红色社团的评比，活跃社团氛围，激发社团活力，为红色社团的健康发展保驾护航。

（四）将贵州红色文化资源融入校园网络建设

将红色文化资源融入高校思想政治理论课，各高校要充分利用网络信息平台的优势，加强网络在课堂教学中的应用，构建全方位、宽领域的红色文化资源教育网络，打造利用网络教学的"第二课堂"，促进课程育人的发展与创新。

首先，高校可以运用校园传播媒体，通过创建红色网站、红色微信公众号和红色微博等途径，依托校园网络，开设丰富多样的网络栏目，以学生喜闻乐见的形式，为大学生提供全面丰富的红色文化资源素材，对大学生进行革命传统教育，增强他们的爱国意识和革命热情。其次，高校可以将红色文化资源制作成微视频影像、微课等，利用网络聚焦热点问题，深入挖掘红色文化资源，利用互联网技术将其引入课堂教学中，充分实现第一课堂与第二课堂的有机结合。开设红色经典微型课堂，利用红色文化资源加强大学生思想政治教育，实现课堂理论教学和课外实践教学的有机结合，拓展思想政治理论课教学内容，创新思想政治教育体系，推动思政课程育人的实现。最后，高校还可以充分发挥"互联网+"的功效，开设形式新颖的网络互动交流活动，提升网络舆论的引导能力，促进正能量的传播，让大学生在最短的时间内，运用最便捷的方式，获取更多的红色文化精神食粮。

第十章　贵州红色文化融入高职思政教育培养体系

"红色文化"是马克思主义基本原理与中国革命和建设相结合产生的先进文化，是推动时代发展的动力之源和增强"四个自信"的精神之"钙"，是作为社会主义建设者和接班人的青年学生应该传承和发扬的宝贵精神财富。同时，红色文化也是思想政治教育的重要载体，将本土红色文化融入课堂与参观教学，思想政治教育效果会更加突出。

贵州拥有丰富的红色文化资源，应当进一步深挖贵州红色文化中适合高职学生思想政治教育的深厚内涵，将贵州红色文化中蕴含的坚定的理想信念和高尚的爱国主义情操、艰苦奋斗精神和集体主义精神、高度的社会责任感和使命感以及工匠精神与高职学生思想政治教育相结合，通过多种途径将贵州本土红色文化融入高职学生思想政治教育。可实施的方式有以下几种：一是创新模式开展贵州红色文化知识教学；二是加强红色校园文化建设，提升校园文化内涵；三是充分运用互联网、新媒体进行宣传引导，提升红色文化影响力；四是开展形式多样、丰富多彩的校外红色文化实践活动，不断增强思想政治教育的吸引力，提升思想政治教育实效，增强贵州高职学生对本土红色文化的了解和认同，通过先进的红色文化引领高职学生成长成才。与此同时，通过对贵州红色文化的深入挖掘，进一步促进贵州红色文化资源的开发和利用，并加强对宝贵的红色文化资源的传承和保护。

第十章 贵州红色文化融入高职思政教育培养体系

第一节 贵州红色文化概述

贵州不仅是红色文化资源富集的省份，还是中央红军长征途中活动时间较长、活动区域较广、发生重大事件较多的省份之一。红军长征在贵州经过的61个县，涉及全省9个市（州、地），占全省88个县（市、区）的三分之二以上。当年红军长征路上一个个鲜红的革命烙印，深深镶嵌于黔山秀水之间，留给贵州人民难忘的红色记忆，并在新的历史条件下，通过红色旅游活动，谱写着激荡奔流的进行曲。

贵州红色文化可以分为物质红色文化和非物质红色文化。

一、物质红色文化

（一）红色革命遗址和革命纪念地

贵州是红军的发展壮大之地，是中国革命由挫折走向胜利的转折之地，因而形成了以长征文化为代表，以抗日战争文化、革命征程与先辈事迹等相配合的丰富红色文化资源。从1930年4月至1936年4月，红七军、红八军、红三军、红一方面军、红二六军团、红九军在贵州开展了轰轰烈烈的革命斗争，建立了滇黔桂、黔东、黔北和黔西北4个革命根据地。红军长征有近半年时间在贵州活动，有1万多当地群众参加红军；召开了挽救党、红军和中国革命的遵义会议，以及黎平会议、猴场会议、鸡鸣三省会议、扎西会议、苟坝会议等重要会议；进行了突破乌江、娄山关战役、土城战役、四渡赤水、兵临贵阳、威逼昆明等重要战役。新中国成立前，贵州地下党和游击队的革命斗争，以及解放大西南的剿匪斗争，同样留下了许多可歌可泣的革命事迹。

在全国规划的十二大红色旅游景区中，"黔北、黔西红色旅游区"被列入全国"重点红色旅游区"，遵义会议纪念馆被列入全国红色旅游经典景区名录。《全国30

条红色旅游精品线名录》当中，贵州省就有3条：贵阳——遵义——仁怀——习水——赤水——泸州、贵阳——黔南——黔东南——湖南、湖南张家界——吉首——贵州铜仁，充分说明了贵州省拥有丰富的红色文化资源。贵州全省9个市州的70余个县分布有保护完好的红色文化资源350余处，可作为红色文化旅游的景点有160多处，已开发景点的有60余处。全省350处单体红色旅游资源中，共有遵义会议纪念馆、息烽集中营、王若飞故居、邓恩铭故居、赤水红军烈士陵园等国家级爱国主义教育基地5个、省级爱国主义教育基地50个、地县级教育基地158个，形成了较为合理的爱国主义教育基地整体格局，为构建社会主义核心价值体系夯实了基础。《贵州省红色旅游发展十年回顾总结》指出：目前贵州省已建成国家级烈士纪念建筑物保护单位3所，分别为黎平烈士陵园、毕节烈士陵园、遵义红军烈士陵园；省级烈士纪念建筑物保护单位11所，分别为安顺市烈士陵园、仁怀烈士陵园、余庆县烈士陵园、肖国宝烈士陵园、张露萍等七烈士墓、解放贵州先烈纪念碑、龙大道烈士陵园、赤水红军烈士陵园、贵定烈士陵园、习水县青杠坡红军烈士陵园、罗甸县革命烈士陵园；市级烈士纪念建筑保护单位2所，分别为开阳县烈士陵园、清溪烈士陵园；县级烈士纪念建筑保护单位68所。

（二）贵州各地州市红色文化资源分布

1934年10月中旬，中央红军从江西瑞金、于都、福建长汀、宁化开始长征。1935年1月7日，红军占领遵义城，此后，红军在黔北转战近3个月，足迹遍及黔北各县，遵义城因为遵义会议的召开和毛泽东等老一辈革命家在这里力挽狂澜、谱写中国革命新篇章而名扬海内外。遵义是长征的转折点，在长征中具有承上启下的作用，形成了丰富的红色文化资源，主要有遵义会议会址、红军街、四渡赤水的各个渡口、浙江大学西迁博物馆等80余处。具体分布如下：

遵义市：遵义会议会址、红军总政治部旧址、遵义红军警备司令部旧址、遵义会议期间各中共领导人住址、中华苏维埃共和国国家银行旧址、杨柳街·红军街、遵义红军烈士陵园、遵义市播州区革命委员会旧址。

桐梓县：娄山关战斗遗址、张学良将军在大陆的最后幽禁地旧址。

习水县、赤水市、仁怀市：红军四渡赤水战斗遗址，分别有浑溪口渡口、元厚渡口、太平渡渡口、二郎滩渡口、淋滩渡口、茅台渡口、九溪口渡口。四渡赤水纪念馆、土城女红军街·中国女红军纪念馆、红军医院纪念馆、青杠坡战斗遗址、丙安红一军团陈列馆、复兴场战斗遗址、黄皮洞战斗遗址、赤水红军烈士陵园，以及仁怀市长干山、鲁班场战斗指挥所。

遵义县：苟坝会议旧址、刀靶水大捷、茶山关渡口。

湄潭：红九军团司令部旧址、浙江大学西迁陈列馆。

贵阳市：中共贵州省工委旧址、八路军贵阳交通站旧址、贵阳青岩古镇革命旧址、息烽集中营革命历史纪念馆、开阳县张学良将军幽禁地旧址。

安顺市：王若飞故居。

黔东南苗族侗族自治州：黎平县的黎平会议会址、榕江县的榕江红七军军部旧址、镇远县和平村旧址、镇远周达文故居、剑河县剑河红军大广坳战斗遗址、锦屏县龙大道烈士故居、三穗县杨至成将军纪念馆。

毕节市："鸡鸣三省"会议会址、中华苏维埃人民共和国川滇黔省革命委员会旧址、中国工农红军第六军团政治部旧址、贵州抗日救国军司令部旧址、毕节烈士陵园。纳雍县的梯子岩红军战斗遗址、金沙县的钱壮飞烈士墓。

铜仁市：周逸群故居、德江县的枫香溪会议会址、沿河土家族自治县的黔东特区革命委员会旧址、印江县的红二红六军团木黄会师纪念馆、思南县旷继勋烈士故居、石阡县的红二红六军团司令部和石阡会议旧址、红六军团政治部旧址、甘溪红军烈士纪念碑、困牛山红军烈士纪念碑、万寿宫、府文庙、石阡古温泉、汤山镇红军标语漫画遗址、松桃县的红二红六军团会师地址石良、石号坡红军烈士纪念塔、甘龙红军烈士纪念碑、马鞍山革命烈士纪念碑。

黔西南布依族苗族自治州：晴隆二十四道拐。

黔南布依族苗族自治州：瓮安县的猴场会议会址、江界河战斗遗址，荔波县的邓恩铭故居、红七军板寨会师旧址。

(三)红色文学作品

贵州红色文学作品是依据一定的革命史实和人物形象所创作出来的,主要包括相关的红色文献资料、红色诗词、红色歌曲、红色影片、红色书报等文化作品,这些红色文化作品均展现了军民一家亲的鱼水关系、军民浴血奋战的辉煌战绩和共产党人为了理想信念的实现、为给人民谋福祉而不怕牺牲、坚定不移的革命精神等,至今仍然熠熠生辉,广为传颂。

毛泽东在长征转战贵州期间就曾留下了许多不朽的佳作,为贵州红色文化资源的文化价值增添了光辉。如:《忆秦娥·娄山关》《清平乐·六盘山》《六言诗·给彭德怀同志》《七律·长征》等著名诗词,许多佳句脍炙人口,传诵至今。如:《忆秦娥·娄山关》中的"雄关漫道真如铁,而今迈步从头越",《清平乐·六盘山》中的"天高云淡,望断南飞雁。不到长城非好汉,屈指行程二万",《六言诗·给彭德怀同志》中的"谁敢横刀立马,唯我彭大将军"。《七律·长征》是毛泽东在长征期间创作的最为经典的一首:"红军不怕远征难,万水千山只等闲。五岭逶迤腾细浪,乌蒙磅礴走泥丸。金沙水拍云崖暖,大渡桥横铁索寒。更喜岷山千里雪,三军过后尽开颜。"全诗极其精炼地概括了红军长征的战斗历程,逼真地表现了红军的伟大形象和乐观主义精神,展现了一幅雄伟壮丽的历史画卷。

依托这些诗词,不难发现红色文化作品中所蕴含的人文教育价值对我们当前思想政治教育的重要性,它们为贵州省的思想政治教育工作提供了优秀的课程资源。

二、非物质红色文化资源

非物质红色文化主要指中国工农红军在转战贵州过程中,所形成的一系列价值信仰、理想信念、道德规范、革命精神和革命传统等的集中反映,其中以遵义会议精神最为显著。"遵义会议精神"是"长征精神"的一个重要组成部分,它集中体现为"实事求是、独立自主、坚定信念、民主团结、务求必胜"的二十字精神,是保证我们革命事业从胜利走向胜利的强大精神力量。

实事求是。遵义会议是在1935年1月红军长征途中,党中央召开的一次具有重大历史转折意义的会议,是在中国革命面临生死存亡的历史紧要关头召开的一次重大会议,堪称实事求是的历史典范。无论是对五次反"围剿"以来的历史总结,还是对红军进一步军事行动的谋划,抑或是对犯错误同志的批评和对被错误处理的同志的重新起用,无不体现着实事求是的精神。克劳塞维茨在《战争论》中写道,"批判时所用的语言与战争中的行动一致,批判其实就是一种思考,他与行动之前所作的思考是相同的。由此我们认为批判时所用的语言与战争中所进行的思考具有相同的特点",遵义会议是体现了我们实事求是精神的胜利。

独立自主。毛泽东指出:"我们认识中国,真正懂得独立自主,是从遵义会议开始的。"遵义会议是我们党第一次在没有共产国际的干预下,独立自主地运用马克思列宁主义的基本原理解决自己的路线、方针、政策的会议。

坚定信念和务求必胜。中国共产党从诞生之日起,就确立了自己的最高纲领和最低纲领,始终坚定共产主义事业必胜的信念。正是由于有坚定的信仰和必胜的信念,中国共产党和中国工农红军才能在前有重兵堵截,后有敌军围追,物质条件极端困难,生存环境十分险恶的情况下,历经磨难而不垮,屡遭挫折而不散,才能处变不惊,找到正确的路线、方针和政策,从而转危为安,转败为胜。

民主团结。遵义会议是我党在没有共产国际直接指导的情况下,依据民主集中制、少数服从多数原则,自己解决自身重大军事和组织问题的一次会议。改变了过去对犯错误同志无情打击、残酷斗争的做法。遵义会议是正确进行党内斗争的光辉典范,是体现党内民主团结的光耀典范。

以上革命精神对于今天我们德育目标的实现,以及思想政治课程"立德树人"根本任务的完成,有着很好的借鉴和教育意义。

第二节 贵州红色文化融入高职学生思想政治教育现状

为准确把握贵州省高职学生对本土红色文化的了解程度和价值取向,以及贵州高职院校将本省红色文化融入学生思想政治教育的现状,特选取了贵州省内 5 所高职院校(贵州职业技术学院、贵州交通职业技术学院、贵阳职业技术学院、铜仁职业技术学院、贵州轻工职业技术学院)进行调研,共发放调查问卷 800 份,实际收回 799 份。

一、贵州高职学生对本土红色文化的了解程度及价值取向

每一位学生在成长过程中都或多或少受过红色文化的教育和熏陶,但影响和效果大小不一。为准确了解高职学生对贵州本土红色文化的了解程度,本调查组设计了以下 4 个问题,第一个问题"你了解贵州红色文化吗?",其调研结果统计如图 10-1 所示:

选项	小计	比例
非常了解	63	7.88%
比较了解	294	36.8%
了解较少	391	48.94%
完全不了解	51	6.38%
本题有效填写人次	799	

图 10-1 "你了解贵州红色文化吗"统计结果

为进一步掌握以上问题回答的真实性,特设计了第二个问题"下列哪些属于贵州红色文化?[多选题]",其调研结果统计如图 10-2 所示:

选项	小计	比例
遵义会议会址	766	95.87%
通道会议会址	165	20.65%
苟坝会议会址	226	28.29%
毛泽东故居	311	38.92%
邓恩铭故居	201	25.16%
龙大道故居	131	16.4%

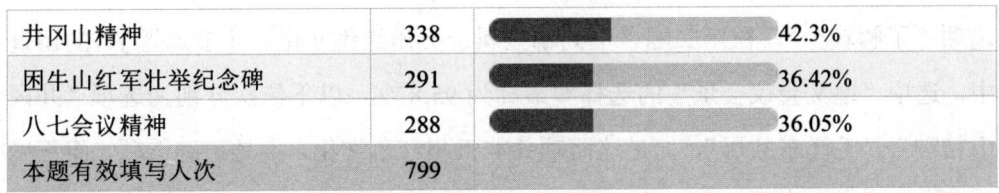

井冈山精神	338	42.3%
困牛山红军壮举纪念碑	291	36.42%
八七会议精神	288	36.05%
本题有效填写人次	799	

图 10-2 "下列哪些属于贵州红色文化[多选题]"调研结果

第三个问题"你如何看待红色文化？"是对贵州高职学生有关红色文化的价值取向调查，调研结果统计如图 10-3 所示：

选项	小计	比例
红色文化是中华民族宝贵的精神财富，应该大力弘扬	712	89.11%
红色文化仅仅是历史的一部分，感兴趣的可以进行了解学习	69	8.64%
红色文化是革命年代的产物，已经过时	18	2.25%
本题有效填写人次	799	

图 10-3 "你如何看待红色文化"调研结果

第四个问题"红色文化对你的世界观、人生观和价值观的形成影响大吗？"调研结果统计如图 10-4 所示：

选项	小计	比例
非常大	431	53.94%
一般	352	44.06%
没有影响	16	2%
本题有效填写人次	799	

图 10-4 "红色文化对你的世界观、人生观和价值观的形成影响大吗"调研结果

根据以上四个问题的调研结果，可以明确地得出以下结论：

首先，总体来看，大部分贵州高职学生对本土红色文化缺乏全面而深入的了解。在第一题"你了解贵州红色文化吗？"的调查中，其中48.94%的同学选择了

选项"了解较少"。在第二题"下列哪些属于贵州红色文化？[多选题]"的调查中，选项"遵义会议会址"的选择率最高为95.87%，以下依次分别为选项"井冈山精神"、"毛泽东故居"，但是这两项并非贵州红色文化，不是正确选项，而正确选项之一"龙大道故居"的选择率仅有16.4%，是所有选项中最低的。由此可见，贵州高职学生对本土红色文化资源的了解有待进一步加强。

其次，贵州高职学生对于红色文化的价值取向是比较积极的。在对第三个问题"你如何看待红色文化？"的调查中，89.11%的同学选择了"红色文化是中华民族宝贵的精神财富，应该大力弘扬"。这一选项同时对第四个问题"红色文化对你的世界观、人生观和价值观的形成影响大吗？"，53.94%的同学选择"非常大"，选择"没有影响"的仅为2%。由此可见，贵州高职学生对红色文化的认识是正确的，态度是积极的，为加强贵州红色文化融入高职学生思想政治教育打下了良好的思想基础。

二、贵州高职院校将本土红色文化融入高职学生思想政治教育现状

红色文化是思想政治教育的重要载体，"红色文化资源是贵州省特色资源与优势资源，将贵州红色文化融入本土高校思想政治教育具有重要意义"。为了解贵州高职院校将本土红色文化融入高职学生思想政治教育现状，调查问卷分别从三个角度设计了以下3个问题。第一个问题"你所在的学校对贵州红色文化的宣传程度怎么样？"，调研结果统计如图10-5所示：

选项	小计	比例
宣传力度很大	330	41.3%
宣传力度一般	399	49.94%
不了解	58	7.26%
从未听说	12	1.5%
本题有效填写人次	799	

图10-5 "你所在的学校对贵州红色文化的宣传程度怎么样"调研结果

为了解贵州红色文化融入校园建设情况,设计了问题"你所在的学校校园文化建设中体现贵州红色文化的元素多吗?"其调研结果统计如图10-6所示:

选项	小计	比例
比较多	367	45.93%
一般	397	49.69%
比较少	35	4.38%
本题有效填写人次	799	

图10-6 "你所在的学校校园文化建设中体现贵州红色文化的元素多吗?"调研结果

为进一步了解贵州本土文化融入高职学生课堂情况,设计了问题"你的思政课课堂上老师会结合贵州红色文化相关的案例进行教学吗?"统计结果如图10-7所示:

选项	小计	比例
经常	231	28.91%
一般	550	68.84%
比较少	18	2.25%
本题有效填写人次	799	

图10-7 "你的思政课课堂上老师会结合贵州文化相关的案例进行教学吗?"调研结果

根据以上3个问题的调查结果,结合与各个高职院校从事意识形态和思想政治工作的老师进行访谈,可知目前贵州高职院校思想政治教育总体上融入了一定的本土红色文化元素,但是结合的力度和效果还不是很理想。对于调查问卷中第一个问题"你所在的学校对贵州红色文化的宣传程度怎么样?",将近一半的同学选择"宣传力度一般",反映出贵州高职院校对本土红色文化的宣传力度总体上还不够理想;对于第二个问题"你所在的学校校园文化建设中体现贵州红色文化的元素多吗?",将近一半的同学选择"一般"。据调查了解,有一部分高职院校在校园文化建设中融入了红色文化,但总体来看,贵州高职院校红色校园文化建设仍有待进一步提升；对于第三个问题"你的思政课课堂上老师会结合贵州红色文化相关的案例进行教学吗？"，超过三分之二的同学选择"一般"，可见贵州本土红色文化知识与思政课的结合不够充分。此外，据调查了解，目前贵州省内还没有高职院校专门开设与贵州本土红色文化相关的课程。

综合以上调研和分析，可以得到初步结论：贵州高职院校在本土红色文化的宣传力度，以及发挥本土红色文化育人功能方面，还有很大提升空间。

第三节　贵州红色文化中蕴含高职学生思想政治教育的主要内容

红色文化是中国共产党在领导中国革命和建设过程中，将马克思主义基本原理与中国革命实践相结合而形成的先进文化，既包括物质形态的文化，又包括精神形态的文化。在贵州这片红土地上，有"各路红军转战贵州、实现伟大转折的长征文化，抗击和抵御日本帝国主义侵略的抗战文化，党领导贵州各族人民反抗国民党反动统治、争取翻身解放的革命文化……"从高职人才培养需求和特点的视角，贵州本土红色文化中包含的高职学生思想政治教育元素主要包括以下几个方面：

一、坚定的理想信念和高尚的爱国主义情操

理想信念是人生的航标和精神支柱，是一个人世界观、人生观和价值观的综合体现。引导高职学生树立崇高的理想和坚定的成长成才信念是思想政治教育的根本目标，是克服大学生前进道路迷茫和精神世界空虚的题中之义。一部红军长征史就是革命先烈坚定理想信念的最好诠释。红军长征经过贵州时，蒋介石调集各路军阀开展疯狂的军事打击，四处围追堵截，企图把革命势力扼杀在贵州境内。但面临严峻的革命形势和极端恶劣的条件，共产党人和红军指战员们前赴后继，

用热血和生命与敌人进行斗争,例如:红五十二团 100 多名红军战士为了不做俘虏和误伤百姓,毅然在石阡县困牛山的虎井沟绝壁集体跳崖,全部壮烈牺牲;在息烽集中营中,很多革命烈士被各种酷刑折磨至死都不肯向反动派投降和屈服。贵州的革命先驱、贺龙的入党介绍人周逸群同志曾说"我们共产党人,就要像铁一样硬,钢一样强!"他用实际行动兑现了自己的钢铁誓言,英勇斗争直至壮烈牺牲。在残酷的现实环境中,在非人的折磨下,在血与火的战斗中,正是革命先辈们的坚定理想信念支撑着他们铁骨铮铮、一往无前,保留了革命的火种,迎来了胜利的转折。

"青年成长道路千万条,爱国大义第一条!"我们在祖国怀中,祖国应在我们心中,厚植高职学生爱国主义情怀是培养高技术技能人才的思想保证,也是克服历史虚无主义的关键。爱国主义是红色文化的灵魂和精髓之一,贵州红色文化中蕴含着丰富的爱国主义精神,贵州省"有国家级爱国主义教育基地 5 个,省级爱国主义教育基地 50 个,地市级爱国主义教育基地 158 个",其中包括数不胜数的爱国主义事迹,例如:抗战时期的浙大西迁、松桃石良人民加工军粮迎红军;抗战时期黔南人民英勇抗击日寇和贵阳文化艺术团体的抗日救亡运动;解放战争时期青年学生掀起的"反内战、反饥饿"运动,各地党组织为迎接解放积极开展护城、护厂、护校运动等,都是爱国主义的集中体现。在贵州大地上曾有数百名留青史的爱国革命前辈,例如中共一大代表邓恩铭同志,1931 年被捕之后给家人的最后一封家书中,信夹有这样一首遗作:"三一年华转瞬间,壮志未酬奈何天,不惜唯我身先死,后继频频慰九泉"。表达了视死如归的崇高气节和对革命后继有人的坚定信心。

二、艰苦奋斗精神和集体主义精神

艰苦奋斗是中华民族的传统美德,也是青年学生干事创业和实现自身价值的精神保证。当今的高职学生以"00 后"为主,没有经历过战争年代的社会动荡,不曾体验过艰苦岁月的物质匮乏,从小过着丰衣足食的生活,导致相当一部分学生缺乏艰苦奋斗精神。贵州红色文化也是共产党带领之下的艰苦奋斗的创业史，参加过红军长征的陈云同志深有感慨地说："贵州居民之贫苦真是远非我等居住于江浙十里洋场者所能想象。做庄稼的（农民）冬穿单衣，且无完整者。每人有一件已补缝千百次的'家常衣'，小孩则隆冬还是一丝不挂。当我等行军经过时，立于路边之小孩，正在发抖。"①贵州的物质条件相对艰苦，但是贵州人民艰苦奋斗、坚韧不拔的精神却像钢铁一般。红军长征转战贵州时，面对数倍于己的敌人依然不屈不挠、艰苦抗战，取得一次又一次胜利；当日军侵入贵州时，各族人民齐心协力，顽强抵抗，使日军从荔波县黎明关到县城约40公里的路程，竟用了9天才到达。

集体主义精神是社会主义的内在要求。维护集体利益，具有集体荣誉感，一切言行都要符合人民群众的根本利益，是高职学生成长成才的重要标准。现今，大学校园中一些以自我为中心的个人主义盛行，高职学生中缺乏集体主义精神的现象比较普遍，一些学生不关心国家和社会，甚至连班集体都不关心，这就需要为校园文化注入集体主义的精神营养。贵州红色文化中蕴含着丰富的集体主义精神，有许多典型的案例，例如：1936年，红二、六军团打算在南北盘江建立新的革命根据地，但红军总部指示其北上，红二、六军团负责人召开了著名的"盘县会议"，在考虑全国的革命形势和北上抗日的主要任务之后，最终决定从服从集体和大局需要，放弃在南北盘江建设革命根据地，执行总部指示，挥师北上。"四·八烈士"王若飞同志生前常说"一切要为人民打算"，他以自己光辉的一生践行了自己的诺言，即使是在狱中仍在给难友们讲革命道理和人民群众在历史上的作用。

三、高度的社会责任感和使命感

每一代人都有每一代人的责任、使命和担当。新时代高职学生首先承担着中华民族伟大复兴的历史使命；作为国家高素质技能人才的后备力量，还承担着我

---

① 费如侃主编. 陈云与遵义会议［M］. 北京：中央文献出版社、党建读物出版社，2004.

国技术发展进步和制造业提质升级,进一步提升我国产品竞争力的光荣使命;同时作为贵州的高职学生,也承担为本省脱贫攻坚,实现后发赶超和跨越式发展做出贡献的艰巨任务。

贵州红色文化中蕴含着高度的社会责任感和使命感,这片红土地曾经是红军乃至整个中国革命做出生死抉择的重要斗争舞台,最终中国革命在这里发生了伟大的转折,不断由胜利走向更大的胜利;抗日战争时期,贵州是抗战的大后方,社会各界抗日救亡团体如筑光音乐会、沙陀话剧社等,以文艺的形式在各地积极开展抗日救亡宣传,揭露日军暴行,唤醒民智,号召人民群众起来反抗日本帝国主义侵略;解放战争时期,国民党贵州当局见败局已定,计划在贵阳市实行"焦土抵抗",大搞破坏,在遵义实行"三光"(男女老幼跑光,粮食物品藏光、一切用具搬光)政策,为保护革命成果,维护人民正常生活,在共产党的领导下,贵州人民开展了轰轰烈烈的护城、护厂和护校运动。革命战争年代,无数贵州革命先烈们以天下苍生为己任,勇立潮头与反动势力作斗争。龙大道在狱中作诗写道:"身在牢房志更坚,抛头碎骨气昂扬。乌云总有一日散,共庆东方出太阳"。邓恩铭在给父母的家书中写道:"儿生性与人不同,最憎恶的是名与利""无力顾家,这实在是不得已的事情",充分展现了他们高度的社会责任感和使命感。

四、工匠精神

工匠精神是一种高贵的职业精神,它主要包括爱岗敬业、精益求精、踏实专注、勇于创新和团结协作等优良品质。根据职业技能人才的培养目标,工匠精神是高职学生必备的精神素养,同时在我国制造业转型升级的产业背景下,大力弘扬和培育工匠精神也是时代的要求和呼唤。红色文化中的革命精神、建设精神和工匠精神的内涵在很多方面是相一致的,只是在不同的年代、在不同的领域所展现出来的形式有所不同。

红军在长征经过贵州时,面对国民党反动派的极力围剿,无数革命战士哪怕是付出生命代价都不曾退缩,这是敬业精神的最佳体现。长眠于遵义红军烈士陵园红军坟的龙思泉烈士，是一名红军卫生员；红军到达遵义后，他运用年幼时随父行医所学的高明医术，日夜不停地走村串寨为当地农民治病，被当地百姓称为"红军菩萨"，充分体现了爱岗敬业的精神；贵州红色文化中处处体现着精益求精的精神，苟坝会议是一个典型的案例，在中央政治局会议作出攻打打鼓新场（今金沙县城）的决定之后，毛泽东同志再三分析，反复研究，最终说服中央政治局开会作出取消攻打打鼓新场的决定，避免了遭受全军覆灭的危险；贵州红色文化中也包含着丰富的创新精神，红军长征是党的历史上的一次伟大创举，红军长征在贵州又创造性地作出了一系列的决议和开展了一系列的斗争，例如黎平会议和四渡赤水，都是发挥创新精神的良好体现；红军长征在贵州完成伟大转折，最终摆脱被扼杀的命运，是全党全军团结协作和踏实专注、努力奋战的结果，是工匠精神的最好诠释。

贵州红色文化所承载的坚定的理想信念、高尚的道德情操、深厚的爱国主义情感、艰苦奋斗的优良作风、不屈不挠的革命精神等影响着人们的思想观念，陶冶了人们的道德情操，丰富了人们的精神世界，有利于人们形成统一的意志，鼓舞人们为实现共同目标而努力奋斗。针对高职学生思想政治教育和人才培养需要挖掘的蕴含在贵州红色文化中的丰富内容，是高职学生学习的重要对象和思想政治教育的宝贵载体，对于高素质技能人才的培养具有重要意义。

第四节 贵州红色文化融入高职学生思想政治教育的路径探索

习近平总书记曾指出要"把红色传统发扬好、把红色资源利用好，把红色基因传承好"。红色文化是铸魂育人、立德树人的重要载体，将贵州红色文化融入高职学生思想政治教育，提升思想政治教育的感染力和渗透力，增强高职学生思想政治教育实效性，有利于培养德技并修的高素质技能人才。贵州红色文化融入高职学生思想政治教育主要通过以下几个途径实现。

一、开展贵州红色文化课程教学

问卷调查中,对于问题"你比较倾向从哪些途径进行贵州红色文化的学习?[多选题]",73.34%的同学选择了"老师课堂讲授",由此可见,通过老师讲授红色文化知识,是同学们比较接受的一种途径。开展贵州本土红色文化教学主要有两种方式,一是开设与贵州红色文化相关的专门课程,二是将贵州本土红色文化融入思政课和其他通识课,两种方式并行不悖。

(一)开设贵州红色文化课程

贵州红色文化的内容丰富而复杂,其中包括翔实的历史知识和精神内涵,要让高职学生较为系统地把握贵州本土红色文化的学习,必须要开设专门的贵州红色文化课程,这是贵州红色文化融入高职学生思想政治教育路径的最主要方式,也是最有效、最可靠的途径,其他途径则可作为重要的补充手段。开设专门的课程首先需要适宜的教材,目前市场上尚无满足教学要求的适用读本,因此编制一本篇幅适中,既有思想高度、理论深度,同时更有感情温度,符合高职学生思想政治教育和人才培养特点的教材是当务之急。有条件的高职院校也可以组织本校的思政课教师编制符合本校学生专业特色的校本教材,这样教学效果会更加理想。

在课程的教学形式上,尽管现在视频教学成为发展的潮流,运用的范围也越来越广,但教师随堂上课仍然是效果最好的方式。如果教学计划中课程安排较为紧张,也可以采取视频教学的形式,让学生通过各种学习平台灵活地进行学习,但要加强考核,以保证学习效果。因此各个高职院校在选择贵州红色文化课程开设方式时,可以根据学生教学计划的松紧程度灵活掌握。

(二)将贵州本土红色文化融入思政课和其他通识课

红色文化与思想政治理论课是天然的"最佳拍档",二者相互补充、相互促进。贵州高职院校中,思想政治理论课程主要开设有"思想道德修养与法治""毛泽东思想和中国特色社会主义理论体系概论""习近平新时代中国特色社会主义思想概论"。将红色文化融入思政课,主要通过结合贵州红色文化元素,运用大量相关案例开展思政课教学,从而让思政课更加生动形象,增强思政课的感染力和渗透力，而且更容易引起学生思想的同频共振，切实提升课堂教学效果。

红色文化不仅可以融入思政课，也可以融入"贵州省情""党史课""团课""劳动教育"等通识课程，尤其是"贵州省情"，本身就包括本土红色文化的内容。在这些通识课程教学中，可以专门加入"贵州本土红色文化"专题教学，利用一定的课时量，系统地讲解不同阶段的红色文化，帮助贵州高职学生加强对家乡革命历史和红色文化的了解和掌握，提升对家乡的归属感，进而激励青年学生发扬优良传统，传承贵州革命先辈干事创业、奋发向上的精气神。

二、加强校园红色文化建设

校园文化具有重要的育人功能，是开展学生思想政治教育的重要载体。加强校园红色文化建设，擦亮校园文化底色，可以使学生在耳濡目染中接受红色文化熏陶，接受红色精神洗礼，充分发挥贵州本土红色文化的立德树人作用。校园文化建设主要围绕硬件设施建设和文化氛围营造两个方面开展。

在硬件设施建设方面，各高职院校可在校园建设和装修过程中充分融入贵州本土红色文化元素，修建贵州红色文化主题广场、公园、场馆等，充分发挥红色文化的教育价值和作用。例如：贵州职业技术学院在校园中修建了"红色文化广场"，通过革命先烈塑像、红军长征在贵州发生的重大历史事件浮雕等形式，再现峥嵘岁月里的人物与史实；黔南民族师范学院修建了全国首个高校思想政治教育主题广场——"五星广场"，由"红色印迹""伟大转折""时代英模""地图广场""党徽党旗和党的重要思想理论"五个部分组成。此外，各学校应充分利用学校宣传栏、大型 LED 显示屏等设施，在教学区域、寝室以及食堂加强贵州红色文化的宣传。

营造浓郁的红色校园文化氛围。各学校团委和学工部门应充分发挥第二课堂的育人功能，积极举办和开展形式多样的贵州红色文化主题活动，例如：在五四青年节、国庆节和"一二·九"运动纪念日等重要时间节点，组织开展红歌合唱比赛、征文比赛、红色诗词吟诵比赛、话剧表演、贵州红色文化知识竞赛以及讲述家乡红色故事等活动。此外，学校应鼓励并引导成立学习贵州红色文化的学生社团，积极开展学习和宣传贵州本土红色文化的活动，在校园营造积极向上、不忘初心、面向未来、锐意进取的良好风尚。

贵州红色文化资源内容丰富，形式多样。高职院校要顺应时代发展，加大对贵州红色文化资源的开发和使用，多渠道地持续推动贵州红色文化融入校园文化建设，以贵州红色文化促进校园文化建设迈上新台阶，提升思政教育的实效性，实现立德树人根本目标。

三、开展校外红色文化实践活动

"纸上得来终觉浅，绝知此事要躬行。"实践是检验真理的唯一标准，实践也是学习的重要途径，只有通过实践积累丰富的感性认识材料，才能更好地形成理性认识。开展校外红色文化实践活动主要有两种方式：一是赴贵州红色文化遗址和爱国主义教育基地考察学习。依靠贵州丰富的红色文化资源优势，通过实地考察，帮助高职学生更直观地了解历史故事发生的地理环境、自然特点以及前后经过，从而产生视觉、听觉和感觉的体验和冲击，让学生在体验中感悟，在感悟中升华思想和提高人生境界，激发青年学生秉承革命前辈吃苦耐劳、坚韧不拔的精神；二是利用寒暑假时间开展"三下乡"和其他主题调研活动。实践活动的地点可以选择革命老区，学生在实践活动中，要深入了解当年革命和建设过程中所发生的历史事件的来龙去脉，同时通过深入考察革命圣地，进一步查访、搜集红色文化资源，深挖其历史和文化价值，传承宝贵的红色精神，促进青年学生树立崇高理念，坚定成才信念，为中华民族伟大复兴不懈奋斗。

虽然学生是实践的主体，但不能忽视老师的指导作用。实践指导教师必须首先将具体红色文化实践项目申报给学校相关管理部门并获得批准，并及时与实践目的地相关管理部门获得联系，就具体参观时间、参观计划与经费问题等进行沟通。在时间选择上，尽量避免占用课堂教学时间，如果学生不多，可以把学生带到现场进行现场教学活动。在地点选择上，尽量选择离学校较近的地方。贵州省高职院校多集中在贵阳,贵阳红色旅游资源的精华部分是红军革命文化遗迹,同时也包括辛亥革命、抗日战争和解放战争时期的革命文化遗迹等,应充分利用贵阳红色旅游资源,将其转化为教学资源。

四、充分运用互联网、新媒体进行宣传引导

在进入信息化时代和互联网时代的今天,红色文化作为传统文化的一部分,只有顺势而上,积极与时代接轨,充分搭载先进的技术手段和传播媒介,才能不断发扬光大;学校也只有用积极向上的先进文化主动占领网络和新媒体文化高地,不断弘扬主旋律,传播正能量,才能引领青年学生思想进步和人生发展的航向,培养符合社会发展和国家需要的"又红又专"的技能型人才。

在之前所做的问卷调查中,对于问题"你比较倾向从哪些途径进行贵州红色文化的学习?[多选题]",选择量最大的选项为"网络媒体途径"。由此可见,通过互联网和新媒体渠道进行学习是最受高职学生欢迎的。学校应充分发挥互联网、新媒体平台在贵州红色文化融入思想政治教育中的功能和作用。首先,加强红色文化网站、微信公众平台和易班平台建设。根据高职学生人才培养的要求,采取学生喜闻乐见的方式,将贵州红色文化、红色精神、红色故事等学习资源上传至网络空间,组织并推送给学生学习;其次,充分利用抖音、快手等自媒体平台。近年来,各大自媒体平台深受青年学生的欢迎和喜爱,学校宣传部门可以将贵州红色文化通过短视频的方式加以宣传和推广;最后,制作开发以贵州红色文化为题材的益智网络游戏。电子竞技已经逐渐得到一定的认可,网络游戏也是学生休闲娱乐的重要方式之一,开发以贵州红色文化为题材的益智网络游戏不仅可以具有一定的育人作用,还能避免学生沉溺于其他不健康的网络游戏当中。

贵州省是红色文化资源和红色文化大省,红色文化也是贵州省的一张亮丽名片,潜藏着巨大的文化宣传和育人价值。近年来,国家高度重视意识形态和思想政治工作,而提升大学生思想政治教育的实效性,是高校教育教学和人才培养需要突破的难题和关键点,也是落实"立德树人"根本目标的重要抓手。

将贵州本土红色文化与高校思想政治教育相结合，可以丰富思想政治教育的内容，增强思想政治教育的感染力，一方面可以解决目前高校思政课普遍存在的抬头率不高、吸引力不强等问题，改进思想政治教育的方式，促进大学生理想信念教育、三观教育和综合素质的提升；另一方面，贵州本土红色文化融入高校思想政治教育，可以不断深挖贵州红色文化资源，增强贵州红色文化在贵州本土乃至全国的宣传力度，使贵州红色文化蕴涵的宝贵精神得到更广泛的传播。

根据高职学生的思想政治素养水平、对思想政治教育的偏好以及高职人才培养的目标，将贵州红色文化融入贵州高职学生思想政治教育具有重大理论和现实意义。本章在现有条件和基础上开展了贵州红色文化融入高职学生思想政治教育状况调查，挖掘了部分贵州红色文化中蕴含的高职学生思想政治教育的内涵，并探索了贵州红色文化融入高职学生思想政治教育的路径，其中还有一定的不足之处，需要我们继续探索，深入研究，以不断提升高职学生思想政治教育水平，加强对贵州红色文化的宣传，让贵州红色文化绽放出更加绚烂的光彩。

第十一章　贵州红色文化资源嵌入思政课"四堂联动"

第一节　"四堂联动"协同育人的红色路径研究

一、研究提出的背景和研究现状

（一）研究背景

2021年是建党100周年，学好党史、讲好红色故事是我们的重要使命，党的十八大以来，习近平总书记多次强调"把红色资源利用好，把红色传统发扬好，把红色基因传承好"。红色文化资源具有良好的育人功能和育人价值，是助推高校思政课改革的有效载体和有力抓手。以理论课堂、实践课堂、网络课堂、社会课堂构建的"四堂联动"的课程改革是践行"大思政"格局的先行典范。在建党百年之际，为使四史学习教育走实、走深，为深入学习贯彻习近平总书记关于思政教育的重要讲话精神，贵州高校立足本地红色文化，挖掘本地红色文化资源，抓住贵州特色和优势，努力实现贵州高校思想政治教育提质创优，培育德智体美劳全面发展的社会主义建设者和接班人。

（二）国内外关于本研究中涉及的核心概念的界定

1. 协同育人。目前虽然学界围绕协同育人展开了一定数量的研究，但尚未对其概念和含义作出官方界定或权威解释。研究者徐平利在《试论高职教育"协同育人"的价值理念》一文中，曾将其诠释为"各个育人主体以人才培养和使用为目的，在系统内共享资源、积蓄能量的有效互动"。袁小平在《高校思想政治教育与创新创业教育的协同育人模式研究》一文中，将协同育人定义为"两个或两个以上的不同资源或个体在系统内坚持资源共享、优势互补、责任分担、利益互赢、能量积蓄的原则，共同培养符合社会所需要的高技能人才的有效互动过程或活动"。协同育人理念强调各育人主体之间相互配合、互通有无，从而实现整体效能的提高，这样不仅能够有效地避免各育人主体出现单兵作战的局面，而且对于提升教育水平、实现育人目标具有重要的促进作用。

2. 红色文化资源

红色文化资源是中国共产党领导广大人民群众在马克思主义理论指导下，在实现民族解放、国家富强和中华民族伟大复兴的历史征程中所创造并保存下来的一种物质与精神形态共存的特殊宝贵资源。红色文化资源的内涵非常丰富，包括了物质形态、精神形态、信息形态和制度形态。物质形态主要以战争遗迹遗址、人物塑像、革命先烈旧居、革命纪念馆（碑/塔）、烈士陵园、博物馆、展览馆等形式存在。精神形态主要指中国共产党领导全国人民在革命、建设和改革时期求索和追寻的政治信仰、理论知识、价值取向和道德观念等。制度形态是指党在历史发展各个阶段的纲领、路线、方针、政策等一系列的规范体系和行为模式，涵括了创建、推行和保护红色文化的各种规章制度以及政策法规。信息形态主要包括革命报刊书籍，领袖人物和革命先烈的经典著作、书信以及诗词，红色歌曲，革命标语，革命人物传记和回忆录，红色访谈资料等。

（二）国内外研究概况、趋势

1. 红色文化资源融入相关研究

以 CNKI 中文期刊数据库为数据检索来源，检索时间截至 2022 年 6 月 25 日，输入检索条件为主题词"红色文化资源融入"，共得到有效文献 126 篇，其中论文 98 篇，硕士论文 28 篇。论文课题可以归纳为以下六个方面：（1）红色文化资源概念的界定；（2）融入高校思想政治理论课的意义、困境、途径等展开研究；（3）融入思政课的思修、概论、近代史、贵州省情等具体的一门课程教学；（4）融入大学生思政教育和辅导员日常工作的意义、途径、模式等；（5）融入具体的教育内容和领域，如理想信念教育、爱国主义教育、社会主义核心价值观教育、意识形态教育、美术教育、社区教育、德育、党性教育、廉政教育、政治信仰教育等；（6）将不同地域、不同省份的红色文化资源融入视角，如江西、陕西、山西、贵州、四川、新疆、辽宁等省及自治区的革命历史故事，以及皖西、遵义、湘西、保定、延安、皖北等革命根据地历史回顾。

在学术著作中，专家学者对红色文化资源的研究成绩斐然。王炳林在人民出版社出版的《高校红色文化资源育人发展报告（2016）》，立足于全国各地各高校运用红色文化资源育人的发展现状背景，以总－分的形式，从分析红色文化资源的育人价值入手，分述高校红色文化资源育人的理论经验、教学实践、保障条件、创新案例等，全面、综合地对红色文化资源育人的现实状况、发展动态、未来趋势作了深刻总结，具有对红色文化资源与思想政治教育融合的实践指导作用。吴布林于2016年中国矿业大学出版社出版的《新媒体背景下红色文化资源利用与大学生思想政治教育成效性研究》，立足于新媒体环境，以大学生思想政治教育工作的现状研究为基础，借助红色文化资源内容鲜明、形式多样、富有感染力的特点，探索开展思想政治教育的新方法。

2. 协同育人方面的研究

协同思想的起源很早，而真正形成系统的协同理论，则有赖于物理学家赫尔曼·哈肯在20世纪70年代创立的协同学（Synergetics）。协同理论的研究重点是一个远离平衡状态的开放系统，如何通过其自身内部的协同，自发地形成有序结构，并能够与外界进行物质和能量的交换。1977年《协同学导论》和1983年《高等协同学》系统地论述了协同理论。哈肯在《协同学——自然成功的奥秘》中将"协同学"定义为：一门在普遍规律支配下的有序的、自组织的集体行为的科学。哈肯从各种复杂开放系统入手，研究它们从旧结构转变为新结构的相似性，找寻它们从无序转变为有序的规律和机理，进而得出系统内部大量子系统的协同效应是形成系统整体性的重要因素。作为复杂系统论的重要分支之一，协同论已经有了广泛的应用，具有普遍适用性。

由此可见，有关红色文化资源融入方面的研究，或是集中在某一项具体的范围,或是融入某一具体的教育内容,而较少成系统性地融入"大思政"格局。2020年8月《教育部等八部门关于加快构建高校思想政治工作体系的意见》颁布,强调构建七大工作体系。由此启示高校可以将红色文化资源融入的范围继续扩充,深度融合到七大工作体系来拓展空间。2022年8月教育部等十部门关于印发《全面推进"大思政课"建设的工作方案》的通知提出,坚持开门办思政课,强化问题意识、突出实践导向,充分调动全社会力量和资源,建设"大课堂"、搭建"大平台"、建好"大师资",建设全国高校思政课教研系统,设立一批实践教学基地,推出一批优质教学资源,做优一批品牌示范活动,支持建设综合改革试验区,推动思政小课堂与社会大课堂相结合,推动各类课程与思政课同向同行,教育引导学生坚定"四个自信",成为堪当民族复兴重任的时代新人。拓展课堂教学内容。教育部组织制作"思政课导学"课件、讲义、专题片等,帮助教师讲深讲透讲活学好思政课的重要意义。各地各校围绕新时代的伟大实践,充分挖掘地方红色文化、校史资源,将伟大建党精神和抗疫精神、科学家精神、载人航天精神等伟大精神,生动鲜活的实践成就,以及英雄模范的先进事迹等引入课堂,推动党的创新理论和历史实践融入各学段各门思政课。贵州省抓住红色文化资源有效载体,充分发挥育人功能和育人价值,开辟以理论课堂、实践课堂、网络课堂、社会课堂构建的"四堂联动",是践行"大思政"格局的先行典范,可以实现网上网下、理论实践、课堂日常协同育人,形成合力共同完成培育目标。

3. 国外相关研究

国外关于红色文化资源融入的研究没有太多学者涉足,但围绕红色文化资源融入可借鉴一些学术理念,如皮亚杰的"认知发展理论",科尔伯格的"三水平六阶段"理论,韦伯的"渗透理论",美国的新品格教育,德国的中小学劳动教育实践和理论,古希腊重视道德实践的哲学家亚里士多德以及强调外部环境对人重要影响的柏拉图和德谟克利特等人的理论。亚维·菲利波夫的《俄罗斯历史:1945—2006》(2007)以及俄罗斯政府通过的《2006—2010俄联邦公民爱国主义教育纲要》(2006)等著作,充分展现了俄罗斯在新时代条件下,将学校作为开展思想政治教育的主要场所，对青年学生进行爱国主义教育和道德教育的重要规划。俄罗斯对苏联红色历史从全盘否定到理性反思的重大变化，为我们开发利用红色文化资源，增强高校思想政治教育的实效性具有积极的实践指导意义。

二、研究的理论意义和实际意义

（一）理论意义

本项目在系统分析和把握前人研究成果的基础上，尝试对协同育人的内涵进行界定及特征分析，把协同理论和协同育人理念引入教学与红色文化资源融入思政课"四堂联动"有机融合，尝试在深入学习党史的教育背景下，构建红色文化资源融入贵州高校思政课"四堂联动"协同育人工作新机制。本章以红色文化资源为切入点，概括了红色文化资源的概念特征、功能特点，提炼红色文化资源的思想政治教育价值，有利于丰富高职思想政治教育的基本规律、内容与载体、教学改革与创新等方面的理论宝库。同时也应看到，目前在这一问题上还缺乏具体的实证依据，大多数的结论都缺乏数据和事实的支撑。而本章以贵州职业技术学院现在进行的"四堂联动"教学改革为典型范例，通过对有关部门、班级和学生进行问卷调查和实地调研，使理论研究具有真实性、可靠性。

（二）实际意义

贵州全省88个县（市、区）中的68个留下了红军长征的光辉足迹，革命遗址和红色遗存星罗棋布，红色文化资源丰富多样。贵州省高校应充分利用这些红色文化资源，挖掘其中的育人功能和精神激励、价值引领的重要价值，发挥其"红色引擎"作用，增强党史教育生机活力，赋能高校思政教育。贵州省已颁布《贵州省推进教育现代化建设特色教育强省实施纲要（2018—2027）》，本项目从新的融入视角，把协同育人理念引入"四堂联动"教改中，实现理论指导实践，同时通过研究红色文化资源融入思政教育为载体和切入点，以贵州职业技术学院进行的"四堂联动"为重点研究对象，为贵州职业技术学院"四堂联动"提供科学理论依据，发现改革中存在的难点问题和有益尝试，以点带面，为贵州本地乃至国内其他高校开展高校思政教育，在规律性、可操作性、可推广性等方面提供借鉴；同时为本地区本校协同育人，提供一个定位清晰的视角，以期为贵州省乃至我国高校思政教育改革提供一个研究范例。

三、本章主要内容和研究思路

本章以红色文化资源融入"四堂联动"为实践载体，与协同育人理念为研究对象，秉承理论研究与实证分析相结合的研究思路，对贵州高校思政教育协同育人提质创优建设展开研究。首先，系统梳理协同育人的基本理论，以及协同育人机制建设系统内的要素构建。其次，基于贵州高校思政教育协同育人提质创优建设的现实状况，分析归纳红色文化资源融入贵州高校思政"四堂联动"协同育人过程中存在的问题及其成因，为建立健全贵州高校思政"四堂联动"协同育人机制提供现实依据。最后，针对贵州高校思政"四堂联动"协同育人存在的不足之处，提出在协同育人理念指导下开展"四堂联动"，建立健全贵州高校思政"四堂联动"协同育人机制的可能方向，从而达到解决问题的目的。

（一）总体框架

1. 厘清核心概念和研究范畴。对本项目要开展的核心概念进行界定，对红色文化资源融入、育人价值、育人功能、协同论、协同育人等进行学理性概念辨析，梳理专业化、学科化的内涵和边界。

2. 探寻开展"四堂联动"的理论依据。包括红色文化融入贵州高校"四堂联动"的时代背景，协同育人理念引入"四堂联动"的学理分析，习近平总书记关于思政教育的重要论述，贵州"教育强省"相关文件的明确规定等。

3. 开展"四堂联动"的实践调研，考察贵州高校红色文化融入思政教育现状，主要以贵州职业技术学院开展的"四堂联动"为典型案例。

4. 红色文化资源融入"四堂联动"有效进路。红色文化资源融入理论课堂：挖掘红色文化资源理论价值、开展四史教育、采用专题式案例式教学、发挥主渠道作用。红色文化资源融入实践课堂：包括发掘课程资源、设计主题式红色实践教学设计、建设校内红色实践基地。红色文化资源融入网络课堂：包括融媒体建设、虚拟仿真体验式教学、网内网外联动、红色正能量舆论引导。红色文化资源融入社会课堂：包括发展校外社会红色基地、开展大学生寒暑假走基层活动、发挥社会实习作用、坚持党建为抓手。

5. 红色文化资源融入贵州高校"四堂联动"协同育人机制。注重顶层设计指导，统一人才培养目标。

第二节 红色文化资源融入"四堂联动"的时代意义

建党百年之际，在贵州地区，为使四史学习教育走实走深，把习近平总书记关于思政教育的相关论述贯彻到地方高校，贵州高校立足本地历史民情，挖掘本地红色文化资源，以实现贵州高校思想政治教育提质创优，推动贵州"十四五"期间建设教育强省，培育德智体美劳全面发展的社会主义建设者和接班人。

一、落实习近平总书记思政教育的重要论述以培根铸魂

思想政治理论课是"培根铸魂"的根本性课程，习近平总书记多次强调思政课的重要性。在2019年3月18日的学校思政课教师座谈会上，习近平总书记提出："推动思想政治理论课改革创新，要不断增强思政课的思想性、理论性和亲和力、针对性。"这些关于思想政治理论课的重要讲话和精神，给思想政治理论课的改革创新指明了路径和方向。习近平总书记还指出："党中央对思想政治工作高度重视，中华民族几千年来形成了博大精深的优秀传统文化，我们党带领人民在革命、建设、改革过程中锻造的革命文化和社会主义先进文化，为思政课建设提供了深厚力量。"[1]身处贵州的院校以习近平总书记对思想政治理论课改革的重要指

---

[1] 习近平.用新时代中国特色社会主义思想铸魂育人 贯彻党的教育方针落实立德树人根本任务[N].人民日报，2019-03-19（1）.

示精神为指导，结合本地区近现代史特色挖掘优秀传统文化、革命文化，充分利用红色文化资源，在思想政治理论课改革创新上积极探索；同时紧密结合当代贵州实际和时代发展要求，坚持理论联系实际，增强思想政治教育的针对性、实效性、说服力和感召力，努力将思想政治理论课办成立德树人的重要阵地和铸魂育人的第一课堂。

习近平总书记关于红色文化的重要论述赋予红色文化以新的时代内涵和生机活力。他在中共中央政治局第十三次集体学习时指出："对历史文化特别是先人传承下来的价值理念和道德规范，要坚持古为今用、推陈出新，有鉴别地加以对待，有扬弃地予以继承，努力用中华民族创造的一切精神财富来以文化人、以文育人。"① 要用革命文化熏陶人，革命精神是革命文化的灵魂，办好中国特色社会主义教育就是要用革命精神教育学生、感染学生，既注重知识学习，又加强情感培育，使红色基因渗进血液、沁入心扉。用社会主义先进文化引导人，意味着既要从中华优秀传统文化中汲取思想精华和道德精髓，又要从红色革命文化中获得智慧滋养和精神砥砺。继承革命传统，传承红色基因，目的是引导广大青少年树立正确的世界观、人生观、价值观。红色文化作为中国历史文化的重要组成部分，也必然具有以文化人和以文育人的德育功能。习近平在参观鄂豫皖苏区革命博物馆时强调："革命博物馆、纪念馆、党史馆、烈士陵园等是党和国家红色基因库。要讲好党的故事、革命的故事、根据地的故事、英雄和烈士的故事，加强革命传统教育、爱国主义教育、青少年思想道德教育，把红色基因传承好，确保红色江山永不变色。"② 贵州拥有十分丰富的红色文化资源，具有深厚的红色文化底蕴。习近平总书记在贵州调研时强调，要充分利用红色文化资源，开展党的优良传统教育和理想信念教育。红色文化具有多维育人价值，红色文化资源中包含着爱国情感、理想信念以及革命精神；尤其是本土红色文化，与学生有更亲密的情感联

---

① 习近平. 习近平谈治国理政（第一卷）[M]. 北京：外文出版社，2018：164.
② 习近平. 坚定信心埋头苦干奋勇争先 谱写新时代中原更加出彩的绚丽篇章[N]. 人民日报，2019－09－19（1）.

系，更贴近学生现实生活，更容易入脑入心。

二、四史教育融入贵州高校思政教育的时代要求

2021年5月12日教育部颁发的《教育部办公厅关于在思政课中加强以党史教育为重点的"四史"教育的通知》（教社科厅函〔2021〕8号）特别指出：各地各校应充分发挥思想政治理论课主渠道作用，在以党史教育为重点的"四史"教育中有效提升学生的政治认同、思想认同、情感认同，真正做到"学史明理、学史增信、学史崇德、学史力行"。[①]身处贵州的高校，坚定贯彻落实文件要求，结合本地区红色文化资源优势，结合贵州红色文化特色，立足本地本校，精心设计教学内容、运用各类载体，讲好党的故事、革命的故事、英雄的故事，深挖教育系统红色文化资源"鲜活教材"。通过新型思政教育增强大学生的使命担当，引导大学生矢志不渝听党话、跟党走。

贵州是孕育初心使命的"红色沃土"。贵州的红色文化资源，是中国共产党带领中国人民在贵州大地上进行的斗争和革命中所积累的文化资源，其内涵非常丰富，包括红色文化的物质形态、精神形态、信息形态和制度形态。贵州作为红军长征转战时间最长的省份，是著名的红色文化圣地，广泛分布的红色文化资源遍及全省68个县市区，重要的革命遗址有2067处，其中红军长征文化遗址共900多处。红色文化是在革命战争年代，由中国共产党人、先进分子和人民群众共同创造并极具中国特色的先进文化，蕴含着丰富的革命精神和厚重的历史文化内涵。红色文化是一种重要的思想政治资源，它激励了一代又一代中华儿女为理想和信仰拼搏奋斗。贵州高校开展"四史"教育要立足贵州实际，服务贵州发展，深耕贵州大地。通过追寻红色革命记忆，讲好红色故事，传承红色基因，孕育初心使命，坚定理想信念。所以说贵州开展"四史"，进行红色文化理想信念教育有着得天独厚的优势。

[①] 教育部颁发《教育部办公厅关于在思政课中加强以党史教育为重点的"四史"教育的通知》（教社科厅函〔2021〕8号）[EB/OL]. 2021－5－12. http://www.moe.gov.cn/srcsite/A13/moe_772/202105/t20210511_530840.html.

"一切向前走，都不能忘记走过的路；走得再远、走到再光辉的未来，也不能忘记走过的过去，不能忘记为什么出发。面向未来，面对挑战，全党同志一定要不忘初心、继续前进。"①贵州是一片红色沃土，是中国革命走向胜利的伟大转折之地，回首80多年的峥嵘岁月，长征精神代代相传，遵义会议永放光芒。中国革命波澜壮阔的历史进程，革命者感天动地的丰功伟绩，会议旧址、陈列馆、纪念馆、战斗遗址、革命遗物、红色文化广场等展现出的震撼心魄的场景，它们永远都是感动后来人、教育青年人的最佳题材。从《遵义会议》《四渡赤水》《伟大的转折》等影视剧到《四渡赤水出奇兵》《遵义红又红》《十谢共产党》等红色歌曲；从《红色贵州》《贵州红色故事》《贵州红色文化地图》《贵州不会忘记》《追寻红军在贵州的足迹》《贵州革命史话》《中国共产党贵州历史（第一、二卷）》等红色书籍到《历史转折》《四渡赤水》《强渡乌江》等红军人物和战斗场景浮雕等红色艺术，这些红色文化作品极大地塑造和展现了在那个战火纷飞的年代、在那个特殊的社会历史时期里，革命先辈和红军战士为生存、为理想而苦苦寻找解放道路的斗争精神，同时揭示了一个时代、一个民族对美好世界的向往、为革命理想而献身的气概，其鲜明的爱国主义、集体主义、舍生忘死的英雄主义在人们的脑海里烙下了深深的印记。在特定时代勇于为理想而献身的精神以及那些朴实无华的遗物陈迹，更增添了一份无法复制的本色魅力，使不同时期、不同年龄的群体，在品味这些红色遗产时，必定会有丰富的收获和感悟，这就是红色经典超越时空的生命力所在，是激励后来者追求理想和信仰的动力与源泉，也是贵州高校开展"四史"教育天然的教材。

三、推动贵州省建设教育强省提质培优的现实要求

2020年11月8日中共贵州省委办公厅贵州省人民政府办公厅印发《关于新时代学校思想政治理论课改革创新的实施意见》，提出要着力构建"四堂联动"的

---

① 习近平. 习近平谈治国理政（第二卷）[M]. 北京：外文出版社，2017.11（33）.

思想政治理论课体系，打破以课堂教学为主的思想政治理论课单一教育教学模式，着力构建以"教学第一课堂、实践第二课堂、网络新课堂、社会大课堂"为主体的思想政治理论课教学体系。设立"新时代思想政治理论课研学基地"，打造一批理想信念教育基地，共享学校育人资源，积极探索并开展思想政治理论课社会实践研学，融理论讲授、参观体验、现场教学、动手实践、志愿服务为一体。贵州高校抓住红色文化这条主线，使之贯穿"四堂联动"思政课体系。所谓"四堂联动"，就是将思想政治理论课的理论课堂、实践课堂、网络课堂、社会课堂四种不同类型，按照"突出面授课堂、激活实践课堂、占领网络课堂、用好社会课堂"的总体思路，实行思政专家、思政教师、专职辅导员、学生"四位一体"的"四堂联动"，推动思想政治理论课的改革和发展。而所谓"联动"，主要强调这四大课堂需要同时考虑到理论的一致性、实践的操作性、时间的延续性和空间的并存性，更强调这四大课堂的联动性。"四堂联动"有效地破解了思想政治理论课的难题，实现了思想政治理论课教学向教育全过程和全要素的全面渗透与融合；经过深入挖掘和综合创新，力争全面提升思政课"铸魂育人"的功能，确保"四个课堂"都有拓展的空间，有延展的可能，有实施的依据。

第三节 突出理论课堂：挖掘红色文化资源的理论价值

中共中央、国务院印发的《中国教育现代化2035》明确指出："全面落实立德树人根本任务，广泛开展理想信念教育，厚植爱国主义情怀，加强品德修养，增长知识见识，培养奋斗精神，不断提高学生思想水平、政治觉悟、道德品质、文化素养。"思想和精神的健康成长是一个人生命之"核"[①]。因此，学校要注重对学生思想价值观和精神追求的引领，关注学生个体发展特性，促进学生思想和道

---

① 中共中央、国务院. 中国教育现代化2035 [EB/OL]. [2019-02-23]. http://www.moe.gov.cn/jyb_xwfb/s6052/moe_838/201902/t20190223_370857.html.

德、个性和智慧、知识和技能等综合素质的提高。

为深入贯彻落实中共中央办公厅、国务院办公厅《关于深化新时代学校思想政治理论课改革创新的若干意见》精神，充分发挥课程在立德树人中的重要作用。高校思想政治理论课运用马克思主义的基本观点和方法，引导大学生树立正确的世界观、人生观和价值观，积极践行社会主义核心价值观；结合课程内容开展道德教育、法制教育、理论教育，引导大学生形成正确的道德观、法治观、人生观、世界观、价值观，培养他们的道德意识、法制观念、思维水平，进而提升思想道德素质、法治素养、文明素养。思政课具有思想性、政治性、科学性、理论性、实践性等特性，对满足学生成长成才和终身发展需求，成长为有理想、有本领、有情操，能担当民族复兴大任的时代新人具有重大价值和意义。

一、理论课堂

理论课堂，是以课堂讲授为主，通过系统的理论教学，以社会主义核心价值观为主线，针对大学生成长过程中面临的思想问题，引导学生积极追求人生价值、坚定理想信念、强化爱国主义、践行社会主义核心价值观、提高思想道德素质和养成法治思维；培养学生运用理论知识分析、解决问题的能力，引领他们在学习和思考中探求真理，提高其综合素质；凝聚青春力量为新时代助力，这是理论课堂的本质和目的。

理论课堂需要结合社会对高校人才的职业素养、职业能力以及人的全面发展要求，遵循大学生思想道德形成和身心发展的客观规律，将理论与道德修养相结合、理论与解决人生问题相结合、理论与开展道德实践及提升道德境界相结合、理论与提高职业素养相结合，让学生学习并掌握理论，学会理性、科学地认识成长过程中关乎理想、人生、价值观等方面的问题，培养良好的职业道德，提升职业能力和职业素养，增强综合素质。

思政课蕴含丰富的理论知识，但理论课堂不仅局限于理论知识的传授，"抽象"的理论缺乏生动鲜活的呈现，不利于彰显和发挥其真理魅力。理论课堂除了知识传授，更重要的是用价值导向引领学生思想、用人文关怀启迪学生心灵、用道德法规塑造学生品质，赋予学生在人生路上行动的力量，给予他们信念的牵引。理论课堂要将抽象的理论融于具象的生活之中，结合生活中的实例穿插分析，巧用鲜活故事阐释，通过案例启迪思考，在教学中有意识地加强对学生理论思维和应用能力的训练，从而提升理论课堂教学效果。因此，理论课堂不再仅仅是"知识传授"的课堂，更要成为全程互动的课堂、关注成长的课堂、自我完善的课堂。一是全程互动的课堂。理论课堂打破了教师主导整个教学过程而学生处于被动接收的沉闷局面，通过发挥学生的主体性和调动他们的参与性，让课堂教学实现"传话"到"对话"的转变，提升教学实效。二是关注成长的课堂。理论课堂是以学生为中心，以学生的发展为目的，因而要从传授知识为主的课堂，转变为关注学生健康成长需求的课堂。理论课堂中习得的理论知识对解决和分析课堂外学生关注的社会难点、热点问题以及学习生活中遇到的实际困难和问题应该有所帮助和启发。三是自我完善的课堂。传统的"填鸭式"教学方式采用"教师传授知识"和"要学生学"的教学理念，旨在通过教师的讲授，使学生被动接受教育。一味地灌输，非但不能把理论"内化"到学生的思想和行为中，还极易引起学生反感，以致影响教学效果。

二、开放与互动的理论课堂

所谓开放与互动，就是改变传统教学方式，让学生参与到教学之中。课堂的主体不再是以教师为主的灌输，而是将师生之间的互动作为知识有效传递的主要途径。参与式教学，教师由传统意义上的"知识提供者"、标准答案的"发布者"转变成为学生的"引导者"，让教学在师生互动参与过程中顺利完成，使学生在教师的指导下完成"如何学""如何做"，并且"多动""多说""多想"。参与式教学旨在通过教师的指导，充分调动学生参与课堂的积极性，让学生在课堂上通过讨论、演讲、观摩等形式主动参与思考和表达，提高学生"课堂存在感"。

三、多样教学方法的应用

新媒体教学是当代教育模式中的一种新型教育方式，它革新了理论课堂的教学模式，大大激发了学生的学习兴趣，提高了课堂教学效率。讨论式教学是理论课堂的一个重要环节，教师可根据教学实际，精选出教学中涉及的若干重点、难点和热点问题，通过课堂讨论提高学生认识问题和解决问题能力，提升学生的理论思维能力。讨论式教学为师生提供交流的平台，强调过程性。互导式教学是教师教和学生学的双向互动过程，是对理论课堂的深化，在承认教师与学生主客体关系互动的前提下，强调师生的角色互换。情景模拟法是在教师创设的特定背景下，学生通过角色扮演进行理论实践探索的一种互动教学法。案例分析法是通过分析问题、逻辑推理、师生互动、教师总结等步骤深化教学目的一种教学方式，以教师为主导、学生为主体，集思想性、现实性、针对性于一体，让学生将"知"与"行"结合，提升他们运用理论知识解决实际问题的能力。理论论证与实证分析相结合的教学法是指课堂围绕一个问题进行论证，通过论证理论的存在及正确性，使学生加深对理论的认知。辩论式教学法以学生为主体，具有反向思维和发散性思维特征，围绕特定的论题展开辩驳，各抒己见，互相学习，是引导学生在辩论中主动获取知识、提高素养的一种教学方式。

四、回归与突破的课堂

全新的理论课堂是回归与突破的课堂。课堂始终把握时代脉搏，改革与创新教学内容，真正做到在与时俱进中实现理论联系实际。首先，理论课堂坚持"三因"，即"因事而化、因时而进、因势而新"；遵循"三律"，即"遵循思想政治工作规律，遵循教书育人规律，遵循学生成长规律"，着眼于学生、落脚于学生，始终让课堂保持时代感和吸引力。其次，理论课堂在由教材体系向教学体系转化上，做到融会贯通、熟练驾驭、精辟总结。理论课堂深入浅出，言之有理，言之有情，坚持理论联系实际，"感人心者，莫先乎情"。理论课堂实现师生共情，摆事实，讲道理，以理服人，以情动人。学生愿意听，理论才能入耳、入脑、入心，才能真正激发青年学生的求知欲望,接受真理。课堂凭借科学真理的魅力吸引学生,用通俗易懂、生动活泼的语言让学生听得懂、喜欢听,把深刻的理论说清楚、讲透彻,课堂吸引力增强。最后,理论课堂回归生活。思政课的教学,就知识而言尽管也可以脱离具体的生活实践而独立自洽,然而若使理论课堂真正迸发出自身的魅力,必须回归生活,带有生活气息才有亲近感,才能吸引人;必须直面生活,发挥理论鲜明的阐释优势,才能真正在教学中提高学生的理论思维能力,进而提升课堂教学效果。全新的理论课堂是亲近与温度的课堂。理论课堂的亲和力,是在坚持发挥教师主导作用的前提下,通过教师与学生的密切配合,在课堂中营造一种和谐、亲近的氛围,从而对学生产生吸引力与感染力。

五、新时代红色文化融入第一课堂教学

红色教育对提升大学生思想政治教育的效果具有不可替代的作用,进行红色教育,坚持系统论的理念以提升思想政治教育的效果,有助于在新时代的要求下对思想政治教育的目标进行现代转化,有助于提升思想政治教育在大学生全面发展过程中所起的作用。而新时代红色文化融入思想政治教育的路径研究,能使我们进一步明确把握提升思想政治教育效果的具体手段。

习近平同志曾在多个场合提出红色基因就是要传承,而且要让红色基因代代相传。红色文化作为中国革命、建设、改革历史进程中一脉相承的精神财富,在这个承前启后、继往开来的新时代,以红船精神、井冈山精神、长征精神、延安精神、西柏坡精神等为代表的红色精神谱系必须得到坚守与发扬。新时代红色精神融入大学生思想政治教育就需要牢牢把握第一课堂这个教学渠道。

新时代怎样将红色精神融入思想政治理论课,怎样发挥其在第一课堂的红色育人功能,是各高校当前需要深入探索的重大课题。深入推动习近平新时代中国特色社会主义思想进教材、进课堂、进头脑,大力推动以"课程思政"为目标的课堂教学改革,"将红色精神融入课程设置,修订专业教材,完善教学设计,加强教学管理,发挥各门课程所蕴含的思想政治教育元素和所承载的思想政治教育功能,将红色素材融入课堂教学各环节,实现思想政治教育与知识体系教育的有机统一"。①

(一)融入思想政治理论课,利用课堂主渠道

思想政治理论课是大学生思想政治教育的主渠道。党的十九大召开后,按照党中央统一部署,中宣部、教育部立即组织对马克思主义理论研究和建设工程重点教材进行全面系统地修订,目前已全部投入使用。通过比对新旧版本的教材,发掘新版教材中的红色教学篇章,利用好思想政治教育公共课,将红色文化融入课堂教学,是红色文化育人的主渠道。

2021年新修订的《中国近现代史纲要》全国思想政治课统编教材中,第四章阐述了"不忘初心、牢记使命"的思想,同时增写了红船精神的内容;第五章则结合习近平同志的最新论断,进一步论述了红军长征胜利的意义及长征精神。在新版教材的教学设计过程中需要讲述好中国革命精神的具体内容,阐述好"不忘初心、牢记使命"的思想及红船精神。对南昌起义、秋收起义和广州起义的意义及遵义会议的意义做进一步解读,生动讲述红军长征及其胜利的意义和长征精神,使第一课堂成为红色教育的主阵地。通过教学引导大学生深刻把握"不忘初心、牢记使命"的思想,了解中国共产党的初心和使命的根本内涵,认识中国共产党的初心在党的建设中的地位和作用。

2021年新修订的《毛泽东思想和中国特色社会主义理论体系概论》全国思想政治课统编教材中讲到推动社会主义文化繁荣兴盛,共涉及三个主要方面:一是意识形态工作的领导权,二是社会主义核心价值观,三是文化自信。加强意识形态领导权、培育践行社会主义核心价值观、增强大学生的文化自信,需要在教学中融入红色文化。利用好课堂弘扬红色文化,一是要讲清楚红色文化的基本内涵,二是要讲清楚新时代红色文化的时代要求,三是要讲清楚如何在新时代继承并弘扬红色文化。因此,传承红色精神旨在加强把握新时代意识形态领导权,弘扬红

---

① 中共教育部党组关于印发《高校思想政治工作质量提升工程实施纲要》的通知(教党〔2017〕62号)[EB/OL].[2017-12-5]. http://www.moe.gov.cn/srcsite/A12/s7060/t20171206—320698.html.

色精神旨在发掘社会主义核心价值观的文化来源，传播红色精神旨在发掘中华民族文化自信的精神动力。

2021年新修订的《马克思主义基本原理概论》全国思想政治课统编教材的社会主义的发展及其规律一章中，提到了社会主义国家必须坚持马克思主义的指导地位，并在此基础上大力发展社会主义文化，明确意识形态工作是极为重要的。新版教材中注重对文化问题的解读，关注社会意识和社会存在的关系，认为文化是对经济政治发展的反映。同时，此次修订中特别强调了弘扬中华优秀传统文化和革命精神。因此，在讲授马克思主义哲学部分时也需要结合红色精神，将红色精神在中国革命、建设、改革过程中的价值逻辑有理有据地进行论证。在此基础上，新时代的大学生学习马克思主义哲学原理的同时还能运用马克思主义方法论分析、论证红色文化的新时代价值，以实现新时代大学生思想政治教育对中华优秀传统文化及革命精神的现代性继承。

2021年新修订的《思想道德与法治》全国思想政治课统编教材中，突出了发扬中国革命道德的当代价值的内容，思想政治课教师应该充分准备中国革命道德涉及的相关资料，因为中国革命涉及较多的历史事件，只有还原历史事件，方可让学生在翔实的历史资料中学习和领悟贯穿于其中的革命精神，因此，高校公共思想政治课堂应注重融入红色文化，增强大学生对革命精神的认同感，激发广大学生对中国特色社会主义现代化建设的热情，以红色文化的感染力激发大学生树立崇高的理想信念，以开拓进取的姿态为新时代中国特色社会主义建设贡献力量。

2022年全国统一开设的《习近平新时代中国特色社会主义思想概论》课程使学生全面了解习近平新时代中国特色社会主义思想是马克思主义中国化新的飞跃，习近平新时代中国特色社会主义思想是在新时代的伟大实践中应运而生、顺势而成的，是系统回答中国之问、世界之问、人民之问、时代之问的科学理论。在讲解习近平经济思想、生态文明思想、法治思想时把十九届六中全会最新内容和第三个历史决议的内容系统地融入授课过程中，从大历史观、大视野去领悟习近平新时代中国特色社会主义思想回答的重大时代课题，即新时代坚持和发展什么样的中国特色社会主义、怎样坚持和发展中国特色社会主义，建设什么样的社会主义现代化强国、怎样建设社会主义现代化强国，建设什么样的长期执政的马克思主义政党、怎样建设长期执政的马克思主义政党。可以沿着十八大以来习近平总书记走过的"红色之旅"给大家生动讲解习近平总书记每到一处都十分重视红色文化传承，重视时代新人继承红色基因，尤其是2021年提出了一系列革命精神谱系，结合"四史"教育和建党百年给同学们讲清楚中国共产党为什么能，马克思主义为什么行，中国特色社会主义为什么好。

此外，新时代加强大学生思想政治理论课教学，必须坚持理论与实践相结合。发掘红色文化的育人功能，加强开展理想信念主题实践。红色文化资源是高校开展思想政治教育的优质资源，高校思想政治课程教学应融入红色文化，教师通过对红色文化内容的解读，吸收其中的精神内涵，传承红色精神，创新思想政治课程教学模式。深入发掘红色精神中不怕牺牲、艰苦奋斗、开拓进取的精神，唤醒发挥红色基因对高校学生的德育优势，做到理论与实践相结合，开展红色教育基地的实践教育活动，开展现场教学，让高校学生参与体验红色精神之旅，自觉接受红色精神的熏陶。开展理想信念的主题实践活动，使广大高校学生学习革命传统，弘扬革命先辈艰苦奋斗的精神品格。

（二）融入专业课教学，开拓育人新阵地

近年来，全国高校加快推进由"思政课程"走向"课程思政"的教育教学改革，要求专业课任课教师也要担负起课堂上的思想政治教育工作。加强以专业技能知识为载体的大学生红色教育，融入专业知识的思想政治教育比传统单一的思想政治理论更能发挥育人功能，也更有说服力和感染力。专业课课堂是大学生广泛参与的教学第一现场，将红色文化融入课堂教学现场，可以最大限度地发挥其在大学生思想政治教育中的育人功能。

第一，形成显性教育和隐性教育相辅相成的"大思政"格局。引入红色教育，既要强化显性的思想政治教育功能，又要细化隐性的思想政治教育功能，从"思政课程"向"课程思政"转变。高校教育中专业课程占了很大比重，把红色文化融入专业课课堂，与传统思想政治公共课形成合力，有助于共同发挥高校课堂教学育人的主渠道作用。因此，在加强高校思想政治理论课教学的同时，也不能忽视专业课课堂教学。习近平总书记指出："要用好课堂教学这个主渠道，思想政治理论课要坚持在改进中加强，提升思想政治教育亲和力和针对性，满足学生成长发展需求和期待。其他各门课都要守好一段渠、种好责任田，使各类课程与思想政治理论课同向同行，形成协同效应。"新时代的专业课课程应重视红色文化的引入，将红色文化与专业课知识相结合，进一步开拓红色文化育人的新阵地。

第二，打造多圈层同向同行、融会贯通的"大思政"育人同心圆。新时代的高校坚持社会主义办学方向，学校层面要全面推行"课程思政"，由校党委书记和校长主持思想政治课教学研讨会，推进"形势与政策"课程改革，校党委书记、校长与专业教师共同备课，每学期集中开展全校范围的"形势与政策"专题课程，推出一系列"课程思政"的改革试点，融入红色文化内容，形成具有高校特色的优质课程集群。同时，还可以邀请亲历革命年代的知名教授专家开设人文素质公选课，通过分享自身弘扬红色精神的经历，让大学生直观感受老一辈无私奉献、身体力行、艰苦奋斗的精神力量。我国高校坚持社会主义办学方向，培养的专业人才是社会主义现代化建设的中坚力量。将红色文化融入专业课课堂教学，红色文化育人与专业课教学相辅相成，让高校学生在学习专业技能的同时，能够树立崇高的中国特色社会主义共同理想，增强对祖国建设和社会发展的认同感。

（三）融入骨干培训班，把握宣传制高点

红色文化全方面育人的前提是要体系化、分层次培训，优化思想政治教育的工作话语体系，把红色文化融入骨干培训班的教学素材，把握宣传制高点。

第一，落实好全国高校思想政治理论课教师社会实践研修任务。为继续打好提高高校思想政治课质量和水平的攻坚战，教育部举办了全国高校思想政治理论课教师研修班，使思想政治课骨干教师从源头上受到红色文化的熏陶，高校思想政治理论课教师掌握着红色文化传播的主动权与主导权，对红色文化的体验度直接关系到在第一课堂上讲授红色文化的教学效果。自2013年建立首批全国高校思想政治理论课教师社会实践研修基地以来，截至 2018 年底已经达到 30 个。自 2013 年开始，贵州师范大学承担的全国高校思想政治理论课教师社会实践研修活动已开展 9 年，开辟了两条考察线路：第一条线路，赴息烽集中营革命历史纪念馆、遵义会议会址、娄山关战斗遗址、花茂村（习近平总书记新农村建设视察点）、苟坝会议会址、四渡赤水之茅台渡口、四渡赤水纪念园、贵阳孔学堂、青岩古镇等参观考察革命遗址、爱国主义教育基地、历史文化名城、新农村建设示范点等。第二条线路，赴黎平会议会址、肇兴侗寨、镇远古镇、平塘天眼（FAST 观景台）等参观考察革命遗址、爱国主义教育基地、历史文化名城、民族民俗文化建设示范区等。实践研修基地主要承担思想政治课教师实践研修培训任务，提高教师理论联系实际的能力，引导教师研究、传承、弘扬中华优秀传统文化和红色精神，深入了解坚持和发展中国特色社会主义的生动实践，帮助思想政治课教师深化对革命历史的认识、深化对红色文化的理解、丰富思想政治课教学案例，不断增强思想政治课教学的时代感和说服力。

第二，加强"青马工程"（即青年马克思主义者培养工程）等学生骨干培训工作。由共青团中央领导实施，旨在通过教育培训和实践锻炼等有效方式，不断培养大学生骨干、团干部、青年知识分子等青年群体成长为中国特色社会主义事业的合格建设者和可靠接班人。高校团组织应牢牢把握思想引领的主责主业，分类别、分层次、分阶段做好青年大学生骨干的思想引领工作。为学习革命传统、坚定理想信念、加强党性修养，组织举办学生骨干训练营，面向学生党支部、团支部、学生会、社团中的学生骨干围绕红色精神和习近平新时代中国特色社会主义思想开展专题培训、破冰活动、交流分享会等，并赴遵义、苟坝等地参加实践学习，着力加强红色教育，有助于学生骨干详尽了解党的奋斗历史，进一步深刻对革命精神的认识，从而培养有理想、有本领、有担当的新时代青年。

融入高校党建团建理论培训，我国高校大学生党建团建工作是培养社会主义合格建设者和可靠接班人的重要内容，是高校立德树人的重要基石，是国家实施科教兴国战略、人才强国战略的基础工程，是党的事业、国家富强和民族兴旺的希望所在。高校大学生党建团建工作的基本目标就是要把优秀大学生凝聚到党和国家的各项事业中去，为我国全面实现小康、建设富强民主文明和谐的社会主义现代化国家提供人才支持和智力保障。根据教育部公布的最新数据，高校大学生党员数量呈现逐年递增的态势，近八成大学生志愿入党。①近年高校每年发展大学生党员数均超过当年全国发展党员总数的三分之一，已成为我们党新鲜血液的重要来源。

高校党建团建工作中的重要一环就是党课团课培训，帮助学生了解国史国情、党史党情和团史团情，开展党的路线、方针和政策的学习教育，普及党的基本知识，深刻领会历史和人民是怎样选择了马克思主义、选择了中国共产党、选择了社会主义道路。高校党委每学期都要定期举办入党积极分子培训班和预备党员培训班，所有入党积极分子和预备党员都要定期向组织汇报思想，预备党员要定期参加党的组织生活。为大学生预备党员锤炼党性，开展"六个一"工程，即签署一份承诺、研读一部经典、开展一项调查、做好一周义工、帮助一个同学、组织一次评议六项活动。大学生预备党员转正时党校会统一组织，一起进行入党庄严宣誓。积极发展优秀青年大学生入党是高校育人工作的重要环节。在革命、建设、改革各个历史时期，中国共产党始终高度重视青年、关怀青年、信任青年，对青年一代寄予殷切期望。中国共产党从来都把青年看作祖国的未来、民族的希望，从来都把青年作为党和人民事业发展的生力军，从来都支持青年在人民的伟大奋斗中实现自己的人生理想。②通过大学生党课团课培训的学习与实践，有利于在高校校园营造并形成学先进、赶先进、当先进的良好氛围，可以使更多的大学生深刻认识到中国共产党是社会主义事业的坚强领导核心，自觉投身于构筑中华民族伟大复兴中国梦的征程，对于保持党的先进性、提高党的凝聚力和战斗力都将产生广泛而深远的影响。

第三，探索开设面向全校的红色大课堂。把握新时代大学生思想政治教育工

---

① 李平. 如何保持大学生党员的纯洁性 [N]. 光明日报，2013－1－28.
② 习近平. 在同各界优秀青年代表座谈时的讲话 [N]. 人民日报，2013－5－5.

作新形势、新特点、新任务、新要求,学校整合师资力量,组建红色精神教学师资团队,开设"短期培训,集中学习,自愿报名"的红色精神培训专项班,积极搭建第二课堂思想政治育人工作的平台,让对红色精神有学习兴趣的学生能够在学校组织的平台进行学习交流,满足学生学习需求的同时,还能打造思想政治第二课堂品牌,逐步形成面向全体学生的高校红色精神教育的专项课堂。接受红色精神熏陶不是骨干学生的特例,红色精神的传承需要新时代大学生共同努力。

开展专题辅导报告,邀请国内知名专家给讲授"形势与政策"课的教师集体就当前国际、国内的热点、焦点问题做相关专题报告。"形势与政策"课基本上都是以多个专题辅导报告形式讲授,是高校对大学生开展爱党、爱国、爱社会主义教育的重要渠道。"形势与政策"教育专题辅导报告的核心内容就是帮助大学生认清国际国内形势,理解党的路线、方针、政策,激发大学生爱国、爱党、爱社会主义的热情和坚定跟中国共产党走中国特色社会主义道路的决心和信心,激励大学生为实现中华民族伟大复兴的中国梦而努力奋斗。因此,大学生的"形势与政策"教育除了本校老师和学校领导开展专题讲座之外,还可以经常聘请校外学术专家、行业楷模、知名企业家、党政部门有关领导、杰出校友等人士做专题辅导报告。这些高层次、高水平的形势政策报告具有鲜明的政治导向性、思想教育性和强烈的时代性,充分发挥了对当代大学生理想信念的引领作用,唱响了社会主义主旋律,弘扬了时代精神。

第四,把握"大学第一课——军训",弘扬红色革命传统教育。根据我国现行高等教育的教学安排,大学新生进入高校报到后的第一课就是军事训练(简称军训)。军训时间多则半年,少则一个月。大学生军训是根据《中华人民共和国兵役法》和《中共中央关于教育体制改革的决定》要求进行的,既是高等院校红色教育教学的基本内容之一,又是大学生接受国防教育的基本形式;既是培养"四有"人才的一项重要措施,又是培养和储备我军后备兵员及预备役军官、壮大国防力量的有效手段。军事训练作为高等教育的重要组成部分和特殊的社会活动领域,具有其他学科和教育方式无法替代的综合素质培养和教育功能:(1)军事技能训练，接受军事化管理，经受紧张而有规律的军营生活，艰苦而又严格的技能训练，使大学生既锻炼了体能，增强了体质，又磨炼了意志，砥砺了品格；（2）通过接受严格的军事训练教育，在耳濡目染和切身体验中，自觉接受人民军队的革命英雄主义、集体主义、不怕困难、勇于吃苦和敢于担当的传统教育；（3）在军训教官率先垂范、言传身教的影响下，使学生在政治素养、思想作风、身心素质诸方面均有显著提高，有利于广大学生树立积极健康的人生观、乐于奉献的价值观，是当代大学生加强思想政治素养的新课堂；（4）通过军训能够使学生以健康的体能、旺盛的精力投入科学文化学习中去，促进智育水平的提高，德智体美劳全面发展。从总体上看，一方面，爱国主义教育是贯穿整个大学生军训全过程的主旋律，是军训中红色教育教学的主题。通过严格的军事训练，大学生得以较好地掌握基本军事知识和技能，磨炼了意志品质，同时又能够提高大学生的政治觉悟，激发爱国热情。大学生的国防观念在军训这个特殊的氛围中得到锤炼和升华。另一方面，培养了大学生的集体主义和团队协作精神。军训是集中、统一、紧张而严格的集体活动，要求整齐划一。在这些集体活动中，大学生的角色转换成了普通士兵，过军营式生活，接受教官统一指令，并同时接受军纪校纪约束，有利于发扬革命英雄主义精神，培养艰苦奋斗的作风、坚韧不拔的意志和集体主义精神，为接踵而至的大学四年综合素质教育，尤其是红色教育教学奠定良好基础，也有利于促进良好班风、校风、学风建设。可以说在整个高校红色教育教学资源整合互动的过程中，大学生第一课——军训的地位和作用举足轻重。

第五，强化思想政治理论课在红色教育教学中的主导作用。百年大计，教育为本；教育大计，教师为本。思想政治理论课是高校红色教育教学的主渠道、主阵地、主战场和主课堂，教育教学的效果如何直接关系到大学生的成长与成才。随着改革开放的发展，高校思想政治理论课中一些传统的方法显得不太有效且不太适应当下新时期大学生培养目标了，高校思想政治教育越来越注重适应改革开放的新形势和现代信息技术的新发展，着力探索运用现代大众传播媒介和表现方式进行高校思想政治教育，创新高校思想政治教育的方式、方法和手段，提高教育的实效性。①首先，充分发挥思想政治理论课教师在红色教育教学中的主导作用。思想政治理论课教师应该而且必须既是马克思主义基础理论和党的路线、方针、政策的宣讲员，又是社会主义物质文明、精神文明、政治文明和生态文明等意识形态的传播者，同时也是马克思主义中国化理论成果的实践者。其次，注重思想政治理论课在红色教育教学中的实效性。思想政治理论课教育教学要开创民主和谐的教育环境，教师与学生不再是"教师教、学生学"的简单叠加，而是师生平等交流对话、共同参与教学过程，教学相长，形成一个真正的学习共同体。在思想政治理论课教育教学中不但要发挥教师的主导作用，更要强调学生的主体性参与，发挥个体的自主性、能动性和创造性。同时，还要注重主体间性的作用，强调师生间的合作关系，促成教师与学生在教学生活中共生共长。最后，激发大学生在思想政治理论课中接受红色教育教学的主体性和积极性。由于思想政治理论课自身的思想性、政治性、教育性和特殊性，高校必须改进课堂教育教学方法，通过启发式、讨论式和专题式等多种方式，充分利用多媒体等现代教学辅助设备，激活典型的红色历史文化资源或选择鲜活的现实案例教学，制作PPT，图文并茂，深层解读。通过这种形式多样、内容丰富的红色教育教学，大学生既增长了知识、开阔了视野、活跃了课堂氛围，又增进了教学效果、激发了大学生接受红色教育教学的兴趣。

六、贵州红色文化资源融入理论课堂

红色文化资源融入思想政治理论课以凸显理论课堂的思想性、政治性、理论性的价值引领作用，充分挖掘贵州本土红色文化中蕴含的思想政治教育的主要内容，可以从理想信念教育、爱国主义教育、民族团结教育方面加强，从中找到具有鲜明的民族性和深刻的革命性的优质教育资源。

红色文化资源融入理想信念教育。红色文化资源承载着党和人民艰苦卓绝的

---

① 骆郁廷．改革开放30年来高校思想政治教育的历史发展［J］．思想理论教育，2008（19）：36—41．

奋斗史，蕴含着全体人民顽强拼搏的理想信念，一部红军长征史就是革命先烈坚定理想信念的最好诠释。运用研讨式的学习方式，精心设计红军长征经过贵州时的经典事件课题，划分学习小组、明确成员分工，如小组分享红五十二团一百多名红军战士为了不做俘虏和误伤百姓，毅然在石阡县困牛山的虎井沟绝壁集体跳崖，全部壮烈牺牲的英雄事迹；在息烽集中营中，很多革命烈士被各种酷刑折磨至死都不肯向反动派投降和屈服的革命气概。贵州的革命先驱、贺龙的入党介绍人周逸群同志曾说："我们共产党员，就要像铁一样硬，钢一样强！"他用实际行动兑现了自己的钢铁誓言，英雄斗争直至壮烈牺牲。在师生启发式、参与式、研究式教学中让同学们感受到当年在残酷的现实环境中，在非人的折磨下，在血与火的战斗中，正是革命先辈们坚定的理想信念支撑着他们铁骨铮铮、一往无前！保留了革命的火种，迎来了胜利的转折。

红色文化资源融入爱国主义教育。民族高等教育的发展在任何时候都需要以维护民族和谐、保障民族团结为基本前提，这也是民族高校在弘扬爱国主义情怀、加强中华民族共同体意识培育语境下的应有之义。[1]红色文化资源形成于艰难困苦的革命环境中，包含着无数革命人士满腔的爱国热情，爱国主义是红色文化的灵魂和精髓之一，贵州红色文化中蕴含着丰富的爱国主义精神，贵州省有国家级爱国主义教育基地5个，省级爱国主义教育基地50个，地市级爱国主义教育基地158个，通过专题讲授、案例教学、播放媒体资料等多样化教学方式呈现数不胜数的爱国主义事迹，如抗日战争时期的浙江大学西迁、松桃石良人民加工军粮迎红军；抗日救亡运动中的黔南人民英雄抗日和贵阳文化艺术团体的相关事迹；解放战争时期青年学生掀起的"反内战、反饥饿"运动，各地党组织迎解放，积极开展护城、护厂、护校运动等，都是爱国主义的集中体现。

红色文化资源融入民族团结教育。贵州红色文化的历史是各民族互相帮助、扶持创造的历史，充分体现了民族团结精神，突出表现为艰苦奋斗精神和集体主

---

[1] 李卫英. 民族高校培育中华民族共同体意识的价值维度及实践路径[J]. 贵州民族研究，2020（05）：176—181.

义精神。参加过红军长征的陈云同志深有感慨地说:"贵州居民之贫苦真是远非我等居住于江浙十里洋场者所能想象。做庄稼的(农民)冬穿单衣,目无完整者。每人有一件已补缝千百次的'家常衣',小孩则隆冬还是一丝不挂。当我等行军经过时,立于路边之小孩,正在发抖。"①贵州的条件相对艰苦,但是贵州艰苦奋斗、坚韧不拔的精神却像钢铁一般。集体主义精神是民族团结的内在要求。贵州红色文化中蕴含着丰富的集体主义精神,有许多典型的案例如:1936年,红二、六军团打算在南北盘江建立新的革命根据地,但红军总部指示其北上,红二、六军团负责人召开了著名的"盘县会议",在考虑全国的革命形势和北上抗日的主要任务之后,最终决定服从集体和大局,放弃在南北盘江建设革命根据地,执行总部指示,挥师北上。

第四节 激活实践课堂:发掘课内外红色文化实践资源

理论联系实际是思想政治理论课的指导思想和基本原则。在教学中开展并加强实践性活动是理论联系实际的有效形式,也是深化思想政治理论课改革、提高教学实效的重要环节。思政课如何适应高职学生的特点,"在做中学、在学中做"怎么体现在思政课教学中?激活实践课堂是一个很好的举措。

一、实践课堂

(一)实践课堂及其特点

实践一词,在《现代汉语词典》(第7版)中的解释是这样的:人们有意识地从事改造自然和改造社会的活动。实践课堂是相对于理论课堂的各种教学活动的总称,是指在一定的教育目标和教育要求下,教育者有计划、有目的地组织受教

---

① 费侃如主编,遵义会议纪念馆编.陈云与遵义会议[M].北京:中央文献出版社、党建读物出版社,2004.

育者通过自主参与和体验了解自己和社会，获得知识、发展能力、形成品德的教学活动和学习方式，其组织方式、举办地点、时间都可随机而定。它通过为学生提供多种学习经历，培养学生的多种能力以及相应的情感态度和价值理念，促进学生全方位学习、多方面发展，是一种研究性的教学和学习方式。

实践课堂不同于理论课堂理论性强的特点，它有自己的特征：

（1）课程性：实践课堂是课程教学的一部分，具有教育和教学的功能。

（2）亲和性：实践课堂往往从学生身边的实际出发，紧扣时代主题，反映社会热点，容易让学生产生亲近感。

（3）主体性：实践课堂充分发挥学生的主体作用，鼓励学生积极参与，发现问题，分析问题，并积极探究解决问题的方法。

（4）灵活性：实践课堂的内容、场所和方式灵活多样，可以是对课本知识的延伸，也可以是对社会热点问题的探讨；可以在室内演讲、辩论，也可以在室外调查走访、参观体验；可以团体合作，也可以单枪匹马。

（5）协作性：实践课堂要求学生在活动中学会团结合作、共同完成目标任务，培养学生的团队精神。

（6）开放性：实践课堂给学生一个灵活多变的空间，给学生一个参与、探究、展现自己的舞台，让学生在展现中获得自信、完善自我。这种研究性学习的方式与理论课堂虽各有不同的特点，但二者相互联系、互相补充。

（二）思政实践课堂的特点及类型

实践课堂是实践教学中的一种，是指以学生为主体，在思政课的理论知识教学中，按照一定的教学计划与目标，通过综合利用各种校内外资源，组织开展各种形式的思政课实践教学活动，使理论联系实际，不断提高学生的思想道德素质和综合能力，促进学生全面发展，将书本知识真正做到内化于心，外化于行，变成自觉行动的教学活动。

思政实践课堂是一种带有教育性质的社会活动，它要求任课教师依据教学内容，组织并指导大学生主动地参与到实践教学活动中去。通过这样的实践活动，使大学生们直接地体验到在课堂所学的基本理论，并能在这个切身体验的过程中加深对基本理论的理解，提高大学生的思想道德素养。因此，思政实践课堂有其既定的教学计划和课时安排，能与理论教学构成完整的教学整体，是思政课的重要教学环节，具有教育和教学的功能。

思政实践课堂的活动形式不同于由高校团委组织的社会性实践活动。思政实践课堂与高校组织的暑期社会实践都是高校进行思想政治教育的重要内容。但思政实践课堂与一般的社会实践又有很大的区别。高校开展的社会实践活动，比较常见的包括志愿者服务、三下乡活动、社区服务等，是提高大学生道德素养的重要形式。与思政实践课堂相比，社会实践活动更侧重于在社会中的调查与服务，实践性较为宽泛，缺乏课程性，没有明确的教学理论做支撑。而思政实践课堂是任课教师根据思政课程的教学目标、教学内容及要求，利用校史馆、红色文化基地等多种思政教学资源，组织、引导学生积极、主动地参与思政主题活动和社会实践，在活动和实践中获得亲身体验和情感认知，深化对课本知识的理解和把握，从而提高自身的思想政治素养和理论修养，落实体现思想政治理论课教育教学目标的教学方式和教学环节。所以，思政实践课堂不仅具有实践性，也具有理论教学的性质，课程性是思政实践课堂的基本属性。

思政实践课堂也不同于其他专业课的实践教学。专业课的实践教学和思政实践课堂都具有自身的课程特点。高职院校中一般的专业课实践教学更多关注技能的培训，为学生今后走上工作岗位做必要的准备。思政实践课堂则注重通过实践领悟课堂中所传授的理论，同时更注重在生活实践中把在课堂上学习的理论知识内化为内心的信仰，把理论知识内化为自身的人生价值观，以提高大学生的思想政治素养、道德修养和法律素质，用正确的心态对待社会上和生活中的事物，处理好人与人之间的关系。

思政实践课堂根据不同的标准，可以分为不同的类型。根据组织开展的主体不同，可以分为思政课教师组织开展的实践活动和其他主体如团委、学工部、社团等组织开展的实践活动。根据场所不同，可以分为课堂内实践教学和课堂外实践教学，而课堂外实践教学又可以分为校内实践教学和校外实践教学。根据实践内容和形式的不同，可以分为讨论型、观感型、研读型、竞赛型、践行型等实践教学。讨论型实践教学是思政课教师紧紧围绕教材的重点、难点问题以及学生关心的热点和焦点问题，设计讨论主题，让学生开展讨论，教学环节主要包括课堂讨论、辩论、案例分析等。观感型实践教学主要包括校内外参观考察、听专题报告、观看视频，撰写观后感和心得体会等。研读型实践教学主要包括让学生利用课余时间阅读一些马克思主义经典著作和修身养性的书籍，撰写读书笔记和心得体会，让学生通过自主学习去深入思考和理解掌握课程内容。竞赛型实践教学主要包括知识竞赛、主题演讲比赛、红歌大赛等，让学生通过参与各类竞赛加深对课程知识的理解和对理论的认同。践行型实践教学主要包括专题调研、人物访谈、政策宣讲、大学生讲思政课等，让学生在亲自践行中得到教育和提高。实践课堂是指思政课教师组织进行的，以校园（含课堂）为载体、以学生为主体，指导学生开展主题演讲、主题辩论、经典诵读、情景模拟、大学生讲思政课、校园随手拍、校内主题参观等活动，以激发学生学习的积极性，促进学生全面健康成长。

二、新时代红色精神融入校园文化建设，搭建校园红色实践基地

"繁荣高校校园红色文化，开展校园红色文化活动，是高校实现红色文化教育的重要路径，是进行红色文化教育的重要载体。"[①]各高校要加强校园文化建设，营造红色文化浓厚氛围，创造性地将红色文化融入校园各类文化活动，充分发挥红色文化应有的育人功能，逐步建立红色育人的长效机制。融入校区建设，营造红色文化的大氛围，对于不能直接接触到的事物，可利用新媒体技术以图文并茂的形式方便学生进行理解与记忆，激发大学生对红色精神文化的学习兴趣，也可利用音频、影像等多种媒体培养学生学习兴趣，如巧妙地利用课前课后、校园活动时间，校园内随处可见的电子屏、宣传板、布告栏、雕塑等，都可以成为红色

---

① 肖灵. 当代大学生红色文化教育研究 [D]. 南京：南京师范大学，2014：135.

文化引入校园的宣传途径,从不同感官刺激学生,让学生在有张有弛中收获顿悟,使学生在衣食住行中都能受到红色文化的熏陶。

第一,校园建筑以红色景观命名,促进红色育人景观化。从环境布置和功能拓展两方面着力,实现形式与内容的统一。校园内的公共活动空间在建设中,应注重从环境布置与功能拓展两方面着力。一是在空间设计及环境布置上,集红色精神的文献阅览、展示、研讨功能于一体,充分发挥红色环境育人作用,使学生一进入其中,就能感受到一种厚重的红色气息扑面而来。在书架摆放大量精心挑选的红色精神相关典籍、图书,实现从形式到内容上的统一;规划设置研讨区域,便于开展中小型红色精神沙龙讲座;将红色古籍与特藏文献研究室资源整合,融合打造成为红色精神主题区域。二是注重功能拓展,更好地发挥红色精神传承与弘扬平台的互动效用。通过举办红色精神主题展览,开设与中华优秀传统文化相关的校内选修及专业课程,举办国学研讨讲座沙龙等,立体展现红色精神的独特魅力,满足广大师生多角度的文化需求。例如,贵州开放大学(贵州职业技术学院)红色文化教育基地已获批贵州省教育系统理想信念教育基地。学校红色文化教育基地以贵州红色文化、廉政文化、贵州终身教育史和开放教育理念为文化背景,以红色文化广场、廉政文化主题公园、贵州终身教育馆、Open 开放广场四个部分为载体依托,着力打造具有贵州红色文化和贵州教育鲜明特色的理想信念教育基地。目前,该基地是我校思想政治理论课的主要校内实践教学基地。学校还将在红色文化教育基地增设红旗组雕塑,邓恩铭、王若飞、旷继勋、周逸群、林青五位贵州籍烈士的塑像,以鲜活的烈士形象,生动的红色故事,感召学生、教育学生、凝聚学生,以进一步增强红色文化教育基地的教育功能。

第二,营造红色学生社区,促进红色精神育人生活化。重视依靠宣传栏、电子屏、展览、雕塑等校区硬件设施营造校区红色精神氛围。近年来,许多高校为满足学校发展的需要兴建了新校区。在新校区的校园文化建设方面基础普遍薄弱,高校需要重视校园文化的培育,重视老校区传统校园文化的传承,对老校区优秀的校园文化可直接移植的就直接移植,可间接移植的就间接移植,尽可能使校园文化的"文脉"相通，实现校园文化的有机传承，并在传承的基础之上进行创新。同时，加大红色景点和景观的规划与设计，在楼宇道路命名、景观雕塑设计、文化墙建设、宣传媒体专栏专刊编辑等方面，将当地的红色精神元素巧妙地融入进去，创造浓厚的红色精神教育氛围。"红色精神传承与普及也必然经过从表层到深层，从感知物质文化到领悟接受精神文化这样一个由浅入深的过程"。推进思想教育进社区、学风建设进社区、安全生产教育进社区、红色精神建设进社区的"五进"工作，拓展学生思想政治工作全程、全方位育人的新载体。

第三，高水平红色演出进校园，促进红色精神育人共享化，注重校内外资源共享，多维度展现红色精神的魅力，兄弟高校可以彼此学习借鉴，相互开展调研考察，探讨共同策划红色品牌活动、协作举办红色展览等校际资源共享。大力推动红色精神资源进校园，吸引较高水平的专业团队来学校演出红色经典，开展"红色剧目进校园"主题活动，引进红色情景诗剧、红色音乐会等高质量红色演出，以高雅艺术作为载体，推动红色精神的弘扬与传播，使红色精神走进师生，进一步引导广大青年学生志存高远、爱国荣校、勇于担当、奋发有为。

三、拓宽高校红色教育教学的时空领域

高校红色教育教学除了依托思想政治理论课这个主阵地，还要努力构建大学生宿舍、班级、校园、网络四位一体的全方位、多途径、宽平合式立体红色教育教学网，积极探索教育引导大学生的新思路、新途径、新方法。随着网络在大学生群体中的不断普及，红色教育教学要充分利用博客、QQ群、MSN、E-mail、微博、微信等新兴信息载体，定期或者不定期地和大学生进行思想交流与对话，积极推进红色教育进课堂、进网络、进头脑，润物细无声，融汇在大学生的思想意识之中。比如，大学生宿舍是他们学习生活的重要场所，高校学生工作部可以定期组织、评选出一批学习好、卫生好、精神风貌好的"三好"宿舍并挂上流动小红旗；在大学生宿舍、高校社团、校园宣传栏等场域开辟红色教育教学专题图片展或专栏，大大拓展了红色教育资源范畴。通过红色教育教学这个纽带，广泛宣

传,循序渐进,红色教育教学空间越做越大,红色教育教学机制越来越完善,让红色教育教学资源互动发展,在高校逐步形成规模、形成传统、形成体系、形成品牌。

与此同时,高校应充分挖掘红色教育的内化潜能。校团委、辅导员或班主任可以利用周末、晚上的休闲时间,组织大学生学习观看《恰同学少年》《建国大业》《建党伟业》《江姐》等经典红色影视剧,并撰写观后感或者心得体会;在一些重大革命历史纪念日开展红色教育主题活动,组织红歌演唱会、红色诗歌朗诵和红色一日游等活动,将红色教育教学向纵深推进,高举红色旗帜不动摇,永葆红色本质不褪色。大学生对此反响热烈,红色教育教学效果明显。这些活动不仅拓展了大学生的视野,增长了见识,而且提高了大学生的文化品位,促进了和谐文明校园建设,有利于引导当代大学生继承和发扬光荣传统、唱响红色主旋律。在全面建成小康社会的新时期,大学生广泛传唱经典红歌、观看红色影视剧,无疑是净化心灵、传承民族精神、构建社会主义核心价值体系的强大精神动力。

四、高校红色社团依托理论社团,扩大红色故事的传播面

高校大学生社团是以高校的专业性、学术性和群体性为依托,根据大学生共同的生活理念、业余爱好、专业兴趣、学术见地以及其他方面的共同追求而自发结成的学生组织。大学生社团实行自愿组合,自我教育、自我管理、自我服务。当前,高校社团类型丰富多样,有文化艺术类、专业学术类、体育健身类、公益服务类、就业创业类等。高校红色社团,也称高校学生理论社团,是人们对高校学生自愿组织的思想政治理论类社团的形象称呼。这类社团通常以学习、宣传马克思列宁主义、毛泽东思想和中国特色社会主义理论体系为主题,在大学生和研究生中自发开展理论和时事政治的学习、宣传、培训、竞赛,或开展红色旅游、参观、调研等社会实践活动。

以大学生、研究生为主题的高校红色社团是马克思主义理论的受教者,又是马克思主义理论的传播者,红色社团作为高校学生社团的重要组成部分,是高校

主流校园文化建设的重要载体，是大学生爱国、爱党、爱社会主义教育的重要渠道，是新时期高校党建团建的主要阵地，在高校青年大学生群体中发挥了积极的政治导航和思想引领作用。近几年来，高校红色社团发展非常迅速，尤其是党中央实施的"马克思主义理论研究和建设工程"与团中央实施的"青年马克思主义者培养工程"，更是激发了大学生参加"红色社团"的兴趣与热情，诸如马克思主义研究会、青年马克思主义协会、马克思主义中国化研究会、中国特色社会主义研究会等。这些红色社团的主题只有一个——彰显高校红色教育正能量，引领高校学子健康成长成才。高校红色社团主要侧重于学习马克思主义中国化的最新理论成果、中国近现代史、中共党史、改革开放发展史等理论。与时俱进创新高校红色社团的学习形式和活动载体，通过个人自学、专题辅导、QQ 群、微博、微信、座谈交流、典型引导等方式，激发大学生学理论的热情与兴趣，并紧密结合教育部和省教育厅、团中央和共青团省委等指示精神开展各级各类特色实践活动。

　　打造以弘扬红色精神为核心的理论社团，充分发挥高校社团在红色文化育人中的价值，在青年学子中积极传播党的声音、中国声音，通过朋辈引导激发广大青年立志成为新时代红色文化的信仰者、践行者和传播者的内在动力。指导理论社团针对新时代大学生的需求，对红色文化进行"再创作"，将革命历史中形成的红色文化和时代发展的具体实践相结合，对红色文化进行"工艺"改造和"再加工"，结合时代发展主题遴选红色文化内容，以多种形式向新时代大学生讲好"红色故事"和"中国故事"。通过"中国故事"，将红色文化打造为校园主流文化，使大学生在红色文化的引领下，不断提高认知与接受能力，增强判断与思维能力，做正确的事，走正确的路，树立正确的世界观、人生观、价值观，为日后发展奠定坚实的思想基础。红色精神青年行，传承初心使命。开展"心遇马克思"等系列实践活动，旨在通过瞻仰遵义会议会址、参观苟坝会议革命纪念馆等红色教育基地，重温中国共产党历史，铭记共产党人的初心与使命。开展"行走的党课"活动，打造特色党课实践，组织师生共赴瓮安、青杠坡等革命圣地重行革命之路，重温入党誓词，重唱革命歌曲，使广大大学生在行走中坚定理想信念，自觉培养使命自觉和担当自觉。开展"初心之旅"党史知识竞赛活动，使新时代大学生在对党史知识的梳理学习的过程中，树立正确的历史观、民族观、国家观、文化观。通过理论学习党的初心，通过红色精神青年思、红色精神青年享活动传递时代声音，扩大红色精神的影响力。

借助红色文化青年思活动传递经典之声。成立与红色文化相关的理论社团，旨在强化红色精神、党的十九大精神和习近平新时代中国特色社会主义思想的影响力。定期组织学习红色经典读本，指导撰写学习体会、分享交流，使广大大学生在文字中感受红色精神的时代魅力，组织新时代大学生录制以红色精神为主题的微视频，在校园中全方位地营造学习经典、传播经典的氛围，打造红色育人模式。借助红色精神青年享活动，传播时代声音。定期开展群团骨干交流学习会，鼓励广大新时代大学生直击社会热点、交流内心声音。与基层团支部联动对接，送红色文化宣讲进支部、进团课。组织社团成员前往学生社区、居民社区、社会福利院等地开展红色精神宣讲，发青年之声，传时代发展之音，不断扩大红色文化的影响力和吸引力，引导新时代大学生做红色文化的坚定信仰者、积极践行者和不懈传播者。

五、结合重大纪念日，增强红色教育的仪式感

"要在厚植爱国主义情怀上下功夫，让爱国主义精神在学生心中牢牢扎根，教育引导学生热爱和拥护中国共产党，立志听党话、跟党走，立志扎根人民、奉献国家。""情感认同是红色精神传承的理想状态"，高校应结合党和国家的重要会议、纪念日等重要时间节点，有的放矢地开展红色教育。结合高校校史中的重大历史事件，发掘高校学子参与革命的历史和其中蕴含的红色精神，激励当代青年学生铭记历史、奋发有为。通过开展烈士纪念日主题活动、依托退伍大学生组建国旗班、组织举办爱国学生运动与英烈图片展等，以"铭记历史，砥砺前行""薪火相传，不忘初心""心系家国，勇担重任"等为主题，通过升旗仪式、主题朗诵、默哀并敬献鲜花等形式，追思不同时期青年学子所践行和传承的红色基因，以青年学子的革命精神砥砺青年奋发,号召当代青年学子继承和发扬光荣革命传统,坚定理想信念,不忘初心、牢记使命,为实现中华民族伟大复兴中国梦和建设中国特色社会主义高校而努力奋斗。有效利用重大纪念日等契机开展红色教育,可以结合建党、建军、新中国成立、党代会、全国两会、长征胜利、马克思诞辰、五四运动等重大时间节点和历史纪念日。以此为重要工作契机,深入开展主题党日活动、主题团课、举办大型展览、宣誓仪式、祭扫烈士陵园、组织实践活动等,情理交融,大力弘扬红色精神,充分发挥学生党员的模范带头作用。辐射优秀团员积极向党组织靠拢,增强全体学生矢志不渝跟党走的坚定决心和崇高理想信念。

六、融入艺术创作,提高红色精神的感染力

以艺术表现形式为载体的主题教育,是主题鲜明、系统性、针对性较强的教育活动形式,是开展红色教育的有效尝试。"挖掘革命文化的育人内涵,组织编排展演以革命先驱为原型的舞台剧、以红色文化为主题的歌舞音乐、以革命文化为内涵的网络作品。"以贵州开放大学(贵州职业技术学院)为例,近年来,马克思主义学院和校团委、学生工作部等相关部门紧密配合,主要依托校园活动开展实践教学。比如依托团委排练《向阳花》等反映贵州脱贫攻坚主战场上一幕幕感人至深情景的舞台剧;依托学生工作部组织学生排练反映红船精神、遵义精神、长征精神等的系列"舞蹈党课";组织学员参加了主题演讲比赛、主题诵读比赛等。在单个活动的基础上,近年来我们又大胆整合课内实践学时,推出更大规模的"系列活动周"活动,如劳动周、"爱国卫生运动"、"群众体育运动"等。以劳动周为例,按照教育部加强学生劳动教育的要求,贵州开放大学(贵州职业技术学院)将劳动教育与思想政治理论课课程改革紧密联系起来,劳动周由劳动教研室(校党委学工部负责)承办,在劳动周为期一周的时间内,除了开展如生产实践(插秧、农作物种植等)、劳动技能(内务整理、厨艺等)培训外,每天安排一场活动,包括讲座、时事研讨、主题电影观赏、文艺汇演、心理健康、美育活动等丰富多彩的各种形式,广受学生的欢迎和好评。

七、开展主题教育,增强红色文化的影响力

邀请参加过革命的老同志、历史学专家等人士为学生讲述真实的革命事迹,通过不同的展现形式,提升学生对红色历史的关注度和对红色教育的参与度。宣讲活动要集思广益,可以向全校师生征求活动方案建议,提高师生的关注度和参与度,调动学生的积极性和主动性。通过开展"缅怀革命先烈"主题征文、演讲比赛、诵读会等活动,或者邀请具有代表性的革命前辈进行颁奖表彰活动等,让大学生接受红色文化的熏陶,提高艺术、美学、人文素养,注重从学生实际出发,不断开展运行方式与机制的探索并积极实践,秉承"一个主题线索,多种研习方式"的原则,通过多样化的立体展示、体验式的文化活动,有主题、有目的地开展红色精神教育,潜移默化地对大学生进行红色教育,提升学生的思想修养和道德品质,创新探索红色文化育人的途径,为新时代大学生认同和践行红色精神做出积极努力。

八、贵州红色文化资源融入实践课堂

实践课堂主要是指"校内课外"实践,开发主题式红色实践教学设计,充分发挥校内红色实践基地育人功能。为区分社会实践,这里主要指课堂实践教学和校园实践教学,课堂实践教学主要设置各类主题演讲比赛、开展"校园"随手拍、大学生讲思政课、影视赏析、辩论赛、好读书、读好书、讲好身边故事等项目,如结合全党开展的党史学习教育,设计"我的入党故事""红色故事我来讲"等主题演讲比赛、"学党史颂英雄"诵读活动、"颂歌献给党·礼赞新时代"校园合唱大赛。组织学生参加全省大学生的思政课比赛,让学生用质朴的话语、动人的感情讲述他们身边发生的一件件能育人、更动人的红色故事,用红色故事传递好声音。开展观看红色电影、演唱红色歌曲、演绎红色舞蹈等多种方式,让红色文化春风化雨、润物无声。营造浓郁的红色校园文化氛围,打通马克思主义学院和校团委、学生工作部等相关部门的联合育人,主要依托校园活动开展实践教学。依托学生工作部组织学生排练反映遵义精神、长征精神等系列"舞蹈党课";组织学

员参加红色主题演讲比赛、民族团结主题诵读比赛等。积极举办和开展形式多样的贵州红色文化主题活动,在"五四"青年节、国庆节和"一二·九"运动纪念日等重要时间节点,组织开展红歌合唱比赛、征文比赛、红色诗词吟诵比赛、话剧表演、贵州红色文化知识竞赛以及讲述家乡红色故事等活动。成立学习贵州红色文化的学生社团,积极开展学习和宣传贵州本土红色文化的相关活动,在校园营造积极向上、不忘本来、面向未来、锐意进取的良好风尚。实施民族团结进步宣传教育,通过组建龙狮队、茶艺社等学生社团以及推动抛绣球和踩高跷等民族体育项目进课程,彰显思政课实践项目的民族特色。

开展学校校园实践教学,开辟学校红色文化教育基地。学校红色文化教育基地以贵州红色文化、廉政文化、民族教育馆、校史馆和中华民族共同体意识理念为文化背景,以红色文化广场、廉政文化主题公园、民族教育馆、校史馆为载体依托,着力打造具有贵州红色文化和贵州民族教育鲜明特色的理想信念教育基地。在红色文化教育基地可以设置红旗组雕塑,以鲜活的烈士形象,生动的红色故事,感召学生、教育学生、凝聚学生,以进一步增强红色文化教育基地的教育功能。在学校红色文化广场精心设计"民族魂雕塑""红色文化墙""星火墙",以长征史实为主线,以红军长征路上在贵州境内的重要会议、重要战役、重要人物为主要内容,生动再现伟大的长征精神。长征以史无前例的伟大壮举,播撒了革命的星星之火,昭示了共产党人理想信念的强大力量,展现了贵州各民族不畏艰难、敢于胜利的精神气质,激励师生"坚定信念、奋斗不息、不畏艰险、勇往直前"。如黔南民族师范学院修建了全国首个高校思想政治教育主题广场——"五星广场",由"红色印迹""伟大转折""时代英模""地图广场""党徽党旗和党的重要思想理论"五个部分组成。让学生们在耳濡目染中受红色文化熏陶,受红色精神洗礼,充分发挥贵州本土红色文化的立德树人作用。

贵州红色文化资源丰富,教师要充分挖掘本土红色文化资源的当代价值,对形式多样的贵州红色文化资源进行整合,找到贵州红色文化与教材的结合点,并在实践课程中融入贵州元素,打造自己的特色实践品牌。贵州开放大学(贵州职业技术学院)积极推进校园红色文化建设,创设良好的育人环境。学校先后出资建设了以"红军长征在贵州"为主题的校园红色文化广场,建设了廉政文化广场和初心广场,并在教学楼、图书馆等地悬挂王若飞、邓恩铭、周逸群、林青、黄大发、邓迎香等贵州革命先驱和先进人物的画像并介绍其事迹,校园广播站定时播放红色经典歌曲和红色文章,林荫小道旁竖立宣传栏,路灯灯杆上悬挂宣传标语,使大学生在校园的各个角落都能感受到红色文化的熏陶。思政实践课堂可以充分利用这一基地开展实践教学,打造一支学生讲党史宣讲队伍。教师可以提前分配任务,将红色文化广场历史事件浮雕中展现的五次会议、三场战役、"民族魂"人物雕像分给不同的小组,每个小组领到任务后,自己去图书馆查阅资料,了解会议召开的背景、会议的内容、会议的历史地位,了解战役打响的背景、战役的经过及意义,领悟伟大的红军长征精神和革命的理想信念。每组成员对资料进行归纳整理,写出讲解稿,并推荐一位代表当解说员,现场带领同学们开启一场别开生面的课堂红色之旅。可以聘请贵州革命老同志及其后代、优秀共产党员、时代楷模等人士作为客座教授,定期邀请他们到学校做红色讲座。还可以利用周末、节假日组织大学生参观贵州红色教育基地、祭扫烈士陵园,使大学生参与红色体验,以实施红色情景教育。通过各种形式的教学,调动学生参与学习的积极性,增强学生对红色精神的认可,使红色精神入脑、入心。

九、完善考核评价机制,回归立德树人初心

教学评价是教学过程中不可缺少的一个重要环节,它不仅要完成对教学对象学习效果的评价任务,而且还要检查教学者的教学效果和水平,反馈教与学过程中的各种信息。建立健全完善的考核评价机制是保障思政实践课堂效果的重要条件。

思政课教师是实践课堂的主导者,他们对实践教学的态度直接关系到实践教学的成效。在现实的过程中,思政课教师承担着教学和科研的双重压力,要有效开展思政实践课堂,必须处理好教学和科研的关系。科研是评价大学综合实力的

重要指标，是教师职称评定的必要条件。很多学校在考核教师时，往往实行科研一票否决制，这就造成了部分教师专注于科研而忽视了实践教学，不愿意花过多时间和精力在实践课堂上。其实，实践课堂和科研是相辅相成的，实践课堂是科研的助推器，高质量的实践课堂可以推动科研的发展。高校要认识到思政实践教学环节的不足会影响到高素质人才的培养，要改变"重科研、轻实践教学"的观念，要保证思政实践课堂应有的课时和稳定的师资力量。学校要建立科学的规划管理制度，安排好科研和教学的比重，使教师有时间和精力将二者兼顾。

完善的思政课实践课堂教学评价应该包括两方面，一方面是对教师教学的评价，另一方面是对学生学习的评价。对教师实践课堂的考核应该包括两方面，一方面是学校对教师指导实践活动情况的考核与评价，包括实践教学方案的制定是否科学完整、实践教学的态度是否认真、实践教学的能力是否突出、实践教学的方式和方法是否受学生欢迎等。实践教学的方案要留存，实践过程要拍照或视频留证，实践结束要有学生心得、总结之类的资料，最终要将所有资料打包交相关部门检查。另一方面是学生对教师实践教学情况的评价，高校学生已经是成年人，他们有自己的个人意识和评判标准，并且作为实践教学活动对象也是最具有发言权的主体。学生对教师的评价是较为直接与客观的，在亲身经历的过程中，学生可以感受到教师是否对实践教学活动尽心尽力以及教师是否有能力完成某项实践教学工作。学生的评价能够加强教师队伍建设、加强资源开发，有利于保证教学评价的客观公正。

对学生的考核评价应围绕促进学生全面发展，采取多种方式综合考核，要建立动态考核方式，把过程考核、结果考核和阶段性成长进步考核紧密结合在一起。要按照"大思政"格局的要求，由马克思主义学院牵头，学校各部门协同联动、齐抓共管，逐步建立以思政课教师为主，辅导员评价、学生评价为辅的多元考核评价体系。对学生参与实践活动，可以从广度和深度进行考核，并建立切实有效的奖励机制。广度主要指学生参与实践活动的次数和种类。每学期实践课堂的老师都会组织几次实践活动，这些实践活动老师会要求大家都参加，但是学生的表现会有所不同。有些学生会积极主动地参加,表现出对思想政治理论知识的渴求,有些学生会兴趣不高,表现出一副无所谓的样子,经常躲避不参加,这时教师就应该在记分册上对每次参加实践活动的学生情况进行记录,对积极参加活动的同学要给予口头表扬,并且在成绩上是要有所体现的。深度是指学生参加实践活动的态度和质量。思政实践课堂的目的是激发学生学习思想政治理论知识的兴趣,让学生把课堂学习的理论知识与实践结合起来,提升学生思想素质,使学生"心灵上有感触,思想上有认同,行动中有体现"。学生在参加教师组织的实践活动时,没有单纯地按老师说什么就是什么的原则做,而是发挥主观能动性,积极主动思考,并提出一些建设性的意见和建议,或者积极参加学校的公益事业、积极参加青年志愿者活动、无偿献血、去社区帮助孤寡老人、捐款献爱心等;一些要求每位同学参加的活动,如演讲比赛,在班级实践活动中要求每人写一篇演讲稿,人人上台演讲。一些同学表现突出,最后脱颖而出,代表班级参加学校组织的演讲比赛并获奖,都要进行适当的奖励,以调动学生参与思政实践课堂的积极性和主动性。对学生实践活动参与度进行奖励,注重非物质性的奖励,如:在评优、入党、就业推荐方面优先考虑,在期末平时成绩予以加分等。通过激励机制,保证学生在整个实践教学环节中确保其身、吸引其心、发挥其能、人尽其才,增强自信心、愉悦感、满足感和成就感,更好地落实立德树人的根本任务。

第五节　占领网络课堂:拓展网络空间红色正能量传播

新时期,随着计算机网络技术的发展、互联网全民性的普及,可以说网络已经变成人们生活的一部分,时时、处处、人人都离不开网络。当代大学生更是网络"原著居民"和网络时代的弄潮儿,高校思政课如何把握时代脉搏,适应网络思政教育"新常态",已经成为高校思政课改革不可回避的一个时代课题。因此应活化网络学习生活"第一环境",抓住网络教学"最大变量",满足青年学生健康成长的需要。不断优化创新网络课堂的内容和方法，占领网络课堂，发挥网络优势，搭建多维立体空间，实现网络教育的"内化""外化"相结合，以开拓思政课程无所不在的"微"空间。

一、网络普及化是占领网络课堂之"应然"要求

（一）网络发展产生网络教育新诉求

1. 网络迅猛发展

网络全民普及化程度高，据中国互联网络信息中心发布的第 46 次《中国互联网络发展状况统计报告》，截至 2020 年 6 月，我国网民规模达 9.40 亿人，较 2020 年 3 月增长 3625 万人，互联网普及率达 67%；手机网民规模达 9.32 亿人；网民手机上网比例达 99.2%。[①]我国网民的人均每周上网时长为 28.0 个小时，各类 APP 中即时通信类，网络视频、网络音频、短视频、网络音乐和网络直播类应用的使用时长位居前列。中国互联网络信息中心 2021 年 2 月 3 日发布的《中国互联网络发展状况统计报告》显示，截至 2020 年 12 月，我国网络短视频用户规模为 8.73 亿，较 2020 年 3 月增长 1 亿，占网民整体的 88%，网络视频节目质量大幅提升。[②]

各类网络平台发展迅速，移动 APP 活跃度仍是微信、QQ 和支付宝领先。移动视频 APP 爱奇艺、腾讯视频、优酷继续引领整合视频领域。网络思政工作微平台也是百花齐放、数量攀升，微信公众号已成为重要阵地，知识社区也纷纷出现，主要包括有针对性的问答平台（澎湃"问吧"、微博微访谈等），公共问答平台（易班网等智慧党建平台）、付费问答平台（知乎、分答）等，还有区块链新型应用模式。

2. 网络教育新诉求

网络的快速发展促使人类已经进入智慧社会，智慧社会是机器智能和人类智

---

① 第 47 次《中国互联网络发展状况统计报告》[R]. https://www.cnnic.net.cn/hlwfzyj/hlwxzbg/hlwtjbg/202102/t20210203_71361.htm.

② 第 47 次《中国互联网络发展状况统计报告》[R]. https://www.cnnic.net.cn/hlwfzyj/hlwxzbg/hlwtjbg/202102/t20210203_71361.htm.

慧相融合的一种新的社会形态，在这个智慧教育时代，人们提出多维诉求。

（1）知识资源获取新诉求：教育资源的获取便利、即时、共享，视频、音频、动画、文本等作为多样化知识载体，需要提供检索、查询、下载、浏览、直播、点播等服务，因此亟需构建多媒体资源库。

（2）学习空间重塑新诉求：动态学习型组织将取代基于班级的教学授课制，在虚拟的环境中使学习者获得一种互动体验的学习环境，该环境结合知识学习、能力培训和动手实践为一体。这是一种新的服务形式，提供知识学习、实验操作、互动在线测评等，学习者可以获得无缝衔接的学习体验。

（3）学习者精准画像新诉求：通过收集分析学习者的学习行为、交互行为与数字教育资源的个性化数据，精准匹配个性化需求，并进行个性化推送。①汇集各种教学支持工具，联通虚拟学习资源，在各种软件系统中为学习者进行综合素质评估，为实现个人画像和个性化适应学习提供保证。

（4）智能学习陪伴新诉求：智能引擎主动了解学习者的个性化需求，具有推理和自学能力，发挥智能助手、智能合作伙伴、智能导师等作用。它可以帮助学习者完成各种复杂的任务，并提供个性化和智能化的学习指导服务。

（二）网络"原著居民"的当代大学生

1. 大学生群体的网络普及化程度高

中国互联网络信息中心发布的第 46 次《中国互联网络发展状况统计报告》显示，截至 2020 年 6 月，我国网民规模达 9.40 亿，学生成为其中占比最高的群体，达 23.7%；北京贵士信息科技有限公司（QuestMobile）数据显示，作为网络原住民的"90 后"达到 3.62 亿，每月平均上网使用时长超过一万分钟，月人均单日使用时长也接近 7.5 小时，表现出对网络依赖的程度越来越大的趋势。②

网络信息容量大，覆盖面广。网络普遍存在于大学生学习生活中，改革开放

---

① 郭绍青."互联网+教育"对教育理论发展的诉求[J].华东师范大学学报（教育科学版），2019（4）：25—37.

② 中国互联网络信息中心第 46 次《中国互联网络发展状况统计报告》[R]. https://www.cnnic.net.cn/hlwfzyj/hlwxzbg/hlwtjbg/202102/t20210203_71361.htm.

以后，随着中国人民的生活水平提高和信息技术快速发展，计算机和网络以及智能手机已普及化，成为人们生活的组成部分。大学生群体更是引领潮流，走在新鲜事物的前列，同时大学生通过网络获取各类信息，足不出户便知天下事，一个个"宅男宅女"出现。学校在基础设施方面也加快普及，进行智慧校园建设，无论在教室里、公寓里，还是在操场上，随时可以获得无线网络，实现全覆盖。学习计算机网络课程、通过计算机等级考试已成为一名新时代大学生的标配。网络给大学生提供了开放无障碍的交流空间，营造了另一个信息丰富的世界，开阔学生视野、增长见识，同时网络文化也无时无刻不在影响着大学生的思想观念、思维方式、行为习惯和价值取向。

二、思政课改革是占领网络课堂之"实然"需求

（一）思政课程改革面临的难点和挑战

1. 传统的"满堂灌"说教式教学受到新挑战

大数据网络化时代背景下，传统的思政理论课教学面临新的挑战，主要具体表现在以下几个方面。

（1）传统的思政课往往重说教，较少顾及学生感受，其情感认知更是被忽略，在某种程度上是知识的获得，很难实现情感的认同。在教育地位上，理论课教师作为主导，处在"神坛"地位，学生是被动接受传授的知识，是一种"授—受"的过程，特别强调教师的主导地位，却忽略了学生的主观能动性的发挥。在教育方法上，存在"物化"了的教师观念，教师采用的空洞说教、强制灌输的教育方法，难以实现师生的平等交流和互动交谈。在教育内容上，不能实现尊重学生需求的目标，较少解决学生关注的生活实际内容，在面临网络热点和社会焦点问题时多数居于"沉默的大多数"。在教育方式上，传统的"填鸭式"的灌输，"独白"式的单向灌输，对于网络"原著居民"的青年学生来说已不再适应。大学生们习惯了新媒体时代"浅阅读""碎片化"地接受信息，喜欢"段子化""标题化"的内容，更易于接受使用"网言网语"以及图片、动画等可视化的方式传递信息，

表达思想。

（2）当前思政课程教学缺乏特殊性、针对性。传统的教育理念和认知仍是主流，没有及时地针对大学生群体和个体的思想道德认知差异，因材施教。没有认真研究大学生的内在需求和现实特点，深入分析挖掘高职生的特殊性，导致成效不足。马克思在《马克思恩格斯文集》（第3卷）里面提到"人是有思想、有激情的能动的存在物"[1]，人的需要包括物质的、精神的和政治的，具有多元性、多层次性、差异性的特点。因此需要研究学生这个群体和个体的认知特殊性与可塑性，通过各种方式满足学生的内在需求，在情理上得到学生的价值认同。

（3）思政课程教学理论与实际联系不紧密。目前普遍存在课堂枯燥乏味、学生学习倦怠、教师教学疲惫等难题，处于理论灌输多、联系实际少，照本宣科，活力提升不足的僵死现状。学生对理论的接纳程度是"左耳朵进，右耳朵出"，三观教育处于被动接受状态。由于在传统的较为封闭的"灌"与"堵"的教育模式下，单一的课堂教学和校园生活使学生感觉"纸上得来终觉浅"。缺少到社会、到社区、到企业实践、实习、锻炼的机会，学生了解和认识社会、企业、职业的机会和途径不多，观念和能力的改变更是无从谈起。没有充分运用活动载体，缺乏实践，导致学生一方面不能够做到对真理的深刻理解，更不用说形成自我的认识和反思；另一方面缺乏实践的锻炼，不能达到理论指导实践、实践总结升华成理论的理想状态。

（4）当代大学生缺乏自我教育，大学生的生活、学习、社交常常依赖网络，尤其是"度娘"，形成了"坐等现成"的思想，而自我探索、搜集和分析的能力则表现不足。不能很好地自我控制上网时间，自律性差，自我教育、管理和发展的自育能力不足。现代思政教育理论指出"教育者和受教育者都是具有独立自主、主观能动性的主体"[2]。作为受教育者的学生既是思政教育的客体也是主体，具有

---

[1] 马克思，恩格斯. 马克思恩格斯文集（第3卷）[M]. 北京：人民出版社，2009：250.
[2] 贾红霞. 思政载体激活高职思想政治教育内生动力创新论析[J]. 贵州广播电视大学学报，2018（04）：51—55.

主观能动性。然而由于学生长期处于被动灌输的氛围中，主观能动性刺激不强，独立自主意识不足，内生力还未唤醒。自我教育是指人在内驱动力下提升自我境界，提高道德认知，进行比较与自省的活动方式。思政教育很难达到由受教变为自教、由教化走向自化、由他律走向自律的程度。

（5）思政课程教学缺乏"大思政"理念。重知识轻素质、重技能轻品德的现象突出，知识性的、技能性的要求多而涉及素质教育的要求较少。在平时教育管理的过程中，上课教师注重知识的传授，管理工作是辅导员的事，这样往往会出现各管一段，导致"德育"与"智育"脱节，"德育"与"管理"失联，"德育"与"生活"脱钩的现象。"立德树人"是教育的价值所在，是思政教育的中心环节，需要全员全程育人，不断提升学生的综合素养。然而，长期以来高职院校的思政教育存在"各自为阵"的情况，缺乏"大思政"理念，学生得不到全方位和立体化的关爱、关怀和关心。

（6）思政课程教学缺乏亲和力和时代感。教师在教学过程中经常使用一些高大上的艰涩词汇而较少使用接地气的热词；教学活动形式古板，远离生活实际，学生感觉遥不可及，与自己没有直接关系。在经济学中，供给与需求的平衡统一是市场持续发展的内在动力①。同样，思政教育过程中的供给与需求也要相适应，才能推动思政教育持续发展。改革开放40多年来，我国社会环境和人的思想观念发生了较大改变，因此思政教育和思政载体也应契合时代变化而变化。习近平总书记强调"做好高校思想政治工作，要因事而化、因时而进、因势而新"②。广大青年是新时代的弄潮儿，新媒体时代大学生的行为特点有新的表现，思政教育需要创新应用各类载体，从教学管理、文化熏染、活动策划、大众传播和网络媒体各个方面创新学术话语体系，提升亲和力，靠近学生，走进生活，引起学生的情感共振和心灵共鸣。

---

① 冯刚. 探索思想政治教育发展的内生动力 [M]. 北京：人民出版社，2017.
② 余文玉. 新媒体视阈下推进大学生思想引导工作路径探析 [J]. 江西教育学院学报，2017，38（06）：79—81.

（二）运用网络载体优势促进思政课改革

网络是大众传播的一种具体形式，具有独特的表征。即通过互联网这一先进的电子信息交换系统，向人们传播丰富、正确、生动的思想政治教育信息，以帮助人们形成社会主义核心价值观以及健康的精神状态。与传统的大众传媒如报纸、广播、电视等载体相比，网络载体具有以下特征。[①]

第一，信息的海量化和专门性。与传统媒体相比互联网信息容量无限，不受版面和播出时段的限制，传播的信息无所不含，涵盖人们生活的所有方面，覆盖全球用户。这就给思政课程教学提供了丰富的教学信息资源，同时也有利于扩大思政课程教学教育的覆盖面。

第二，信息传播和更新的快捷性。在传播速度和更新周期上网络比传统媒体都快。用户可以瞬间获得信息，并且内容以分秒的速度时时更新。互联网第一时间发布信息，网民可以及时、迅速、便捷地知晓世界正在发生的各类事件。这样有利于教育者快捷、方便地传递思政教育信息，增强思想政治教育的动态性。

第三，传播手段的兼容性，即多媒体化。互联网兼容了多种媒体优势，兼具声音、文字、图像合一、可保持性的特点，信息声色俱全、图文并茂、动静结合，更能吸引人。这些特点提高了思政课程教学传递的思政教育信息的影响力，有效地拓展了新的空间。

第四，传播方式的交互性。网络改变以往传统媒体单向传播信息的方式，因为单向传播往往指传播者单方面制作、受众者被动接收，反馈往往也是滞后的。网络采取双方交互式的传播方式，媒体传递信息，网民随时发表意见，网民可根据自身需要选择信息，接收信息具有主动性。师生之间的双向互动交流为思政课程传递思政教育观点和信息提升了效率，网络的交互式传播方式为两者的互动提供了技术条件，拓展了思政教育的空间。

---

① 陈万柏，张耀灿，主编. 思想政治教育学原理 [M]. 武汉：华中师范大学出版社，2009.

1. 有利于高效便捷地传递思想和教学信息

以网络为载体,扩大思政课程的教育覆盖面,增强思政教育的吸引力,是网络发展的需要。随着网民的增加尤其是大学生群体的扩大,广大学生主要依靠网络获取信息,而通过网络进行思政教育,可以扩大影响力。在大批网民通过网络获得广泛的社会信息的同时,也可以同时接受思想政治方面的信息,受到思想政治教育的影响,从而不断提高自己的思想道德素养和科学文化水平。进一步形成了一种文化,网络这种新式的信息传播方式和传播的信息形成了一种文化,不仅直接影响上网者还对广大未上网者产生思想和行为的影响。与其他思政教育载体一起相互补充、相互作用,形成全方位、立体化的教育态势,极大地增强了思政教育的影响力和有效性。思政课教师充分利用网络高效、便捷传递信息的特点,在第一时间将对现实热点问题的引导性的观点看法录入网络,与大学生进行互动交流。思政课教师可以将民族精神教育和道德教育题材的电影、纪录片或短片载入网络,实现资源共享。思政课教师可以通过在线消息平台及时向大学生发布学校或班级的纪律要求,随时随地进行教育。

2. 有利于以丰富多彩的形式开展教学活动

为实现思政教育的现代化,创新载体是一个很重要的方面,网络就是一种最能体现时代发展要求和未来趋势的教育载体。网络传播更具时代特色,更能体现当代社会信息化网络的趋势,运用网络载体就是运用最先进的网络技术传播思政教育信息,开展教学活动,加快实现现代化的步伐。同时,也会对其他方面的现代化实现产生重要影响,如促进教师树立现代信息观念,以后的教学中应更加注意平等交流互动,逐步形成网络管理机制等。通过计算机终端,网络将大学生连接在一起,实现网络上各个个体间实时对话。教师以网络为载体和大学生即时互动提高时效性,网络以丰富多彩的形式展示、传递信息,集众多媒介特点于一体。思政教师在网络上赋予大学生所要传递的教育信息以丰富的表达方式。如在思政课的教学中以视频、文字加图片的形式展现,此表达方式规避了直接说教,吸引大学生注意力,将枯燥的理论知识趣味化,减少大学生的抵触心理,拉近教育内容和大学生的距离，帮助大学生理解和内化。

3. 有利于教育者和大学生的平等双向互动

网络能够承载大量的信息，是信息的载体，拥有全球最大的信息资源库。这种平等互动地进行信息交流交换，受到网民们的欢迎。网络信息资源以文字、图片、声音等方式呈现给大学生，内容更是异彩纷呈，涵盖世界经济发展、国内外政治、国家方针政策、祖国大好河山、生活科技咨询等，大学生在网络虚拟世界里，自由浏览网页信息，自由发表各种观点，以平等的身份获得知识和信息。大学生可以不受任何社会世俗观念的束缚，也不需被任何权威所威慑，大学生完全是以一种放松的心态在接收这些信息。同时每个人在网络上接收他人信息时也在向他人传递自己的信息，是一个互相传递的过程。大学生在这个过程中就形成了对现实社会现象和社会问题的交流交锋，从而提升自己的认识水平。思政课程改革追求的理想教育状态就是实现信息交流双方的平等性和互动性。理想的教育状态是在宽松的环境下，师生在观点的交流争锋中达成共识，提高大学生的思想政治素养。可见网络作为思政课程教育的载体，可以很好地服务于大学生思想政治教育。

三、开拓"微"空间是占领网络课堂之"必然"措施

（一）搭建易班群课堂，融入易班平台学习

一是发挥高校"易班"平台建设，搭建易班群课堂，对学生关心的热点问题和理论困惑进行答疑解惑，通过话题讨论和互动促进网络思政理论教育创新和网络舆论生态改善。二是以"易班"建设为依托，创新"互联网+大思政"工作，搭建高校网络思政课程优质资源互通互联平台、数字资源服务平台，拓展应用，大力引进精品视频公开课、精品资源共享等教学资源，丰富思想、优化供给。三是扩大高校"易班"平台的推广与覆盖，促进校校合作、地校合作、地地合作，实现"易班"与各校校园网络有序衔接、有机结合、有效运行，为高校学生提供思想教育、课程教学、文化娱乐、信息咨询等一站式服务，开创高校思政课改革工

作的新局面,筑牢网络育人阵地。四是充分发挥"易班"引领示范,着力增强校园网站的思想性、教育性、服务性、互动性,打造一批示范性学生网络互动社区、主题教育网站和思政课程教育资源网站,在"易班"开设思政课程不同章节的专栏专题,把握时、度、效,主动设置议题、疏导师生思想情绪,占领舆论制高点。

(二)构筑 QQ 群课堂,丰富课堂授课形式

QQ 社交软件比较早地进入大家的生活、工作,到目前它的功能比较齐全,认可度也较高,在疫情期间 QQ 群课堂是一个新开发的功能,由于其使用简便,操作程序简单,为突如其来的网上授课提供了一定的便利,大家认可度较高。疫情期间网课替代了教室授课,课件投屏、课堂弹幕互动、学生实时分享等形式丰富了课堂授课。

网上优质资源共享在 QQ 群课堂,可以直接利用网络直观地投放给学生们,视频、图片、声音等各种形式的教育资源,尤其是大学生慕课,各个名校名师的思政课,随时可以共享给同学们,并且引导同学欣赏、评析不同教师的授课风格,领略不同教师的风采,拓展学生们思考问题的广度。

QQ 群课堂授课就是把现实课堂移植到网络,把现实教师和学生间产生物理空间的教室搬移到了网络空间,不管你在哪里进入网络课堂,都可以开始上课,不受物理位置的限制。少了师生间的眼神互动,主要还是靠学生学习的自觉性,发挥了学习者的主动学习潜力,培养学生的自律能力,也为以后终身学习奠定基础和行为习惯。

(三)建设"我的马院"微信公众号,增强渗透式教育

微信使社交网络更加繁荣,在一定程度上丰富了信息传播的途径,更新了人们沟通交流的方式,相较于 QQ 和微博,微信的互动性更强。微信支持直接通话,用户可以通过发送语音、文字、图片等信息实现双方同步、即时的在线交流,信息具有同步性。较于微博和 QQ 信息的共享性,微信对用户的隐私性保密程度较高。思政工作者可利用微信打破师生之间的堡垒,让思政教育过程生活化,根据学生当前的思想动态,正确引导大学生思想的健康发展。

提高关注度，扩大"我的马院"微信公众号的影响力。搭建一个"层级式"的管理模式——不同思政课课程的微信负责人定期向各学院的公众号负责人推送马院相关的特色活动和服务信息，各学院公众号负责人把信息推送给自己学院的微信用户群，让他们感受到"我的马院"微信公众号的存在及其可能对他们形成的帮助，从而激起他们关注的热情。还可以利用举办活动的契机，运用微信公众号通过"摇一摇"等功能主动定位目标人群，向其推送活动实况或活动有奖竞猜等信息，吸引其关注微信并且参与到活动中。这不仅能扩大公众号的受众范围，还为思政教育工作的有效开展搭建了新平台。

科学设置内容，开拓思想引领新阵地。开通微信"微课堂"，增设内容丰富、教育意义大的栏目，如"微思修课""微读经典"等，学生可以根据兴趣爱好自主选择学习内容，通过观看、收听、互动、咨询等多种便捷的方式进行学习。思政教育工作者也主持热门话题讨论，激发学生学习的积极性和主动性，增强学习感染力。充分发挥微信的信息群发功能，定期向学生推送内容丰富、教育意义强的手机报。"微课堂"和手机报的使用，可以打破传统教育方式在时间、空间上的限制，把教育内容渗透在各种新颖的教学方式中，使其形象化、具体化、数字化，开拓思想引领的新阵地，在潜移默化中对学生进行教育和培养。

（四）打造"四史"学习微课堂，进一步拓展知识面

2019年8月，中共中央办公厅、国务院办公厅印发的《关于深化新时代学校思想政治理论课改革创新的若干意见》提出了"调整创新思政课课程体系"的要求，明确要求"各高校要重点围绕习近平新时代中国特色社会主义思想、党史、国史、改革开放史、社会主义发展史、宪法法律、中华优秀传统文化等设定课程模块，开设系列选择性必修课程"。①2020年4月，教育部等八部门联合印发的《关于加快构建高校思想政治工作体系的意见》也将加强"四史"教育作为"加强政治引领"的重要内容。把"四史"教育融入高校思想政治理论课教学，是新时代

---

① 中共中央办公厅、国务院办公厅印发《关于深化新时代学校思想政治理论课改革创新的若干意见》[N]. 吕梁日报，2019-08-15.

高校思想政治工作的一项重要任务，也是新时代思政课改革创新的重要任务。

虽没有明确设置专门的"四史"教育课，但"四史"教育内容已全面融入现有的思政课教学体系，并在各门课程中都占据重要的地位。如果不把社会主义发展的历史和政党的历史联系起来，就无法谈理想信念。如果不接触党史和新中国史，就不能以爱国主义为核心谈论民族精神。如果不接触改革开放史，就不能以改革创新为核心谈论时代精神。因此，"四史"是贯穿高校思政课教学的重要内容，加强"四史"教育对高校思政课建设具有划时代意义。

回归学生主体，把握"四史"价值意蕴。"四史"教育融入思政课教学过程当中，要注重开展多种形式的实践教学，提升"四史"教育的实效性。采取学生讲、学生辩、学生议的形式，辅以教师的引导、评价、指导，在对历史故事、历史人物、历史争端和历史节点等方面深入的学习中，提升学生学习"四史"的兴趣和热情。以此为契机，引导大学生积极探索重大历史事件和重要历史节点发生的深层次原因，以及关键历史人物在面对道路选择和历史挑战时的情感态度，总结历史规律，形成历史思维。采取实地考察调研的方式，将思政理论课与当地的地方史、校史相结合，实地参观调研体现"四史"内容的历史文化遗址、纪念馆、博物馆，提升大学生对历史资源的认知度。推广多种方式的课堂讨论形式，实施线上与线下相结合的方式、方法，对大学生普遍关注的热点话题和热点事件解疑释惑，增强课堂的参与度，提升"四史"对学生的感召力、吸引力和感染力，实现"润物细无声"的效果。

运用网络手段，拓展"四史"教育广度。运用现代信息化技术，实现随时随地拓展"四史"教育学习的广度和深度。利用微信、QQ等网络平台做好"四史"知识拓展活动；在教师的指导下，利用网络平台，开展红色育人课堂；利用线上线下多种载体，提升"四史"学习的有效性，例如推送PPT，推荐与"四史"相关的影片，分享红色经典故事，展示红色主题的手抄报和简笔画。

深入开展"网上重走长征路"党史故事百所高校接力讲述活动，举办"党在高校一百年——全国高校红色校史精品主题展"，组织开展校园歌曲和经典红歌传唱、原创话剧展演等活动，打造一批"四史"宣传教育精品文化项目。精心制作"全国大学生党史知识竞答大会"专题节目，选择展现"百校、百团、百人"党史学习优秀成果。广泛开展"永远跟党走"主题教育，结合"五四""七一"等重要时间节点，通过线上线下相结合等方式，阶段性兴起"四史"宣传教育热潮。

高校也可以打造"四史"教育讲堂，利用丰富的红色文化资源作为主题教育的生动教材，潜移默化地融入红色故事元素，用有血有肉的内容吸引学生，开展入脑入心、有声有色的网络直播教育，在思想和情感中碰撞出智慧的火花，在历史情境中体悟真理，夯实"四史"学习力度，以增强思政课的针对性与感染力，提高思政课的有效性。

四、注重网络"内化"是占领网络课堂之"必然"趋势

（一）秉持"内化于心，外化于行"的课程价值目标

1. 关注"外化"，搭建平台推进载体建设

新时期，网络已经成为高校师生学习生活的"第一环境"，也是高校思想政治教育工作面临的"最大变量"。高校思想政治教育工作者在创新网络载体的过程需要把理论知识、深刻道理通过创新的新媒体手段讲清楚、讲透彻，为思想政治教育拓展新空间。微信、微博、贴吧等工具的使用能够通过网络表达来拉近我们与学生之间的距离，同时微信也逐渐成为思想政治教育有效的文字、视频传播的载体，例如借助微信朋友圈、微信公众号、微信视频号等工具及时吸引学生的眼球，抢抓学生的注意力。现在抖音、快手等短而快的微视频应用也逐渐影响了学生们的互动交流方式，我们可以通过与学生"互粉"，及时了解学生发布的信息，掌握学生的思想脉搏和心理状况，利用"评论"功能对学生发布的内容及时给予正面的引导与评价。同时，现在的直播热也成了网络思想政治教育的新载体。

两年来，网络思政工作微平台建设不断升温，关注人数持续增长。大学生群体的关注阵地由QQ到微博、微信，并且逐渐演变成根据不同兴趣点聚集在知乎、简书、喜马拉雅FM及各种直播社交APP中，我们的各类网络思政平台需要跟随

大学生群体迁徙，大学生群体在哪里我们就去哪里，不仅要使平台阵地建设"红红火火"，而且要提升平台阵地对大学生的辐射力。

2. 突出"内化"，引起学生自愿接受转化

网络思政课程改革的价值目标仍然是"内化于心，外化于行"。作为信息新载体的网络，是最具革命性的技术成果，网络与思政课程结合使得课程内容平面转为立体，动静态相结合，形成虚实结合的时空，网络的丰富性、互动性和体验性加速了思政课程传播知识和价值的速度。目前一些高校兴起搭建载体和平台的热潮，然而仅仅关注"外化"方面的加强，实际效果远远不足。突出"内化"是提升网络思政课程有效性的关键，内化是受教育者接受政治观点、思想体系、道德规范，并转化为自己的个体意识，而且自愿将这些要求作为自己的价值准则与行为依据的过程，这个自愿接受和转化的过程是内化的核心。[①]在信息时代，面临多元化的价值样态和多样化的自我需求，强化了自我教育的地位，所以内化作用显得更为重要。为了打造思政课程网络空间，就要提供既丰富又有价值的教育资料，积极转化开放性、超时空性的网络为大学生网民全面而自由的发展条件，不能让大学生网民陷入碎片化、海量化的信息洪流中。大学生网民仍然具有网络社会中人的属性，是思政课程建设网络空间内化的核心，思政教师就要把大学生网民结构和需求视为首要考量的要素。坚持马克思关于"人是现实的人"的观点指导，现实社会的大学生网民是网络社会和线下社会高度融合的现实的人。因此，思政教师需要考量大学生网民在网络社会中多方面的存在方式，主要有信息技术、社会关系、符号形式、体验方式等。抓住网络内化的具体指向，即进一步丰富和深化思政课程的教育内容和研究对象。现在思政课程网络空间的打造和改革大多致力于"外化"环节，更多地关注如何利用网络满足思政教育的互动性，取得最佳效果，而相对较少思考对理论研究的价值生产和对文化精品的提供，出现"内化"基础不足的现象，影响整体效果的发挥。所以在未来的教学改革中，思政教育内

[①] 冯刚，王树荫主编. 思想政治教育研究热点年度发布（2017）[M]. 北京：团结出版社，2018.

容应更加注重满足大学生网民的精神文化需求，引导大学生网民自我教育，实现"寓教于乐"。

（二）建设网络良好生态，发挥网络引导舆论作用

1. 加强属地管理，构建风清气正的网络空间

互联网是一把双刃剑，人们在享用互联网便利的同时，也造成了一些不容忽视的问题。互联网时代呈现出三大新趋势，即大数据、社交媒体的兴起和网络社会化，在此基础上要实施澄清互联网内容事实、建设一支高素质的网络思政教育工作队伍、培育"网络意见领袖"、警惕网络异化现象，引导网络交往新风等举措来减少网络给思政教育带来的负面影响。①提升高校思政课教师的网络思政教育能力是必然要求，主要包括教育意识、知识学习、信息辨析、舆情引导、话语使用、资源整合等方面的能力。为了提升网络时代大学生思想政治教育的成效，也迫切需要培养"网络意见领袖"，在培养时注意合理设置结构，提升综合能力，强化专业团队，加强梯队建设，实现虚实结合，构建评价激励机制等，从而让"网络意见领袖"在大学生思想言论中发挥正面引领作用。②

（1）培育网络意见领袖，打造正面"网红"人物

随着自媒体的纵深发展，我们正处在一个"人人都有麦克风""人人都是传播者"的新传播时代。近年来新传播时代催生了一批"网络红人"（简称"网红"）。"网红"的发展经历了1.0的文字时代、2.0的图文时代和3.0的多媒体传播时代三个阶段。据统计，2015年12月，对"网红"关注度首次超过了明星，2016年"网红"数量超过100万，成为集体消费，说明"网红"从个体行为转为群体现象。在这样的环境下一批大学生主动地纷纷加入"网红"群体，大学生"网红"呈现出追求目的多元化、"网红"类型多样化、成名方式多途径等特点。大学生"网红"既有积极影响，也有明显的负面影响，主要是挑战主流意识形态、传播不当价值

---

① 吴健，丁德智. 对大数据条件下创新网络思想政治教育工作的几点思考［J］. 学校党建与思想教育，2017（1）：71—73.

② 文萍，马宏贤. 高校思想政治教育"网络意见领袖"的培养与激励［J］. 教育评论，2017（3）：99—103.

观念和影响正常教学管理。因此,通过加强"网红三观"教育、打造"正面网红"、孵化"正面网红"、强化安全管理等方式,纠正"大学生网红"的不当言行,重塑"大学生网红"的榜样形象,使其成为社会主义核心价值观的传播者、示范者和推动者。①

(2) 培育网络素养,建立话语体系纯净的全媒体模式

高校网络环境是师生共同的精神家园,在社会网络文化的发展中起着重要作用。为构建清朗的网络环境,一是需要建立健全校园新媒体舆情监控机制、信息发布监控机制,严格监督管理信息传播媒介和内容。高校要建立健全新媒体信息传播的审核管理制度,从源头净化不良、错误和非法的信息。②二是设立网络管理员和建设虚拟空间管理团队,第一时间回应大学生反映的问题,及时了解、如实报告、尽快解决。三是建设网络意识形态制度,形成党委领导,相关部门管理,各单位负责,师生监督自律的综合管理格局,加强各级各类新媒体(自媒体)账号备案登记。

(3) 加强思政网络管理,为实现网络健康发展保驾护航

设置信息化建设办公室,从组织、制度、经费及监测执行四个方面系统加强对信息化建设的管理监控力度。建设各级各类高校思政网络发展中心,整合网络建设管理资源,开展党的建设、思想政治教育、意识形态工作、维护安全稳定等方面的理论创新和实践探索,掌握舆论局面。深入开展网络意识形态研判分析、网络舆情研究引导、师生思想政治状况调查、网络文化产品创作生产等工作。③

2. 师生共建思政网络空间,提升网络素养

(1) 净化网络舆论,增强网络圈群话语权和引导力

身为互联网的"原著民",大学生群体在网络中形成集群行为。在新兴的社群模式下,出现虚拟化的行为角色、趣缘化的价值取向、"自我赋权"式的群体认知

---

① 胡德平. 大学生"网红"现象分析与教育引导策略 [J]. 思想理论教育,2017 (04):77—82.
② 邵坚钢. 高职院校学生思想政治工作品牌建设的创新实践 [M]. 徐州:中国矿业大学出版社,2018.
③ 籍芳芳,编著. 问题、反思与回顾:研究生教育研究 [M]. 沈阳:东北大学出版社,2018.

等新特点。网络社群空间，需要重新审视主客体关系的变化、平台与要素的差异以及话语体系的建构。实践层面，注意提升环境感知度，聚合优质育人资源，拓展第三课堂，创作社群场景要素，建立社群参与引导机制，整合"社群流"等路径，占领网络思政教育的新高地。①网络圈群具有思想动态不易掌控、思想引导不易介入、思想发展不易引导的独有特点，对有效开展思政教育形成了严峻的挑战。这些挑战要求我们首先要高度重视网络圈群思想政治教育，建立开展网络圈群思想政治教育的强大队伍，提供制度保障，真正增强思政教育在网络圈群中的话语权和引导力，净化网络舆论，为青年学生在网络中健康成长保驾护航。②

（2）改变思维方式，掌握网络思政教育工作话语体系

建立微课堂话语体系。一是整合传播渠道。整合信息发布渠道和功能，形成校园权威传播渠道，增强媒体关注度和信任度。思政课的理论教育需要植入管理服务，占领自媒体时代信息传播的校园核心阵地。③二是打破时间和空间的限制，将思政课开展的活动与新媒体结合起来。充分利用网络通信速度快、覆盖面广的优势，实现线上、线下教育的融合。例如，开展网络思修课堂、线上读书、线上讲座等。三是丰富思修课教育内容。新媒体可以声情并茂地处理视频和图文资料，选取时事材料、前沿理论、鲜活事例、专家宣讲等新鲜多样化的学习素材，使教育内容生动有趣，增强吸引力、感染力和有效性。

（3）建立全媒体环境下"引导互通"的沟通方式

有效利用全媒体载体，宣扬主流文化，传播正能量，高校思政课教师及时发布权威信息，提高思想政治理论课的科学化水平。开展教育活动，加强生生、师生间的双向交流，及时掌握大学生的思想动态。动员大学生主动参与，在新媒体平台的应用下，最大限度地调动学生的主动性，可以开设交流专栏，鼓励上传自

---

① 富旭. 网络社群环境下思想政治教育模式的构建 [J]. 思想理论教育，2017（07）：79—82.
② 薛云云，张立强. 网络圈群中的思想政治教育：问题检视与对策思考 [J]. 思想教育研究，2017（02）：86—89.
③ 马婷，卜建华. 新媒体在高校学生党建工作中的应用探究 [J]. 学校党建与思想教育，2019（02）：30—34.

己创作的短片。提高课程队伍工作水平，打造内容精品。建立一支学生志愿服务工作队伍，吸纳优秀的大学生成为主体。在教师的指导下有序进行，不仅可以充分发挥优秀大学生的先锋模范作用，也是大学生自我教育、自我管理和自我服务的有效途径。打造内容精品，塑造课程品牌。如开展重温长征历史、"我的大学，我的梦"等活动宣传，打造"红色"文化育人品牌；聚焦学院改革发展，讲好学校故事，传播学校声音。将现实的教育指导与多样化的线上教育相结合，积极设计和开展线上线下活动，实现"虚拟场景"与"现实场景"的无缝衔接，引导受众从认知到认同再到实践，引导教师和学生从"传播场景"到"体验场景"转变。

（三）适应新发展，打造"三全育人"网络平台

1. 全媒体、自媒体、新媒体打造"三全育人"网络平台

全媒体是指媒介信息融合多种表现手段、利用多种媒介形态、通过多种平台进行传播，最终用户可以通过使用电视、计算机和移动电话等各种终端完成信息的融合接收。随时随地从任何终端、任何人处获取任何所需信息。

改进方式方法，营造内容精品集聚的微平台，主动适应新形势，把握全媒体脉搏。在互联网时代培养媒体思维，强调内容的实效性，注重主题、背景资料等内容的编辑，实现从泛读到必读的转变。正确引导舆论，掌握"第一时间"策略，及时、快速，掌握主动权，把握舆论导向。努力建设自己的门户平台，构建功能齐全的信息平台，设置信息发布、在线学习、在线投票、视频（音频）回放、现场直播、实时考勤、评估测评、专题讨论、舆论引导和数据分析等模块。推进课程信息资源库建设，创新课程工作内容建设。一方面加强新媒体平台硬件设施建设，借助联盟平台，落地学校融媒体中心，加强与新媒体行业、企业合作。另一方面建立和丰富信息资源库，为大学生提供自学视频资料、电子书、课件等，通过文本、声音、图片、图像、视频的形式呈现。同时，鼓励学生积极参与信息资源库建设，引导大学录制微课、微视频以及学习教育短片，以年轻化、新颖化的

方式和语言实现主流价值观的入脑入心。①

2. 提升教师的"互联网+"教学水平和思政教育的能力

（1）增强教师"互联网+"思想政治教育的意识

坚持思想先行，意识指导行为、指导实践。为提升高校网络思政教育载体的使用效率，教师首先要有运用互联网进行网络思政教育的意识。现在处于互联网信息时代，作为网络"土著"的大学生深受网络的影响，包括信息的传递、思想观的形成转变、行为习惯的养成等。所以急需把思政教育渗透到网络信息中，大学生在接触网络过程中同时接受思政教育的信息，进而内化为道德认知，在实践中不断践行，养成良好的思想道德和行为习惯，相对稳定的思想政治品德最终形成。思政教师在认识到网络载体的重要作用后，树立起思政教育进网络的意识，主动迎接网络新挑战，创造性地运用健康向上的思政教育的内容来武装网络空间。

（2）提高师生的网络素养

拥有一定的网络知识和技术，具备一定的网络素养是充分利用网络载体的前提条件，网络素养是指"网络社会中人们在了解网络知识的基础上，正确使用和有效运用网络，理性地评价网络信息和利用网络信息的修养与技能"。②这是网络对网民提出的基本要求，也是大学生网络思政教育的目的之一。教育者必先受教育，思政教师要求大学生具备网络素养首先自己要先具备。高校可以通过多种方式如不定期举办相关讲座，讲解如何运用的基本知识，学习新软件、新平台的使用，解答运用过程中出现的各种问题等；还可以组织思政教师不定期开展各种交流会，交流网络运用的经验，示范网络运用的操作。此外，思政教师还要有较强的政治敏锐性和政治辨别力。正确分辨不良信息、错误思潮，有效分析网络信息对学生思想可能产生的影响，引导学生理性认识，提升学生抵制各种不良信息的能力。教师可以通过 E-mail、网络博客、组建 QQ 群、参与网上论坛等方式，及时关注网络舆情，及时有针对性地对学生开展学习、生活、思想的交流，帮助其

---

① 贾红霞. 占领全媒体高校学生党建话语权落实立德树人 [J]. 学园，2020（02）.
② 褚海萍. 大学生思想政治教育专论 [M]. 成都：西南交通大学出版社，2012.

解决现实生活中遇到的各种问题。

（3）组建专门的网络思想政治教育队伍

高校组建专门的工作队伍，专门从事网站建设，开发网络资源，实现信息的交流和资源共享。专门工作人员的选用需要注重两方面条件，一是网络技术水平高，二是有一定的大学生思想政治教育经验。工作人员较强的网络技术，利用计算机资源，设计新型的网页，开发新的教育软件，从而提高网站的吸引力。一定的大学生思想政治教育经验使工作人员在网站建设时充分考虑大学生的心理特点、精神需求，选取合适的信息表达方式，提高大学生信息接受性和内化度。优化团队建设和管理，作为思政教育的主体，思政教育工作者应解放思想，与时俱进，摒弃传统的说教、僵化管理的教学模式，重视网络技术在开展大学生思政教育工作中的优越性，主动运用网络开展教育实践活动，引导师生互动、生生互动，融洽师生关系，增进生生友谊。同时，还要鼓励优秀党员、学生干部加入教育团队，充分发挥朋辈榜样示范作用，调动学生的积极性和创造性。为了优化网络平台的管理和运行，必须严格选择平台负责人，平台负责人必须具备一定的专业背景和相关的工作经验，然后再由负责人牵头，成立一个以大学生为主要成员的工作室，定期开展专业培训和经验交流会，逐步提升队伍的政治素质，优化管理团队。

（4）注意网内网外思政教育的联动

网络思政是一种现实虚拟共存的生存形态，存在网内网外两个世界。网内思想是网外生活的现实反映，网外生活是网内观点的客观来源。思政教师清醒认识网内网外两个世界的相关性，实现网内网外的联动。网络思政教育的成果在网外的日常生活得到巩固，通过网络形式可以解决那些不直接以网络形式出现的思想认识问题。比如学习态度不端正的现象，上课迟到早退的严重现象，教师通过 QQ 或其他网络交流平台和学生沟通，了解把握学生的思想状态，教育引导，通过网络的形式解决网外的思想问题。再比如针对网络热点，不仅局限于在网络上学生讨论和教师的引导，还能组织课堂内外的辩论赛、讨论会，从而在网内网外思想碰撞中形成正确的理性的认识。面对良莠不齐的网络信息，需要教师有效地引导，培养学生分辨和使用网络信息的能力，不断提升大学生的思想政治素质。在微时代背景下，我们需要线上线下相结合形成合力。

（四）坚守网络宣传阵地，解决网络传播新问题

1."线上+线下"两个阵地，坚持马克思主义意识形态主导

（1）党中央高度重视网络安全和宣传思想工作

习近平总书记关于网络安全和信息化工作进行多次论述，为我们在新形势下创新网络建设、管理、安全和教育工作指明了方向。高校既是培养社会主义建设者和接班人的摇篮，又是网络传播思想文化的重要阵地，习近平总书记在治国理政的实践中，站在为党和人民事业培养建设者和接班人的高度，多次就加强高校思想政治教育、加强高校宣传思想工作、促进青年学生成长成才和加强教师队伍建设发表重要讲话，作出重要指示。中共中央、国务院印发《关于加强和改进新形势下高校思想政治工作的意见》指出推进高校思想政治工作改革创新，要加强互联网思想政治工作载体建设，加强学生互动社区、主题教育网站、专业学术网站和"两微一端建设，运用大学生喜欢的表达方式开展思想政治教育"。①加强网络育人研究，"准确把握网络和信息化工作规律，强化网络育人研究，准确把握网络和信息化工作规律，强化网络舆论引导，加强网络阵地建设，从根源上增强网络工作动力"。②

（2）建设网络良好生态，发挥网络引导舆论作用

网络生态建设是适应网络化、信息化发展要求的题中之义，也是坚持马克思主义意识形态主导地位的必然要求。在信息时代网络世界中，动摇了原先程序化的规则，否定了原先概念式的结论，人们的固有观念被网络的数字化、全球性、交互性全面撼动，思政教育面临着充满机遇、挑战和不确定性的新局面，发生了

---

① 中共中央．国务院印发<关于加强和改进新形势下高校思想政治工作的意见>．[N]．人民日报，2017—2—28．

② 冯刚．思想政治教育创新发展的四个力点［J］．教学与研究，2017（1）．

深刻全面的变化。网络在阵地建设、舆论引导和管理民主方面对思政教育颇有价值，但也在人类信息处理能力、马克思主义意识形态主导性、大学生群体特征和理想信念的价值性之间存在矛盾。所以要在网络背景下建构平台、管控舆情、培养技能、协调关系，保障大学生思政教育顺利进行。①

（3）主动介入和占领网络阵地，构建网络话语，掌握主动权

思政教育场域中的话语权是指思想政治教育话语中所蕴含的对思想政治教育过程进行控制和支配的力量，它既是权力关系的体现，也是权力扩散的手段。思政教育话语权既来源于符号系统本身的关系意义，也来源于思政教育过程中教育者和受教育者的地位关系，彰显着言说主体和言说对象的存在状态，表现出各主体在思政教育场域中的身份、地位和资源。思政教育活动中互联网不仅仅是一种教育载体和工具，更是教育双方无法剥离的教育环境和生活场景。改变了原先的传统环境和实践发展状态，思政教育话语权面临新的发展机遇和挑战。②所以我们要积极主动介入和占领网络阵地，提升思政教育话语的主导权和引领力。研判思政教育话语权的变化现实，革新多元化背景下师生共享的意义世界，重建和发挥思政教育话语权的影响力。③大学生常用网络话语表达对社会事件和校园现象的看法，但是不能理性客观地运用网络话语表达对某些敏感政治事件的观点。因此，思政教育话语对接大学生网络话语不仅是解决主流意识形态话语网络传播困境的现实途径，更是提升高校网络思政教育实效性的客观需要。④

（4）发挥网络舆情无法比拟的价值，有效开展高校思想政治教育

充分利用网络舆情的传播特性，积极引导网络思政教育的方向，发挥高校思政教育服务于社会、政治、生活的作用，推动并塑造当代主流意识形态，维护当代政治环境的和谐稳定。⑤而话语权的掌握取决于受众对话语的接受和认可，影响

---

① 王学俭，冯东东. 大学生网络思想政治教育：价值'挑战'保障 [J]. 思想教育研究，2017（5）.
② 侯广斌，王颖. 高校网络思想政治教育话语权的受众研究 [J]. 重庆高教研究，2017（3）.
③ 王莉. 互联网领域思想政治教育话语权研究 [J]. 学校党建与思想教育，2017（5）.
④ 闫从山. 思想政治教育话语对接大学生网络话语策略研究 [J]. 兰州教育学院学报，2017（1）.
⑤ 方向. 高校思想政治教育的网络舆情引导 [J]. 黑龙江高教研究，2017（2）.

因素有受众的基本内涵、心理特点和价值诉求。但是主流话语在受众传播中出现了话语体系与受众文化的不协调、不平等的角色定位与受众主体关系、理念与受众诉求不匹配等问题,以上问题的破解是掌握话语主动权的关键。因此,突出话语体系的生活性、时代性和创新性,彰显价值理念的科学性、人文性和发展性,营造学习氛围的轻松感、愉悦感和趣味性成为掌握高校网络思政教育话语权的有效对策。

2. 自觉抵御网络"不良"思想,变被动应对为主动疏导

用先进文化占领网络思想阵地是发展的迫切要求。随着互联网的全面覆盖,受众面扩大,网络已成为一个重要的思想阵地,其影响也越来越大。为了避免"黑色文化""黄色文化"在网上大行其道,就需要用先进文化占领网络阵地。所以思政教育必须快速进入网络,用社会主义核心价值体系为主导的先进文化,用以马克思主义思想为核心的先进文化占领网络思政教育阵地,让先进文化抵御国内外敌对势力的攻击,消除各种负面的反文化的影响,使青少年在网络上接受先进文化。

各种网络思想的交锋就是一种网络话语主导权的博弈,哪一种观点更为激进,话语更具有煽动性和情绪感染力,虚拟网络环境下更容易扭转网民的目光,引起学生共同体验感的情感共鸣,在更大范围内实现观念价值的认同感。网络思政教育的本质就是用思想来影响和掌握教育对象,而群体极化现象在一定程度上导致了网络对主流意识形态引导的极大削弱,网络如何选择恰当的内容引导舆论,引导教育对象透过纷繁复杂的观点,把握价值冲突背后的真实需求变得更为艰难。思政课程的思政教育内容更加贴近大学生生活实际,大学生的理想信念、爱国主义、道德法治、核心价值观的内容进行表达时多采用情绪感染、情感体验的方式,实现大学生价值观念的认同。同时避免"碎片化"的信息传递,在传播渠道、传播时空、观点立场等方面改变网络舆论碎片化状态,注意知识的系统性,观点的理论性,内容的科学化。

面对大学生群体借助多元网络媒介进行意见表达的客观现实。正确引导和有

效应对这种局面,构建以文化包容、和谐构建和立德树人为价值取向,以向心化、系统性和虚实联动为主要特征的高校大学生网络意见表达引导机制是一个很好的途径。[①]目前,互联网呈现娱乐化分享、情绪化发声、传统媒体作用边缘化的现象,出现了主流价值被多元思潮分散与削弱的局面。就需要重视移动端社交,关注思想政治教育的发声效果;利用互联网思维,创新思想政治教育的发声载体;通过供给侧改革,优化思想政治教育的发声内容,增强网络思想政治教育实效性。[②]

(五)加强网络载体联动,提升网络思政课程受众黏性

1. 顺应"新常态",扁平化转向整合化,提升多种载体合力

随着网络和多媒体的快速发展,思想政治教育载体发挥作用的方式也跟着发生巨大转变,逐渐实现由原来的扁平化、单一化的载体形态向立体性、综合性整合的需求。网络技术工具的更新换代,推动着不同类型的载体增强各自功能之间的整合效应,实现不同载体的合力最大化,可以在系统运作、整体协调、融合渗透方面开展。整合网络载体联动性,突出其鲜明的数字化和信息化的特征,实现声图并茂,动静结合,多维立体的表现形式,增强思政课生动性,转变以往单一传输思政教育内容,更多实现多面性传输教育信息。载体功能导向性实现多元化、极速化和便捷化,载体功能的属性上实现兼具教育性、观赏性、服务性和艺术性的有机结合。

2. 增加人文情怀,载体效应割裂转向联动,形成受众黏性

加强网络载体联动,提升网络思想政治教育受众黏性。在经济领域兴起的"互联网+"的"重视用户体验"之风提醒我们在开展网络思政教育时注重载体和内容的契合性,重视与教育对象的贴切性,重视与教育实效挂钩。从而实现由冷漠冰凉的工具向人本价值转化,转向有生命力的教育,规避载体机械工具论。以关注教育对象的内在需求,重视倾听教育对象的心声,走以人为本兼具人文情怀的路线。思想政治教育就是兼具理论和社会实践的课程,本身的学科属性就是如何做

---

① 秦永和,徐璐. 浅析新媒体时代大学生网络意见表达引导机制的构建 [J]. 思想教育研究,2017(2).
② 包雷晶. 论社交媒体环境下网络思想政治教育的有效性 [J]. 思想理论教育,2017(3).

人的工作，强调的"现实社会的人"，就是处在社会实践中一切社会关系中的人，是全面发展的人。一切社会关系既包括现实社会关系中的，也包括虚拟社会中的关系。从根本上说，思政教育关注人本身的发展，内在包含着深厚的人文关怀；形式服务于内容，网络载体服务有生命力的人的思政工作，就需要坚持道德，充满人文关怀，反对赤裸裸的工具形式，转变冷漠无温度的机械介质为情感丰富互动交融的转换。

目前我国各类高校结合本校实际，紧跟时代要求，新建自己的校园网站和非官方平台，但是各个论坛、主流网络平台基本是各自为阵的运行模式，校级之间交流较少，受众群体主要在本校。难以形成受众黏性，推出内容零散杂乱不成系统，各个载体和平台之间缺少链接点。而互联网的发展使得载体平台形成协调和联动成为可能，伴随"互联网+教育"产业生态的迅猛发展，出现了形式多样的教育机构、在线直播视频教学等。同时依靠客户端的方式聚敛大规模流量，并在后台对数据进行实时管理，实时数据共享，进行信息交流，打破各自为阵的障碍，重构平台间的交流方式，深度融合各个平台，推动各类载体间的资源要素多向流动[1]。

五、新时代红色文化融入全媒体宣传

为加强红色文化传播，近年来一些高校和地方建立了红色网站，积极开展红色精神教育，但目前已经建立的红色网站吸引力普遍不够，当代大学生的点击率也不高，红色教育的效果并不尽如人意。"红色网站没有很好地区分层次、对象、地域，不同网站在栏目设置、内容安排、版面风格等方面都似曾相识，特色不够鲜明。针对所存在的问题，我们要在先进网络技术的支持下，在坚持正确导向的前提下，科学引导，有序规范，稳步推进，促进网络红色文化的有效传播"[2]。高校传统宣传是大学生接受思想政治教育的主要渠道，新时代将传统宣传与网络媒

---

[1] 张青青. 互联网+背景下网络思想政治教育载体优化研究 [D]. 武汉大学学位论文，2007年.
[2] 肖灵. 当代大学生红色文化教育研究 [D]. 南京师范大学博士学位论文，2014年.

体相结合，形成线上线下合力是至关重要的。网络媒体作为传统宣传的有力补充，使大学生便捷及时地了解红色文化。高校应在党委领导下，形成线上线下传播红色文化的大格局。

（一）把握权威渠道，发挥官方平台的宣传优势

开辟官方媒体的红色专栏。习近平同志在全国高校思想政治工作会议上指出：做好高校思想政治工作，要因事而化、因时而进、因势而新，正如马克思主义所强调的，只有在实践基础上坚持科学性和革命性的统一，才能永葆强大的生命力。无论是在中华人民共和国成立之前面临革命形势的变化，还是在中华人民共和国成立以后面对复杂多变的国际环境，我国的宣传工作一贯坚持与时俱进的优秀品质，坚持马克思主义指导地位，结合中国建设、改革、发展实际需要，不断创新发展宣传工作方式，始终奋进在路上。同样，在互联网技术突飞猛进的时代背景下，把握网络时代的新机遇，借助学校官方媒体平台的现有优势，打造高校红色文化宣传专栏，能够确保红色文化的传播在学校官方途径上发出权威声音。

把握红色宣传的总基调。我们的高校是党领导下的高校，是中国特色社会主义高校。新时代高校必须坚持中国特色社会主义办学方向，牢牢坚守红色文化育人这笔宝贵的资源，在营造校园文化过程中融入红色精神，彰显中国特色社会主义高校的时代特征，旗帜鲜明地传承好红色基因。全方位营造文化育人氛围，举办"文以化人，家国天下"中华优秀传统文化图片展，打造富有民族文化特色的社区文化，引导大学生传承民族精神，涵养文化自信。党的十九大报告指出："要牢牢掌握意识形态工作的领导权，坚持正确舆论导向，高度重视传播手段建设和创新，加强互联网内容建设。""红色精神资源话语示范功能。话语示范本质是话语的规训，由话语主体从意识形态的需要出发，按照一定的程序规则将模范性人物和事迹用话语展现出来，为话语受众以后的行为提供一种可供遵循的经验模式。"确保红色文化规范传播。网络文化具有虚拟、即时等特点，这为网络流行文化的快速发展传播提供了现实可能。网络流行文化逐步成了高校学生的文化需求

及消遣方式，一方面，高校学生参与到网络流行文化的创作和传播中，助长了网络流行文化；另一方面，网络流行文化的负能量严重渗透到高校学生的校园生活中，完全重构了网络时代下校园生活的模式，这在很大程度上损害了高校学生的身心健康。尤其是"网络丧文化"呈现了青年群体复杂多样的社会心态：焦虑、悲观、沮丧、冷漠、迷茫、颓废。在某种程度上，"网络丧文化"是通过对以往网络空间中流传的较为严肃正经的文字、图片、视频等加以挪用和篡改，使之在重新排序或语境更新的基础上进行意义改写，完全颠覆了其原先的语境，完全逆转了其原先所要表达的本意，这些内容却成了负能量的表现载体，在网络空间传播，"网络丧文化"便逐步形成。"网络丧文化"使缺乏价值判断的高校学生群体盲目跟风，面对如此负能量时难免会扭曲其价值观。尤其应该严厉禁止学生有不尊重历史英雄人物之举，尊重历史是对革命精神传承的前提。

"规范化，即红色精神资源使用必须合乎一定标准，这是破除红色文化资源在高校中片面运用、随意裁剪、无序传播等问题的客观要求。"着力于红色精神资源的规范化运用，着力加强红色文化资源在高校育人实践中的正当、正向、正确使用，以此来增强红色文化资源融入高校育人实践的科学性。利用官方平台优势，发挥红色文化传播的权威声音。充分发挥媒体宣传覆盖面广的优势，利用好平台推广多元化、智能化、实时化的特征，通过媒体宣传报道，将红色文化育人的影响力扩大到全校，使其成效覆盖全校师生。通过宣传树立践行红色文化的典范榜样，激发其他大学生潜在的参与热情，起到了积极的引领作用。

（二）依托传统媒体，发挥线下教育的直观优势

传统媒体拥有人力和物力资源丰富、可信度高、参与人员专业度高等优势。因此，高校在打造以互联网为载体的文化传播平台的同时，也需要着力打造以书籍、刊物等为载体的传统媒体文化传播平台。实施"革命文化教育资源库建设工程"，推动红色精神资源库建设。举办红色图书微展览，将"习近平书单"、当代中国马克思主义理论著作、人民日报"40本高校图书馆上榜好书"、古今中外优秀传统文化经典等书籍进行精心编辑、设计布展，使经典阅读融入校园风景，将

红色精神融入校园文化建设。建设传统读书分享交流会，使学生养成"善思、博览、笃行、贵恒"的阅读习惯。开发"红色书籍大寻宝活动"，创新书籍借阅，以书换书，营造轻松、热烈、有序的交流氛围，传递青春正能量。开展好书交流活动，通过组织线下研讨会，就习近平同志在梁家河等时期集中阅读的《理想国》《政治学》《法哲学原理》等政治学、经济学经典书籍分享畅谈阅读感悟，让阅读启迪智慧、滋养正气，让中国特色社会主义理论的伟大智慧在学习交流中深入人心。注重输出红色文化优秀成果。鼓励学生立足新时代新思想，多读书、读好书，以演讲、话剧、演唱等不同文艺形式表达阅读所思所悟，制成纸质传统读本，以"文""思""新""达"为主题，筛选出优秀作品编，形成优秀红色文化思想政治教育读本，激励学生坚定信仰，为实现中华民族伟大复兴的中国梦积蓄能量。历史悠久的高校有条件地将革命年代的校史文化结合红色精神或者知名英模校友事迹，编写更具深度、广度和高度校史书籍，激发新时代大学生爱校、治校的正能量，培养"今天的事业也是明天故事"的观念，使一代一代大学生不断创新、永葆青春。

（三）利用网络平台，打造线上红色精品，发挥网络的便捷优势

高校应利用网络传播速度快、范围广、影响大的特点，为学生搭建专门的红色学习平台，建立红色精神微信公众号、微博平台，组建以教师为引导学生为主体的管理运营团队，从而引导学生独立自主地走进红色文化，学习红色知识。对不同的红色精神加以深入了解，形成自身理解，并在实际学习生活工作中牢牢把握。高校还可以针对红色文化开设网络教学课程，以慕课等网课形式呈现，督促学生深入了解红色文化的本质，提高课程教学的灵活性和便利性。高校还应利用好网络载体进行红色文化资源的整合开发，将经典书籍节选通过海媒体平台设计呈现出来，推进传统红色经典图书资源在互联网时代焕发新活力。设立"知古鉴今""青年之思""时代经典""文明盛放"等主题，将《共产党宣言》《习近平的七年知青岁月》等书籍在新媒体平台上呈现，充分利用青年学生的碎片化时间，引导学生通过阅读节选走近经典，进而根据推送提示走进图书馆寻找典藏，走进

经典，改变"突击式"掌握要领的阅读习惯，为传统红色图书资源注入生命力，形成校园红色图书"悦读"风潮。

结合学校和地域红色文化资源、突出浓郁高校特色、高校网络平台要针对新时代大学生的身心特点，开发融合学校红色基因追溯、当地红色教育资源介绍、优秀典型事迹展示、红色实践项目及红色演出进校园宣传集宣传和互动为体的多样化红色文化教育平台，凸显浓郁的高校特色，贴近青年学生的需求。首先，要主题明确，定位清晰，运营好高校红色文化主题教育网络平台，其关键是宣传内容和主题，其推送内容的形式可多样化，力求新颖有吸引力，但其内容的主题应始终坚持围绕红色精神，具备较强针对性，从教育对象的实际需求出发，从而使高校大学生增强对红色文化的认同感。其次，团队要专业化，运营要规范化，高校红色文化主题教育网络平台要得到良好运营，势必需要一支专业素养过硬的团队，应配备具有马克思主义学科背景的指导教师，对推送内容规范进行审核校对，从新闻传播、汉语言文学、思想政治教育等相关专业招募大学生组建人才结构合理的运营团队，确保平台运营的专业化和可持续性。

（四）新媒体时代的高校红网建设

高校大学生宿舍有网络、人人有手机，网络信息生活已经成为当代大学生日常生活的重要组成部分。高校红色教育的方式方法、路径选择、形式样式不断与时俱进，构建了校园红色立体网络，传播我们的先进文化，巩固我们的意识形态，在全球软实力的较量中掌握主动权。以网络、手机等为代表的新媒体已经成为高校红色教育不可或缺的重要平台。红色立体网络主要包括两大类：一是以门户网站为代表的主题网站（如各高校团委网站）、校园BBS、班级年级以及社团为单位的QQ群或MSN、E-mail、个人微博、网络虚拟社区等；二是以手机为代表的即时通话、短信息和微信等。这些新媒体具有信息容量丰富性、时空联络及时性、交流即时互动性、操作简单便捷性等优势，作为红色教育的载体，对当代大学生具有强大的吸引力和影响力，从而成为高校红色教育的有效路径。

今天，网络和手机已经是大学生学习知识、获取信息、交流互动的日常生活工具，是他们的第二生活世界。近年来，高校逐步形成"红色网站"尤其是校团委网站为领航标杆，以校园门户网站为主体，学术、新闻、服务类网站为补充，以短信、QQ 群、BBS、微博、微信等即时互动工具为抓手的红色校园网络文化阵地，取得了红网文化在高校"化人""育人"的良好功效。

六、贵州红色文化资源融入网络课堂

（一）融媒体建设打造红色文化资源库

近年来贵州发展大数据势头迅猛，面对数字化时代，教育智慧化是时代趋势。贵州红色文化资源顺势而为，大数据、云计算、自媒体、全媒体、人工智能等各类先进技术赋能教育革命，高校应充分利用媒体资源、创新方式方法，组织上好网络大课。积极运用国家层面的平台资源，如教育部举办的"同上'四史'思政大课"，全国高校思政课教师网络集体备课平台实现优秀教学资源共享，国家网络云平台开设党史学习和红色文化宣传专栏。共建共享省级教学资源平台，使用建设"黔灵学者思政大讲堂""社会思政名家大讲堂""万名德师大讲堂"，推动社会各界名家名师线上线下讲授思想政治理论课。实施"互联网+"思想政治理论教学计划，搭建"网络文化学院"，完善高校红色微课资源库，整合教学资源，开展精品课程建设，制作教学课件、教学视频、教学资料数据库等建设。开发校级融媒体平台，加强红色文化网站、微信公众平台和易班平台建设。采取学生喜闻乐见的方式，将贵州红色文化、红色精神、红色故事等学习资源上传至网络空间，利用算法推送给学生学习；充分利用抖音、快手、B 站等自媒体平台，将贵州红色文化以文本、视频、图片、Flash 动画等形式呈现，实现图文并茂、视听同步，激发学生的学习兴趣和热情。还可以制作开发以贵州红色文化为题材的益智网络游戏，不仅可以具有一定的育人作用，还能避免学生沉溺于其他不健康的网络游戏当中。

（二）运用各类平台实现红色育人智能化

红色育人智能化，这里主要谈论三种途径：一是红色虚拟仿真体验式的教学，大力推进思政课教学方法改革,提升思政课教师信息化能力素养,推动人工智能等现代信息技术在思政课教学中应用,建设一批红色教育国家级虚拟仿真思政课体验教学中心。在具体的虚拟体验操作时,首先是要给学生下达明确的实践任务。如在指定的虚拟目标空间,如网上校史馆、网上博物馆、网上纪念馆等进行参观、体验,其成果可以用图文并茂的电子报或者 PPT 课件进行展示。为充分挖掘重大纪念日、重大历史事件蕴含的爱国主义教育资源,深入推进爱国主义教育,开展"网上重走长征路"的活动、网上升国旗、网上祭奠英烈等活动,传承红色基因,践行初心使命,弘扬时代精神。二是使用全国大学生覆盖面极广的易班 APP,平台设置的"四史学习""精品课程""红色电影"等相应栏目均可作为学生学习的内容。以"优课 YOOC"为例,其中的板块"共享课程""学习课群""移动学习"深受学生欢迎。教师可充分利用"学习课群"展开话题讨论,如"亲爱的党,我想对您说""红军长征在贵州""谁才是真正的中国脊梁"等生动话题,与学生一起探讨重难点、交流思想观点,充分调动一些理论课堂中"不愿说""不想说""不敢说""不喜说"的学生大胆发言,真正使网络课堂活起来。三是运用"雨课堂""QQ 课堂""QQ 群课堂""学习通"等网络课堂教学模式每月开展线上教学,辅以网络话题讨论、虚拟实践等方式开展网络教学,教师随时进行红色正能量舆论引导,用积极向上的先进文化主动占领网络和新媒体、新高地,不断弘扬主旋律。网络教学课堂采用了传统理论教学的讲授式、启发式、讨论式等教学方法,同时,也采用了网络教学的专题化、趣味化、互动化等形式多样的方式引导学生。互联网是有记忆的,学生在通过课堂教学之后,仍然可以在网络课堂中查找、复习相关知识要点,切实提高了网络课堂的实效性和针对性。

第六节　用好社会课堂:抓好社会基层红色基因的传承

学习书本、接触自然、感受社会是每一位学生在成长当中所需要的经历,学校为学生提供了书本的知识，社会大课堂则为学生体验生活提供了一片更加广阔的蓝天。一般人们把能够学到知识、技能的地方叫作课堂，把传道授业解惑的教书育人之地叫作校园，而把能够锻炼人品行的地方叫作社会课堂。社会课堂是每个人都必须要经历的阶段，也是学生从校园的温室里走出来学习成长的地方。在社会大课堂里，学生可以学到为人处世的哲理，可以经历挫折的磨炼，也可以品味成功的喜悦。

一、社会大课堂

社会大课堂是思政小课堂的学习外延，是学生全面发展的客观需要，是教育改革的必然趋势。思想政治理论课只有坚持理论性与实践性的统一，才能不断增强思政课的思想性、理论性和亲和力、针对性，才能做到知行合一、内化于心、外化于行。

2019年3月18日，习近平总书记在学校思想政治理论课教师座谈会上指出，思政课"要坚持理论性和实践性相统一，用科学理论培养人，重视思政课的实践性，把思政小课堂同社会大课堂结合起来，教育引导学生立鸿鹄志，做奋斗者"[1]。中共中央办公厅、国务院在《关于深化新时代学校思想政治理论课改革创新的若干意见》中提出，要"坚持开门办思政课，推动思政课实践教学与学生社会实践活动、志愿服务活动结合，思政小课堂和社会大课堂结合"。[2]立足思政小课堂，拓展社会大课堂，对于增强思政课的思想性、理论性和亲和力、针对性，提高思政课教学实效性，进而落实立德树人根本任务具有十分重要的意义。毋庸讳言，不管是理论课堂、网络课堂，还是实践课堂，也都不可避免地存在着自身的短板与不足。理论课堂不足主要表现为理论讲授的抽象性和学生受教的被动性；网络

---

[1] 习近平. 用新时代中国特色社会主义思想铸魂育人 贯彻党的教育方针落实立德树人根本任务[N]. 人民日报, 2019-03-18（01）.

[2] 中共中央办公厅，国务院. 关于深化新时代学校思想政治理论课改革创新的若干意见[M]. 北京：人民出版社, 2019（8）.

课堂的不足主要表现为淡化甚至消解了师生之间的关怀、互助、倾听、理解等情感情绪互动；实践课堂的不足主要表现为教学组织的"粗放式"、教师队伍的"业余型"、教学实施的"单一性"等。这些教学形式的短板和不足都需要利用社会大课堂来拓展学习外延，形成必要的补充，真正构建起全员育人、全程育人、全方位育人的"三全育人"大思政格局。

社会大课堂是实践育人工作体系的重要内容，是拓展实践育人教育形式的重要方式。作为学校思政课程改革"四堂联动"教学内容的重要组成部分，社会大课堂是对理论课堂、网络课堂、实践课堂的必要补充，它将学习空间由教室拓展至校外，将学习内容由书本延伸到社会，把学习时间从一个阶段延伸至实践教学全过程。大学生在这门"行走的课堂"里真正了解社会、学习知识、感悟人生，利用"个性化"+"多样化"课程菜单，让不同学院、不同专业的学生根据发展按需"选课"，这正是社会大课堂开设的初衷和使命所在。

二、社会大课堂的重要性

社会大课堂是一项面向学生、服务学生、惠及学生的教育教学改革重大举措，旨在深化推进社会教育，创新实践育人，培育和践行学生的社会责任感、实践能力和创新精神。它是孕育初心使命的"沃土地"，回答青春之问的"练习题"，增长本领才干的"炼狱炉"，完成时代答卷的"书写场"。继续推动社会大课堂建设，有利于进一步整合学校周边教育资源，满足青年大学生日益增长的多种形式的学习和文化需求；有利于进一步促进全社会关心教育、支持教育、服务教育，营造青年大学生健康成长的良好社会环境；有利于进一步引导青年大学生走进社会开展实践体验，共享社会发展成果，提升综合素质，促进全面发展。

（一）孕育初心使命的"沃土地"

"一切向前走，都不能忘记走过的路；走得再远、走到再光辉的未来，也不能忘记走过的过去，不能忘记为什么出发。面向未来，面对挑战，全党同志一定要不忘初心、继续前进。"①贵州是一片红色沃土，是中国革命走向胜利的伟大转折之地，回首80多年的峥嵘岁月，长征精神代代相传，遵义会议永放光芒。

在改革开放时期，贵州关岭自治县顶云乡石板井村的5位村民为了能让大家吃饱饭、过上好日子，他们冒着被扣上"走资本主义道路"、会坐牢的风险，决然实行"定产到组、包产到户"，解决了困扰群众的温饱难题，走出"定产到组、超产奖励"的"顶云经验"，被誉为"中国农村土地改革第一村"。与安徽凤阳县小岗村齐名，从此"南顶云、北凤阳"拉开了中国农村改革的大幕，更成为中国改革开放的序曲。如果说安徽凤阳小岗村那18位农民以立下生死状托孤的方式，在农村土地改革中首创了包产到户，改变了原人民公社集体经济的权利安排。那么，贵州湄潭楠木桥村那20几户村民，在"火炉塘"边争吵出来了"生不增、死不减"，一次性了断田土划分的土法子，则为后来衍生了"增人不增地、减人不减地"的制度安排，稳定了集体土地所有制下人口和土地的对应关系。湄潭农民创造的这个"土法子"在1993年被纳入中央文件，并进入2002年的农村土地制度承包法，最后变成了全国一个普适性意义的制度。

进入新时代以来，贵州安顺塘约村以党建引领改革，推动合股联营、民主自治、共同富裕为工作主线，盘活农村自然资源、存量资产、人力资本，实现农业增效、农民增收和农村繁荣。"塘约经验"成为新时代农村改革的典范。贵州六盘水打造的新时代"三变"改革，即"资源变资产、资金变股金、农民变股东"，成为六盘水市脱贫攻坚的"黄金腰带"，已连续三年写入中央1号文件，得到中央高度肯定并总结推广。好儿女志在四方，有志者奋斗无悔。今天的贵州，大力培育和弘扬"团结奋进、拼搏创新、苦干实干、后发赶超"的新时代贵州精神，牢牢守好发展和生态两条底线，深入实施大扶贫、大数据、大生态三大战略行动，经济社会发生了深层次、根本性变化，贵州儿女在这片红色的土地上，创造了经济领跑、中国减贫、移民搬迁、桥梁建筑等一系列彪炳史册的人间奇迹，被习近平

---

① 习近平. 习近平谈治国理政（第二卷）[M]. 北京：外文出版社，2017：33.

总书记赞誉为"十八大以来党和国家事业大踏步前进的一个缩影"。

贵州在革命、建设和改革各个时期的生动实践为我们留下了宝贵的财富，一些具有开创性、原创性的经验举措在今天仍然值得我们去调查研究、思考总结，同时也为我们社会实践大课堂的开展提供了典型素材。社会大课堂就是要立足贵州实际，服务贵州发展，深耕贵州大地。通过追寻红色革命记忆，讲好红色故事，传承红色基因，孕育初心使命，坚定理想信念；通过社会实践调查，总结改革发展经验，积蓄奋斗力量，在红色热土上砥砺奋进，感受贵州千年之变；通过开展社会志愿服务，社区公益活动，弘扬新时代贵州精神，展现新时代贵州风貌，续写新时代贵州新篇章。

（二）开展青春的"练习题"

习近平总书记在学习贯彻党的十九大精神研讨班开班式上提出："时代是出卷人，我们是答卷人，人民是阅卷人。"时间之河川流不息，新时代孕育新使命，每一代青年都要面对和回答时代的问卷，而实现中华民族伟大复兴的中国梦始终都是我们要回答的必答题。大学阶段是人生发展的重要时期，是青年大学生世界观、人生观、价值观形成的关键时期，更是被习近平总书记形象地比喻为"拔节孕穗期"，此时的青年最需要精心引导和栽培。谁的青春不迷茫？面对理想与现实差距、个人与集体利益、竞争与合作关系、权利与义务平衡、自由与纪律矛盾、友谊与爱情困惑、学习与工作冲突等现实问题，我们要做什么样的人，怎样做人，怎样的生活才更有意义，怎样的人生追求才更有价值等，这一系列的研究都需要大学生去社会大课堂中观察、思索、判断、选择、实践。

作为刚进校的大学生，一些学生可能会感觉到心有余而力不足，错误地认为伟大梦想离我们似乎过于遥远，无处发力，不知道从何做起。正所谓"千里之行始于足下，征途漫漫，唯有奋斗"。每一位青年大学生都是中华民族伟大复兴的中国梦的参与者、践行者、推动者，大学生的主责主业就是好好读书，但是只读"圣贤书"是远远不够的，在学习专业课本知识，学习专业技能之外，我们还要关注国家大事，关注身边的小事，把困难当作挑战，把工作当作舞台，以实际行动参与社会生活。守正笃实、久久为功。在日常生活中，从身边做起，从小事做起，积极参加公益活动，参加志愿服务，参与社会实践，在实践中运用和检验理论知识，练就过硬本领，增长才干。中国梦既是国家梦、民族梦，也是个人梦，每个人都有梦想成真的历史机遇，每个人的梦想成真必然会汇聚成伟大的中国梦。青年大学生要把个人的职业选择和奋斗目标与国家、民族的梦想结合起来，与社会的发展需求结合起来，到祖国最需要的地方，到最艰苦的环境，在最迫切需要的领域中去实践、去探索，在学中做，做中学，挥洒青春汗水，留下最美的青春印记。

社会大课堂作为大学生走出校园、接触社会的窗口，正是大学生回答时代答卷的初步尝试，正是大学生回答青春之问的"练习题"，正是对身处困惑、即将进入社会的青年注入的一剂"强心剂"。因为年轻，所有更要敢作敢为，因为无畏，所以更文不怕失败，因为有梦，所以更不要惧怕道路上的荆棘。青年大学要敢于尝试，勇于挑战，敢于试错，在大学期间就要主动关注社会，融入社会，在社会大课堂中思考和检验所学知识，"要做起而行之的行动者、不做坐而论道的清谈客，当攻坚克难的奋斗者、不当怕见风雨的泥菩萨，在摸爬滚打中增长才干，在层层历练中积累经验"。①

（三）增长本领才干的"炼狱炉"

有人说，社会就是个大熔炉，一面炼着钢，一面又淘汰着渣。也有人说，社会既是一个大染缸，又是一个大浴缸，在社会这个大环境中，若定力不强很容易被大染缸染上其他的颜色，而有的人会"出淤泥而不染"，自我过滤。所以，青年大学生很必要在这个社会大炼狱中不断锤炼。青春虚度无所成，白首衔悲亦何及。习近平总书记在纪念五四运动100周年大会上的讲话强调："青年是苦练本领、增长才干的黄金时期。"②当今时代，知识更新在不断加快，社会分工也日益细化，

---

① 习近平.习近平在中央党校（国家行政学院）中青年干部培训班开班式上发表重要讲话强调：在常学常新中加强理论修养 在知行合一中主动担当作为［N］.人民日报，2019－03－02（01）.

② 习近平.习近平在纪念五四运动100周年大会上的讲话［N］.人民日报，2019－05－01（01）.

新技术、新模式、新业态层出不穷。这既为青年施展才华、竞展风采提供了广阔舞台，也对青年能力素质提出了新的更高要求。不论是成就自己的人生理想，还是担当时代的神圣使命，青年都要珍惜韶华、不负青春，努力学习掌握科学知识，提高内在素质，锤炼过硬本领，使自己的思维视野、思想观念、认识水平跟上越来越快的时代发展。

人的本领不是天上掉下来的，也不仅仅是从书本中得来的，单靠理论学习远远不够。越是艰苦的地方越能锻炼人，尤其是青年大学生，不经过艰苦的锻炼，很难"过得硬"。还需要从实践中来，到实践中去，在反复的实践中不断增长才干和练就过硬本领。要把社会大课堂实践锻炼作为推动大学生心智磨炼的重要方式，成长成才的重要平台，组织和引导大学生主动到爱国主义教育基地、国防教育基地、城市社区、农村乡镇、工矿企业、驻军部队、社会服务机构等开展社会考察、驻村帮扶、参与急难险重任务等，深入了解国情、社情、民情，知国家之所需，察社会之所疾，解群众之所盼，在实践中增长知识才干，提升解决实际问题的能力本领，在新时代勇担历史使命。

"刀在石上磨，人在事上练"。习近平总书记在给北京大学援鄂医疗队全体"90后"党员和青年的回信中指出："在新冠肺炎疫情防控斗争中，你们青年人同在一线英勇奋战的广大疫情防控人员一道，不畏艰险、冲锋在前、舍生忘死，彰显了青春的蓬勃力量，交出了合格答卷。广大青年用行动证明，新时代的中国青年是好样的，是堪当大任的！"由此说明，本领和才干必定需要在社会这个"炼狱炉"中锻造和磨炼。

（四）时代答卷的"书写场"

一代人有一代人的机遇，一代人有一代人的长征，一代人更有一代人的担当。书写时代赋予的答卷，是我们每个青年大学生都不可回避的历史使命。人的一生，在每一个阶段都会面临许多不同问题，作答过程就是在为自己的人生注解的过程。即使面对同一个问题，18岁的你和28岁的你，可能也会给出大径相庭的回答。而正是这些以时间、经历、阅历换来的多样解答，才构成了我们各自独特的不同人生。但是，时代答卷的书写并不是要等到准确无误才下笔，而是在不断书写中修正和完善。

1949年3月23日上午，党中央从西柏坡动身前往北京时，毛泽东同志说："今天是进京赶考的日子。"70多年的实践证明，我们党在这场历史性考试中取得了优异成绩。同时，这场考试还没有结束，还在继续。回顾中国共产党百年走过的光辉历程，取得的伟大成就，置身于毛泽东关于"进京赶考"的历史背景，领会"进京赶考"的思想内涵，弘扬"进京赶考"的时代精神，对于青年大学生坚守初心，全面建设社会主义现代化强国，实现中华民族伟大复兴的中国梦，具有重要的历史和现实意义。

在改革开放新的历史时期，以邓小平同志为主要代表的中国共产党人，把马克思主义基本原理与中国改革开放的具体实践紧密结合起来，成功地开创了中国特色社会主义道路。以江泽民同志为主要代表的中国共产党人，深化了建设什么样的党、怎样建设党的认识，形成了"三个代表"重要思想，成功地把中国特色社会主义事业推向了21世纪。以胡锦涛同志为主要代表的中国共产党人，深刻认识和回答了在新形势下实现什么样的发展、怎样发展等重大问题，形成了科学发展观，成功地在新的历史起点上坚持和发展了中国特色社会主义。

党的十八大以来，以习近平同志为核心的党中央举旗定向、运筹帷幄，以巨大的政治勇气和强烈的责任担当，推动党和国家事业取得了历史性成就、发生历史性变革，中华民族迎来了从富起来到强起来的伟大飞跃。中国特色社会主义进入新时代，中国人民开启了民族复兴的新征程，历史和时代对中国共产党人提出了新的时代研究。当今世界正在经历百年未有之大变局，国内外形势正在发生深刻复杂的变化，我国发展仍然处于重要的战略机遇期，前途十分光明，挑战也前所未有。青年是祖国的未来，民族的希望。作为社会主义事业的建设者和接班人，就要在社会实践大课堂中提前锻造自己，就要在今后的工作实践中继续向人民交出合格的答卷，就要经得住时代的考验、人民的考验、历史的考验，就要不断克服可能面临的骄傲自满、精神懈怠、能力不足、能力恐慌、脱离群众、脱离社会危险。

三、社会实践是红色教育的重要平台

如果说高校红色教育理论学习是大学生"充电"的过程，那么社会实践就是大学生"输电、放电和验电"的过程。"德性和其他技术一样，是用了才有，不是有了才用。一切德性通过习惯而生成，通过习惯而毁灭。人们通过相应的现实活动。而具有某种品质，品质为现实活动所决定"。我国高校普遍建立了校外社会实践基地、实习实训基地和爱国主义教育基地等大学生实践基地。2012年年初，教育部、中宣部等7部门联合下发了《关于进一步加强高校实践育人工作的若干意见》（教思政〔2012〕1号），着手立项建设90个国家级大学生校外社会实践教育基地。同时，教育部等7部门强调坚持教育与生产劳动和社会实践相结合，是党的教育方针的重要内容。坚持理论学习、创新思维与社会实践相统一，坚持向实践学习、向人民群众学习，是大学生成长成才的必由之路。高校大学生社会实践活动内容丰富，形式多样，主要包括：教学实践、专业实习、军政训练、社会调查、生产劳动、志愿服务、公益活动、科技发明、勤工助学和参观访问等各种途径和形式。高校定期或不定期组织大学生到这些基地、工厂车间、城镇社区、乡村田野等基层一线进行参观、考察、服务和调研等实践活动。通过对革命历史文物、革命纪念馆和革命老区的实地参观和调研，大学生真真切切地感受波澜壮阔的党史国史熏陶；通过利用假期进行社会调查，开展暑期"三下乡"、志愿服务等实践活动，大学生在社会主义新农村、工厂车间、城镇社区感受改革开放新成就、新面貌，亲身体验祖国好、党的路线方针政策好、改革开放好和社会主义好，从而在心底里面自发地产生爱国爱党爱社会主义的认同感和归属感。大学生亲身积极参与形成的观点，要比被动地从别人那里得到的观点容易接受得多，且不易改变。

社会实践，是知识常新和发展的源泉，是检验真理的试金石，也是青年锻炼成长的有效途径。高校红色教育理论学习是一个理性认识的过程，需要在社会实

践的感性认识过程中加以升华和巩固,由认识到实践认同,循环往复,良性互动。归根结底,只能从社会实践中来。大学生既是红色教育的受教者,也是红色教育的继承者、传播者和践行者。马克思强调:"人的思维是否具有客观的真理性,这不是一个理论的问题,而是一个实践的问题。"一方面,大学生通过积极参加形式多样、主题鲜明的社会实践活动、广泛地深入社会,了解社会、服务社会,在基层一线亲身感知、感悟、感受新时期祖国好、社会主义好、改革开放好,知党情、感党恩、跟党走,达到对马克思列宁主义、毛泽东思想和中国特色社会主义理论体系的真懂、真信和真用,内化为自己的理想信念;另一方面,大学生在改革开放实践这个大课堂中充分发挥自身主观能动性,学以致用,知行合一,由受教者转型为宣讲者,以科学的理论武装人,以正确的舆论引导人,身体力行推动马克思主义大众化,马克思主义理论外化为自己的自觉行为方式,凸显大学生在社会实践活动中的主体性。青年大学生"要坚持学习书本知识与投身社会实践的统一",早在1987年中共中央在《关于改进和加强高等学校思想政治工作的决定》中明确指出:"只有理论与实际相结合、脑力劳动与体力劳动相结合、知识分子与人民群众相结合,才是青年知识分子成长的唯一正确道路。"

四、新时代红色精神融入大学生社会实践

习近平同志寄语青年人"既多读有字之书、也要多读无字之书",高校鼓励广大青年围绕国家发展战略和地方发展需求,立足基层、放眼一线、把握前沿,利用自身专业知识解决当地发展遇到的实际问题,突出专业优势,对引导青年学思结合,知行合一,以及将个人的成长梦、成才梦融入中华民族大复兴的中国梦之中具有实际意义。在实践育人中融入红色文化,用红色文化激励在校大学生勇作时代弄潮儿、书写时代新华章,有助于培养一批专业基础扎实、政治素质过硬、担当民族复兴大任的新时代青年。

(一)融入专业实践,用红色文化激励专业追求

将红色文化融入实践育人,促进社会实践长期化、常态化、长效化发展,高

校需要围绕国家发展战略，充分发挥学科优势，激活红色基因，做好顶层设计。引领大学生在实践中深学笃用习近平新时代中国特色社会主义思想，自觉将个人成长与祖国、人民的需要紧密地联系起来，将个人的成长梦、成才梦融入中华民族伟大复兴的中国梦之中。坚持主题引领，创新立德树人的方式方法，在生动实践中实现思想政治教育主体的转变，引领大学生开展理论学习，提升理论素养，注重理论与实践结合，树立远大理想，坚定崇高信念，以高度的热情投入学习和工作中。

围绕国家战略，突出学科优势，以红色文化引领服务地方发展。聚焦西部地区，挖掘实践服务的深度，打造全能型、专业化、特色化的实践队伍，提高科研水平和服务能力，围绕"一带一路"倡议、乡村振兴等国家发展战略，将专业所长化作扶贫扶智的有力工具，针对当地发展需求开展美丽乡村环境检测、特色农产品营销、城乡规划设计等专业课题研究，为当地政府和企事业单位提供决策参考。前往革命老区和西部贫困落后地区开展专业实践，本身就是对红色精神的践行，同时在革命老区的实践能够进一步加深对红色文化的认知、巩固、深化。高校学生应走出校园，前往贫困地区，克服条件的艰苦，在巩固专业知识的同时，还能养成艰苦奋斗的传统美德。

以专业为依托，组成跨学科研究团队，以红色精神激励青年贡献智慧。以社会需求、产业发展、行业需求为导向，坚持科研先行、项目纽带，地方保障、校地双赢，形成科技引领"专业+产业""专业+行业"协同创新育人模式。根据地方需求和实践课题，组织选拔对口专业学生组成跨学科的实践团队。政治学理论、社会学专业的学生，针对城市管理转型升级问题，以善治理论和城市信息化理论为基础，通过对挂职地区数字化城市管理的案例分析，为进一步推进城市管理数字化建设提出建议；思想政治教育专业的学生针对实践地教师职称评聘难的问题，通过深入访谈的方法，对该问题进行了梳理，为实践地教师评聘问题提供整套的解决建议和方案；交通运输与车辆工程等相关专业的学生针对实践地汽车产业链的新兴汽车城招商引资的问题做出了自配的探索研究，针对有轨电车行车组织和运营管理、交通基础设施、高速公路发展等问题，同学们也提出想法与建议。建筑与城市规划、土木工程等相关专业的学生将目光聚焦在城市规划与建设上。针对城市内老城区旧城改造问题，同学们通过对现行旧城改造方案深入分析，提出"点线面"的城市设计理念，并作出具体的规划方案建议。党的十九大报告提出的实施乡村振兴战略，是建设新时代中国特色社会主义的一项重要战略，也是新时期做好"三农"工作的重要任务。城市规划建筑、土木、环境等专业的师生组建实践团队，深入祖国的广大乡村地区，利用所学知识，深入基层，走访调研，撰写报告，献策地方发展，得到了当地政府的高度肯定，真正做到学以致用，以智慧装点广阔河山，在专业实践中感知红色精神，同时以实际行动践行红色精神。

结合创新创业，开展扶智扶贫，以红色精神助力脱贫攻坚。各高校可以整合创业校友和有创新实践经验的师生，赴中西部典型贫困地区开展调研，形成精准扶贫计划，用创新扶智、以创业扶贫，将思想引领贯穿创新创业教育人才培养体系。开设"互联网+"红色主题团课，将当地村委会驻地设为主题团课授课地点，挂职教师成为主题团课最好的教师，将红色教育寓于亲身经历之中，将报国理想化身扎根中国大地的实践，让师生有所感悟、有所触动；建设"线上课程"，突破传统支教的时空限制，让更多有家国情怀的新时代大学生融入线上课程；开设电子商务、创业基础知识等专题讲座，利用网络让贫困落后地区的初期创业者"走出来"，扶贫先扶智，深入教育帮扶，培养有责任、有担当的优秀创新创业人才。

（二）融入社会实践，用红色精神引领思想进步

"革命遗址、纪念馆、爱国主义教育示范基地等红色文化资源为高校思想政治教育提供了鲜活的教学题材和广阔的社会实践内容。"青年大学生经济上尚未能独立，他们开展的一些知行合一、身体力行的社会实践，需要有关机构、学校、家庭等多方面的支持和帮助。近年来，有关方面也加大了改革支持力度，在帮扶方面进行了不少有益的尝试。国家加强了青少年学生社会实践场所的建设，命名了一批全国青少年校外活动示范基地，中宣部陆续公布了一批全国爱国主义教育示范基地。全国各高校纷纷结合当地实际，组织大学生进行红色教育社会实践。

开展深度调研，挖掘红色文化资源。采访老红军、老劳模、老校友。挖掘地区红色文化资源、深度调研采访，红色革命教育特色化、丰富化、时代化。为贯彻习近平新时代中国特色社会主义思想，不忘初心，砥砺前行，高校积极组织大学生开展"不忘初心、情系老区"的主题教育，可以赴橘子洲头、四渡赤水太平渡纪念馆、八路军太行纪念馆、红安将军纪念馆等红色革命教育基地进行参观学习，重温革命历史，弘扬爱国精神，引导大学生"不忘初心、牢记使命"，在实地调研中加深对红色老区的情感，树立积极投身建设祖国西部、扎根基层、建功新时代的崇高理想。

助力乡村振兴，传承红色精神。将专业知识付诸实践，是促进大学生学以致用最有效的措施，可以增强大学生服务大众的意识，大学生在专业实践活动中也可以起到先锋模范作用。党的十九大报告中提出了乡村振兴战略，助力乡村振兴，传承当地红色精神。在时代使命的召唤下，各高校可以号召一批有理想、有志气、有乡村梦想的青年，勇立潮头，引领青年乡村振兴梦。高校积极与周边典型的市、县对接，洽谈校地合作，搭建社会实践平台，组建了师生团队深入乡村学习乡村振兴的当地智慧，同时因地制宜，助力当地红色文化资源的挖掘与传承。重点关注乡村振兴战略部署、美丽乡村建设、乡村社会治理及乡风文明创建等诸多方面，重点探寻乡村振兴的创新模式。通过实地调研、问卷调研及结构性访谈等形式深入地、全面地认识镇、村，挖掘当地红色文化资源，收集当地的红色故事，以现代技术对传统红色文化资源进行记录及保存。

依托实践项目，谱写红色篇章。深入开展好大学生暑期"三下乡""志愿服务西部计划"等传统经典项目，组织实施好"牢记时代使命，书写人生华章——学习宣传贯彻习近平新时代中国特色社会主义思想主题社会实践"等新时代实践育人精品项目。结合国家战略和高校立德树人根本任务，制定红色实践主题，以实践活动为载体，开展理想信念教育：以"肩负时代重任，领航理想信念""丝路新青年，勾勒中国梦""弘扬民族瑰宝，探知文化脉络""青年红色筑梦之旅"为实践主题，打造红色品牌实践。

（三）融入志愿服务，用红色精神服务回馈社会

《中共中央关于深化文化体制改革推动社会主义文化大发展大繁荣若干重大问题的决定》指出：深入开展学雷锋活动，采取措施推动学习活动常态化。《青年志愿服务条例》第二条规定：志愿服务是指自愿、无偿地服务他人和社会的行为。换言之，它是指任何人自愿贡献个人的时间、金钱及精力，在不为任何物质报酬的前提下，为推动人类发展、社会进步和社会福利事业而提供自己力所能及、切合实际的服务的活动。志愿服务体现着当代大学生的社会责任意识，是大学生自觉为他人和社会服务、共建美好家园的鲜活实践，是现代社会文明程度的重要标志。

一般来说，青年志愿服务的划分标准不同，分类也有所不同。按照青年志愿者自身来分类，可以分为：专家型和非专家型志愿者、全职和兼职志愿者、海内与海外志愿者；按照青年志愿服务的时间跨度可以分为：短期志愿服务和长期志愿服务；按照青年志愿服务内容大致可以分为：文化科技卫生三下乡志愿服务、社会应急志愿服务、体育赛事志愿服务、帮老扶残志愿服务；按照志愿服务的形式可以划分为：专项性的志愿服务、专业性的志愿服务、公益性的志愿服务和社区性的志愿服务；按照提供志愿服务的组织可以分为：大学生志愿服务、宗教团体志愿服务、公司员工志愿服务和公务员志愿服务。

新时代大学生通过学习红色文化和先进典型，自觉将自己所学到的知识和技能，服务于社会大众，从我做起，从小事做起，为需要帮助的人提供力所能及的帮助，可以让其在服务中体会到"奉献"的快乐，不断增强社会责任感和社会参与意识，因此高校要积极组织同学"走出去"，进行志愿服务，用红色精神服务回馈社会。以红色精神激发志愿服务的内在动力。组织学生作为当地烈士纪念碑、烈士陵园、历史纪念馆等红色教育基地的志愿讲解员为参观者讲解革命故事，使学生在亲身体验中感悟红色精神；组织学生慰问当地老红军、先进革命人士、烈士家属，对其革命事迹进行采访跟踪报道，深入发掘革命英模人物的榜样示范作用，使广大大学生真正感受到红色精神的驱动力，通过近距离接触先进典型，以

革命英模人物的坚定信念、艰苦奋斗、团结群众、英勇献身、不怕牺牲等先进革命精神感化激励当代大学生，在面对面的交流中提高红色精神文化的影响力和渗透力，触动青年内心，激发青年学子甘于奉献、回馈社会的内在动力，促使大学生以红色精神为动力，主动投身各类志愿服务。

以红色精神拓展志愿服务的形式和领域。开展支教工作，积极推动西部计划志愿者、研究生支教团等服务队伍的选拔、培训，选派优秀成员前往边远、落后地区、革命老区开展志愿支教服务，通过模拟课堂、教学实习等全方位模拟支教工作环境和工作内容，用红色精神加强对支教队员的思想引导，在支教过程中结合当地红色文化开展主题教育、组织捐书捐物献爱心活动等，让更多人关注老区的教育情况，提升支教工作的实际效果，切实加强支教队员的服务意识和理想信念。以红色精神为引领，积极为国家和地方社会建设发展做出贡献：选拔优势专业的学生组建智力团，前往西部山区开展发展规划建言献策小组，为当地农产品经销与包装开展公益服务活动；以推动地区发展为宗旨，打造扶贫落地精品项目，为社会贡献青年力量；利用相关学科优势，为留守儿童送去科技发展成果，打造集图书阅览、留守儿童视频通话、艺术课堂、心理咨询、远程讲座等为一体的多媒体梦想教室。

五、贵州红色文化资源融入社会课堂

坚持开门办思政课，推动思政课实践教学与学生社会实践活动、志愿服务活动结合，思政小课堂和社会大课堂结合，高校对接党政机关、企事业单位等就近挂牌建立思政课实践教学基地，完善思政课实践教学机制。大学生思政课实践基地正是高校思政教育的课外延伸，是思政课"鲜活""有生命力"的生动实践，校外实践基地是实施思想政治理论课实践教学的主力军，贵州在革命、建设和改革各个时期的生动实践为我们留下了宝贵的财富，贵州主要红色实践基地如下表11-1所示：

表 11-1 贵州省主要红色文化教育基地名录

行政区域	名称	地址
安顺市	王若飞故居陈列馆	贵州省安顺市西秀区中华北路 202 号
毕节市	鸡鸣三省会议会址	贵州省毕节市七星关区林口镇
毕节市	红二、六军团政治部旧址	贵州省毕节市七星关区中山路 5 号
毕节市	川滇黔省革命委员会旧址	贵州省毕节市区百花路 19 号
贵阳市	九庄红军坟	贵州省贵阳市息烽县九庄镇西门村
贵阳市	鹿窝红军坟	贵州省贵阳市息烽县鹿窝乡老窝村报恩寺
贵阳市	王涌波等三十二烈士陵	贵州省贵阳市息烽县温泉镇南侧新场坪三宝山
贵阳市	林青烈士就义处	贵州省贵阳市云岩区环城北路街道办事处辖区
贵阳市	八路军驻贵阳办事处旧址	贵州省贵阳市云岩区民生路与贵山街交界处
贵阳市	解放贵州革命烈士纪念碑	贵州省贵阳市云岩区黔灵山公园
贵阳市	中共贵州省工委旧址	贵州省贵阳市云岩区文笔街 1 号
贵阳市	贵州人民抗日战争纪念碑	贵州省贵阳市云岩区新添大道南段 284 号
六盘水市	红二六军团"盘县会议"会址纪念馆	贵州省六盘水市盘县古城城关二小校园内
六盘水市	贵州"三线建设"博物馆	贵州省六盘水市钟山区荷城花园唐人街
黔东南州	黄平县革命历史陈列馆和纪念馆	贵州省黄平县旧州古镇内
黔东南州	黎平会议旧址（黎平会议纪念馆）	贵州省黔东南州黎平县德凤街道
黔东南州	杨至成将军纪念馆	贵州省黔东南州三穗县林园西路
黔南州	红七军板寨会师旧址纪念馆	贵州省黔南州荔波县洞塘乡板寨村
黔南州	邓恩铭烈士故居	贵州省黔南州荔波县向阳中路与繁荣路交汇处
黔南州	猴场会议旧址（猴场会议纪念馆）	贵州省黔南州瓮安县草塘镇猴场村
黔西南州	包树红军井	贵州省黔西南州望谟县乐元镇包树村
黔西南州	中共黔桂边委旧址	贵州省黔西南州望谟县蔗香乡板陈村
黔西南州	威舍镇猪场红军村	贵州省黔西南州兴义市威舍镇西南部
黔西南州	白岩关战斗遗址	贵州省黔西南州贞丰县城白岩关
铜仁市	德江枫香溪会议会址陈列馆	贵州省铜仁市德江县枫香溪镇枫香溪村洞青组
铜仁市	周逸群故居	贵州省铜仁市区共同路 12 号
铜仁市	困牛山红军壮举纪念碑	贵州省铜仁市石阡县龙塘镇川岩坝甘溪槽村

续表

行政区域	名称	地址
铜仁市	黔东特区革命委员会旧址	贵州省铜仁市沿河土家族自治县谯家镇长征村
铜仁市	红二、六军团木黄会师纪念馆	贵州省铜仁市印江土家族苗族自治县木黄镇
遵义市	苟坝会议会址（陈列馆）	贵州省遵义市播州区枫香镇苟坝村马鬃岭山脚
遵义市	丙安红一军团陈列馆	贵州省遵义市赤水市丙安镇
遵义市	红花岗区红军山烈士陵园	贵州省遵义市红花岗区凤凰山国家森林公园
遵义市	红军政治部旧址	贵州省遵义市红花岗区杨柳街28号
遵义市	遵义会议会址（遵义会议纪念馆）	贵州省遵义市红花岗区子尹路96号
遵义市	娄山关战斗遗址	贵州省遵义市汇川区板桥镇北与桐梓县交界处
遵义市	鲁班场战斗旧址	贵州省遵义市仁怀市南部新城
遵义市	四渡赤水纪念馆	贵州省遵义市习水县土城镇
遵义市	中国女红军纪念馆	贵州省遵义市习水县土城镇
遵义市	红军医院纪念馆	贵州省遵义市习水县土城镇
遵义市	红九军团陈列馆	贵州省遵义市习水县土城镇
遵义市	青杠坡战斗遗址	贵州省遵义市习水县土城镇青杠坡村
遵义市	乌江渡战斗遗址	贵州省遵义县乌江镇

（一）党建引领社会实践课堂

中国革命波澜壮阔的历史进程，革命者感天动地的丰功伟绩，会议旧址、陈列馆、纪念馆、战斗遗址、革命遗物、红色文化广场等展现出的震撼心魄的场景，它们永远都是感动后来人、教育青年人的最佳题材。从《遵义会议》《四渡赤水》《伟大的转折》等影视剧到《四渡赤水出奇兵》《遵义红又红》《十谢共产党》等红色歌曲；从《红色贵州》《贵州红色故事》《贵州红色文化地图》《贵州不会忘记》《追寻红军在贵州的足迹》《贵州革命史话》《中国共产党贵州历史（第一、二卷）》等红色书籍到《历史转折》《四渡赤水》《强渡乌江》等红军人物浮雕、战斗场景等红色雕塑，这些红色文化作品极大地塑造和展现了在那个战火纷飞的国度、在那个特殊的社会历史时期里，革命先辈和红军战士为生存、为理想而苦苦寻找解放道路的斗争精神，同时揭示了一个时代、一个民族对美好的向往、为革命理想而献身的气概,其鲜明的爱国主义、集体主义、舍生忘死的英雄主义在人们的脑海里烙下了深深的印记。在特定时代勇于为理想而献身的精神以及那些原汁原味的东西,更增添了一份无法复制的本色魅力,使不同时期人们、不同年龄的群体,在品味这些红色作品时,必定会有不同的收获和感悟,这就是红色经典超越时空的生命力所在,也是激励后来者追求理想和信仰的动力与源泉。

通过"党建+红色文化教育"模式,分批组织提交入党申请书的学生、入党积极分子、拟发展对象、预备党员到贵州境内红色文化教育基地、革命文化陈列展览馆、战斗遗址等地参观学习、回顾历史,沿着革命先辈的足迹重走长征路,体验艰苦岁月,传承红色基因,孕育入党初心,勇担时代使命。用"时代语言"讲好红色故事,组织学生到遵义会议会址陈列馆体验幻影成像技术还原遵义会议召开时的场景,到娄山关脚下观看实景演出再现当年炮火硝烟的战场,到红色拓展园体验"爬雪山""过草地",感受当年革命斗争的艰辛。组织"重走红色足迹寻初心"党史研习班,分赴贵州省爱国主义教育基地、红色教育基地等开展研习活动。围绕"学党史、感党恩、听党话、跟党走"教育主题,如"重温党史悟初心""重走红迹寻初心""红色光影释奋进""红色故事颂精神""研史鉴今启新程""学思践悟谱新章""书绘党史贺华诞""微舞台大党课""学党史颂党恩""强军梦铸国魂"的"十个十"活动,通过不同形式铭记中国共产党百年奋斗的光辉历程,认识中国共产党为国家和民族作出的伟大贡献,感悟中国共产党始终不渝为人民的初心宗旨。在听讲座、走实地后采用撰写调查报告,拍摄调研视频,讲述调研故事等方式,进一步加强对学生的思想教育。

(二)团建充实社会实践课堂

学生社团是开展思政课程社会大课堂的重要载体,作为青年自治组织,它是培养和发展大学生兴趣爱好的广阔平台,是培养学生自我教育、自我管理、自我服务的有效形式,是构建"一体两翼"学校团建大格局的重要组成部分,同时也是凝聚青年、丰富校园文化、培育和传承大学精神的重要载体。学生社团遍布校园的各个角落,扮演着丰富校园文化生活、提升校园文化品位、引领校园文化时

第十一章 贵州红色文化资源嵌入思政课"四堂联动"

尚的重要角色。

在校团委的直接指导下,学生社团联合会扮演着对各社团服务和管理的双重角色,充分调动了众多社团及其会员的积极性和创造性,全面开展有深度、有内涵、有品位、有价值、有意义的社团活动,不断丰富校园文化生活,提高当代大学生的学习能力、实践能力、组织能力和创新能力,对学生社团的发展起着至关重要的作用。学生社团共分为实践公益类(A)、学术科创类(B)、体育健身类(C)文娱艺术类(D)4 类 44 个社团协会组织,按照"一社团一品牌"的建设要求,每个社团都充分展示了社团的特色与活力,体现了我校学生社团蓬勃昂扬的青春朝气。学校也将继续加强对学生社团的培养建设,全力创造更多社团品牌。

在社会大课堂中利用学生社团联合会这个平台,突破了现有的专业和班级组织限制,在社团协会指导老师的带领下,使每一个学生的兴趣爱好都能够得到激发,每个人的才艺都能得到展示,都能找到展示才艺的舞台。通过开展校园周边居民社区、校内学习社区各项公益活动,增强社会责任感,提升道德修养水平。我校学生社团带着全校师生的众望和期待砥砺前行,真正成为服务社区居民、服务同学成长成才的第二课堂和重要平台。

学校社会实践另一大途径是团课教育,采用理实相结合的模式开展志愿服务、学习研讨、主题团日活动等实践课程。贵州省是一个位于西部地区的省份,具有浓厚的少数民族特色。同时,贵州是红军长征途中时间最长,涉及面最广的一个省份,更是一片广袤的红色热土。彩色(多民族)、红色(革命底色)、绿色(生态环境)等组合成为多彩贵州,这是重要的贵州地域特色资源。利用寒暑假开展"三下乡"和其他主题调研活动,奔赴革命老区,深入了解当年革命和建设过程中所发生的历史事件的来龙去脉,同时通过深入考察革命圣地,进一步查访、搜集红色文化资源,深挖其历史和文化价值,传承宝贵的红色精神。在团课教学中设置到贵州省博物馆开展"擘画宏伟蓝图,奋进青春梦想"参观实践学习,参观民族贵州、古生物王国、历史贵州、黔山红迹等 4 个部分,旨在激发学生的文化认同和文化自信。到息烽集中营开展"传承红色基因,青春聚力前行"红色革命基地现场教学，通过听讲解、观实景、亲身体验等方式，让学生明白共产党员为之奋斗、不怕流血牺牲的初心和使命，让学生懂得今天的幸福生活来之不易。参观从转折走向辉煌的苟坝会议会址，通过学习苟坝会议的历史背景、历史意义，重走毛泽东小道，感悟中国革命领导人讲政治、守纪律、敢担当的精神。团建+社会志愿服务，围绕"理论普及宣讲、国情社情观察、科技支农帮扶、教育关爱服务""精准扶贫、振兴乡村、同心战疫、扎根基层、深入群众、创新理念、传承经典、服务家乡""党史学习、理论宣讲、国情观察、乡村振兴、民族团结"等方面开展社会实践活动。使思政课教学不断向围墙外延伸、向社会领域拓展，打造出一种更加广阔、更加鲜活的教育时空。

（三）团建+社会志愿服务，提升思想道德修养

近三年来，为深入学习宣传贯彻习近平新时代中国特色社会主义思想，贯彻落实习近平总书记关于青年工作的重要思想，引导和帮助广大青年学生上好与现实相结合的"大思政课"，在社会课堂中受教育、长才干、作贡献，在观察实践中学党史、强信念、跟党走，努力成为担当民族复兴大任的时代新人。主题可以围绕"理论普及宣讲、国情社情观察、科技支农帮扶、教育关爱服务""精准扶贫、振兴乡村、同心战疫、扎根基层、深入群众、创新理念、传承经典、服务家乡""党史学习、理论宣讲、国情观察、乡村振兴、民族团结"等方面开展了社会实践活动。

在此期间，还形成了许多有一定影响力的优秀实践团队。比如："青春加榜·梦想起航"美丽中国实践团：围绕健康美丽中国建设和打好污染防治攻坚战，开展环境治理、科普宣讲、社会调研、发展献策等形式的社会实践活动；"青春黔行"历史成就观察团：围绕中华人民共和国成立70周年以来经济社会发展的历史性成就、"十三五"规划实施情况等，开展参观考察、国情调研、学习体验等形式的社会实践活动；"青春建功大生态"低碳宣传实践队：到郊区开展街道清理工作，响应习近平总书记提出的"生态文明建设功在当代，利在千秋，一定要为环境作出我们这一代人的努力"的号召；"筑梦情暖·爱无止境"教育关爱服务团：以关爱

留守儿童,共享知识源泉为主题,向留守儿童传递新知识,增强他们的学习热情,提高学习乐趣,培养积极向上的学习态度,用爱与温暖保护留守儿童的渴望;"电商助力·产业脱贫"科技支农服务团:借助大数据,通过电子商务平台助力精准扶贫,帮助农户进行产品销售;"职院壮乡情"支农帮扶团:重点帮扶农民的农业生产,了解农户在农业种植上存在的问题,方便采用合理的方式方法帮助农户缓解或解决;"青春讲习"理论普及宣讲团:重点围绕习近平新时代中国特色社会主义思想和党的十九大精神,开展宣讲报告、学习座谈、调查研究、政策宣传等形式的社会实践活动;"多彩之声"文化艺术服务团:重点围绕培育和践行社会主义核心价值观,开展艺术创作、惠民展演、全民阅读、文化普及等形式的社会实践活动。这些实践团队通过走进农村、走进社区,开展参观考察、社会调研、理论宣讲、学习体验,开展科普宣讲、学业帮扶、产品销售、文艺演出等方式。

与此同时,开展富有时代特色的主题实践活动。比如:开展"精准扶贫,决战脱贫攻坚"扶贫攻坚到村到户活动:青年学生深入脱贫攻坚一线宣讲精准脱贫有关政策,实地调研、电商带货、就业服务、信息服务、志智双扶等活动,协助当地村镇建立因地制宜、因村因户因人施策的贫困档案与帮扶体系,为贫困地区的经济社会发展贡献力量;开展"振兴乡村,助力科教兴村"大学生科教文卫下乡活动:结合职业教育特色,结合自身专业特色,以"云支教""云访谈"等网络形式,深入乡村开展支教活动,开展教育关爱活动;开展"同心战疫,勇担时代重任"大学生疫情防控志愿服务活动:团员青年主动向所在地区团组织、社区报到,投身当地社区防控排查、社会秩序维护、疫后心理疏导、医护子女辅导、便民利民服务等志愿服务工作,收集整理宣传当地抗疫感人故事,传播社会正能量,为战胜疫情、促进社会经济发展,贡献青春力量;开展"深入群众,共话民主政治"红色论坛进农村、进社区活动:通过学习、宣传、贯彻习近平总书记重要讲话精神,以学习习近平总书记五四寄语和给北京大学援鄂医疗队"90后"党员回信精神为重点,结合阅读"习近平与大学生朋友们"系列访谈实录,鼓励同学们结合实际情况,创新形式,利用网络平台开展宣讲报告、学习座谈等形式的红色论坛活动；开展"传承经典，倡导文明风尚"新时代文明实践志愿服务活动：通过挖掘家乡传统文化因素，深入学习民间音乐、美术、戏曲和传统手工艺等项目，以文字、视频等形式呈现优秀传统文化；开展"服务家乡，贡献青春力量"大学生返家乡社会实践活动：广大学生积极前往所在家乡政府机关、基层团组织、街道社区报到，以政务实践、企业实践、公益实践、社区报到、兼职锻炼等为主要方式，帮助大学生深入家乡风土人情，历史渊源，服务家乡经济社会发展，如表11-2所示。

表11-2 社会志愿服务表

实践主题	团队名称	社会实践内容
党史学习	党史学习实践团	依托各地红色文化资源，组织青年学生开展重走红色足迹、追溯红色记忆、访谈红色人物、挖掘红色故事、体悟红色文化等多种形式活动。
理论宣讲	理论宣讲实践团	组织引导青年学生将理论学习与社会实践相结合，同时将学习党的历史与讲述党的故事结合起来，深入一线基层、深入人民群众，面对面开展小规模、互动式、有特色、接地气的宣讲活动。
国情观察	国情观察实践团	以疫情防控重大战略成果、脱贫攻坚历史性成果、全面建成小康社会决定性成就等为现实教材，组织青年学生开展参观考察、国情调研、学习体验等活动。
乡村振兴	乡村振兴实践团	帮助和引导更多青年学生了解认知当前的乡村状况、在未来踊跃参与乡村振兴战略实施，面向广大乡村特别是少数民族聚居区和欠发达地区乡村，组织开展科技支农、科普宣讲、调研献策、志愿服务等形式的实践活动。
民族团结	民族团结实践团	贯彻落实第三次中央新疆工作座谈会和中央第七次西藏工作座谈会精神，组织少数民族籍大学生开展"民族团结我践行"社会实践活动。
省级专项计划（实践队伍类别）		并结合贵州省实际，开展"情暖童心·圆爱工程——关爱留守儿童困境儿童系列行动"专项计划；开展"禁毒""防艾"专项计划；开展"平安贵州·青春普法益起来"法治宣传专项计划；开展民族团结进步成就宣讲队专项计划。

第七节 构建红色文化资源融入"四堂联动"的育人机制

一、注重顶层设计指导,突出党委领导

习近平强调,办好中国的事情,关键在党。办好思政课需要站在政治的高度,增强"四个意识",要作为党的建设和意识形态工作的标志性工程。全国各级党委达成共识,建立党委领导、党政齐抓、各部门协同合作的工作格局。贵州高校党委更是要站在民族团结、凝心聚力的高度把思政课建设摆上重要议程,抓住制约思政课建设的突出问题,在工作格局、队伍建设、支持保障等方面采取有效措施。在高校特别要加强和完善党的全面领导,提高政治判断力、政治领悟力、政治执行力。把党的领导贯穿于教育工作的全过程,学校党委要坚持把从严管理和科学治理结合起来,党委常委会每年至少召开1次专题会议研究思政课建设,高校党委书记、校长作为思政课建设第一责任人,要带头走进课堂,带头推动思政课建设,带头联系思政课教师。多同师生接触,回答师生关注的理论和现实问题,积极开展为师生办实事的活动。多关心、多交流、多鼓励,多听他们的意见,真听他们的意见。

习近平强调,高校党委对学校工作实行全面领导,承担管党治党、办学治校主体责任,把方向、管大局、作决策、保落实。为把红色文化资源融入高校思政课建设,学校需要从"大思政"的顶层设计指导下,打破一维理念局限性,向多维意识转变,构建"理论课堂、实践课堂、网络课堂、社会课堂"式的"四堂联动"。树立协同创新构建校内、校外实践基地的意识,整合校内、校外各种资源,构建二级学院、教务、学工、后勤、保卫等多部门联动合力的新格局,形成了"众人拾柴火焰高"的新局面。同时,抓住国家实施协同创新战略的历史机遇,西部民族院校与东中部院校共建结对,互促互建,共同进步。

统一人才培养目标，增强共同体意识。增强共同体意识为统一目标，解决为谁培养人，培养什么样的人，怎么培养人的问题，为落实共同体意识目标一致性问题，需要创建最强的管理保障体系以实现制度共通。建立以党政一把手亲自参加的领导小组，建立健全工作协同教育制度、工作联络制度、督导评价制度、工作奖励制度、纠错惩处制度、部门及岗位职责制度等。让各部门的各项工作都能做到有章可循，要互通共应，达到齐抓共管的效果。校内各职能部门育人目标一致，明晰工作共同愿景。明确校内涉及学生教育部门的共同育人目标，各部门功能及潜能的发挥与目标存在正相关，共同的工作目标才能使组织的各部门心往一处想，力往一处使，充分调动校内各个职能部门的工作积极性，产生最大的合力，收到最好的工作效果。

二、四堂联动协同发力，形成育人合力

在20世纪70年代由德国著名理论物理学家赫尔曼·哈肯（Hermann Haken）创立。该理论认为，自然界是由许多系统组织起来的统一体，系统中各子系统存在着非线性相互促进作用，使整个系统形成新结构，是微观个体层次所不存在的。产生从无序到有序的变化，揭示变化与结构间的本质规律，实现各个层次、各个方面的统一。最终形成协同作用和整体功能，此整体功能大于独立的各部分功能的总和，经常被表述为"2+2=5"或"1+1>2"。"四堂联动"教学改革中，每一个课堂，理论、实践、网络、社会彼此之间实施时既要注意阶段性又要注意交叉性开展。各个课堂作为子系统微观个体自身有运作规律和特点，需要把握和遵循。同时，四个课堂各子系统之间相互促进，以共同的育人目标和集体备课研讨的方式结成新结构。四堂联动中涉及的育人主体思政专家、思政教师、专职辅导员、学生"四位一体"的协调，融理论讲授、参观体验、现场教学、动手实践、志愿服务为一体，从而改变原来各自散漫的状态，实现全员全过程全效育人，突出"联动性"防止"四张皮"，各个子系统从无序到有序的变化带来原来各自孤立所没有的效果，形成协同作用和整体功能，出现"2+2=5"或"1+1>2"的效果。

实现课堂内外、校内外优质红色文化资源的最大化，建立课堂内外、校内外系统的协同关系。赫尔曼·哈肯的协同学理论坚持开放性原则，各种结构得到持续的能量供应，只有实现各种资源在校内外互通有无、互相渗透，不断得到新的物质的供应，经过转化最终以变化过的形式输出，才能发挥最大功能。"四堂联动"中涉及的每一个个体和组织都不是封闭、孤立存在的，都需要参与和外界的"能量交换"，开放性是协同的前提，协同是各主体的理性选择。首先，打造"四堂联动"课堂内外、校内外育人系统信息化平台，沟通交流平台。要提高四堂联动的整体性、协同性，需要努力打造一个集资源共享、信息互通的系统工作平台。其次，善于分析学校各育人部门和校外育人基地资源优势，利用优质资源，共建共享有限资源，实现教育资源最大化。尤其是现在处于大数据时代，需要共建共享网络管理资源，共同提高育人效果。

三、贯穿红色主题主线，优化红色育人

在"四堂联动"思政课教学过程中，抓住红色教育主题，突出共同体意识主线，通过主题主线把四个课堂串成一体。在贵州地区的高校思政课面临的一项战略性任务就是铸牢大学生中华民族共同体意识，增强民族团结进步。高校要发挥思政课独特优势和育人功能，坚持正确的政治方向，全面贯彻党的教育方针，既要遵循思政课教育教学的普遍规律，也要从高等教育的特殊规律出发，充分考虑贵州本地的文化特点。[①]

协同理论的伺服原理指出："在一个开放系统中各组成部分不断地相互探索新的位置、新的运动过程或新的反应过程，系统的很多部分都参与了这种过程；在不断输入的能量，或许还有新加入的物质的影响下，一种或几种共同的，也就

[①] 张京泽. 以党的十九大精神引领世界一流民族大学建设[J]. 中央民族大学学报（哲学社会科学版），2017（11）.

是集体的运动或反应过程压倒了其他过程，支配了所有其他运动形式。系统各要素转换了相变状态，快变量服从于慢变量，这种具有核心作用的慢变量就是序参量，可以支配子系统。"①这里的"支配"是表达一个因果关系。本地区的红色文化资源作为一个序参量对四堂联动的各个子系统发挥着重要影响力，在高校思政大系统中担负重要角色，引导系统演化的方向，调节子系统之间竞争与合作的程度，同时也受各个子系统的维持和约束。作为一个重要序参量，红色文化通过发挥协同作用，合理定位和唤醒"四个课堂"子系统在高校思政共同体的主体性和能动性，②引导和维持子系统之间的动态平衡，直至形成更完善的共同体新系统。

四、统筹四堂考核评价，实现数字改革

为保证四堂联动效果最重要的一环是进行科学的考核和严谨的评价，由于四堂联动涉及面广、主体多元、时空多个，完善考核方式就是一大难题，借助大数据进行数字化改革是一个新的尝试。大数据采用数据收集分析、数据测算管理、精准化个性化服务，利用大数据库建立多元评价体系。积极开展四个课堂上的数据捕捉，例如在理论课堂上学生参与课堂互动、参加小组汇报的信息收集，实践课堂上师生开展的实践项目、校园文化活动参与度的数据管理，网络课堂上师生群课堂的互动连线、参与虚拟仿真实验数据生成，社会课堂上党建团建实践参与的数据共享。开展过程性多元化评价，在四堂联动的实施、检验、评估、调节和研究等各环节使用大数据嵌入，运用科学化的数据分析方法包括可视化分析、数据分析法、预测性分析以及语义引擎、数据质量和数据管理，在四堂联动教学管理中挖掘数据主动设置议题，创新话语体系精准学生成长轨迹，开展过程性多元化评价与预测。

---

① 张奇，高鹏怀. 协同理论视角下基层党组织抗"疫"实践与铸牢中华民族共同体意识研究[J]. 民族论坛，2020（03）.

② 张奇，高鹏怀. 协同理论视角下基层党组织抗"疫"实践与铸牢中华民族共同体意识研究[J]. 民族论坛，2020（03）.

第十一章 贵州红色文化资源嵌入思政课"四堂联动"

数据库的建设,网络教学资源、社会实践资源、校内外红色文化资源进行整合,进行数据共享和资源整合。在大数据时代,数据是最宝贵的资源,彰显着极大的科学价值和社会价值。学校树立大思政理念和全员育人理念,党政工团齐抓共管,各职能部门积极配合。大数据信息来源渠道分散,每一个教育对象制造出来的数据分散在各个数据采集中心。鉴于此,需要协调、整合各职能部门的数据采集中心,在学校层面搭建统一的大数据平台,集数据采集、定量分析、数据处理、软件开发以及预警预报等功能于一体,集多学科于一体,有效整合学校的数据和资源。大学生思想政治教育评价机制的发展不仅表现在评价的过程中,而且在大学生通过信息化设备进行个性化发展上、大学生之间的交互的思想政治活动中也比较明显。与学生思想政治活动有关的大数据在网络空间中随处可见,通过大数据技术方法的运用为大学生的个性化思想政治评价提供了可能。正是在这种评价的客观性与科学性的基础上,才能根据学生的特点判定出其思想政治活动状况和思想政治行为实施情况,使教育者能从中洞察学生的道德思维,相应地调整教育基于对教育大数据进行分析后产生的学生的个性化思想政治评价。

大数据能够对每一个学生单体的数据进行追踪,使所有人都成为数据的产生者、传播者、共享者与分析对象。重视个体的独特性,满足个体需求、关注个性服务,是大数据蕴含的一大特质。民族高校的大学生思想政治教育需要在加强价值引领、提升民族共同体认同的基础上,关照学生个体的生存发展,尊重与满足学生合理而现实的"个性"需求,为每个学生的自由全面发展创造条件。大数据"样本=总体"全数据模式能够以学生个体为中心进行全方位数据采集与分析,既能收集反映不同民族学生的个体生活习惯、学习偏好、社交行为等方面的数据,也可以基于个人基本信息数据了解并预测其情感诉求、情绪感知、价值理念等更深层的信息,针对不同民族的学生情况开展个性化、靶向化、精细化的思政教育工作提供了重要支撑。"大数据真实、开放与多样性的特征,让思想政治教育视角从宏观群体走近微观个体、从单纯对'面'的扫描走向兼顾对'点'的聚焦,思想政治教育将比任何时候都更贴近学生,将比任何时候更具针对性。"[①]大数据提高了工作的针对性与精细化水平,为实现教育公平,为每个学生自由、全面发展提供了现实路径。培养目标,四堂联动协同形成合力,红色文化资源融入教改,统筹四堂考核评价。

[①] 何桂美. 大数据背景下创新高校思想政治教育方法略论[J]. 学校党建与思想教育,2019(02).

参考文献

一、经典著作

[1] 马克思恩格斯全集（第 1 卷）[M]. 北京：人民出版社，1995：459.

[2] 马克思恩格斯全集（第 1 卷）[M]. 北京：人民出版社，1995：12.

[3] 马克思恩格斯全集（第 1 卷）[M]. 北京：人民出版社，1995：63.

[4] 马克思恩格斯全集（第 1 卷）[M]. 北京：人民出版社，1995：37.

[5] 马克思恩格斯全集（第 1 卷）[M]. 北京：人民出版社，1995：217.

[6] 马克思恩格斯全集（第 3 卷）[M]. 北京：人民出版社，2002：189.

[7] 马克思恩格斯全集（第 3 卷）[M]. 北京：人民出版社，2002：189.

[8] 马克思恩格斯全集（第 3 卷）[M]. 北京：人民出版社，2002：214.

[9] 马克思恩格斯全集（第 3 卷）[M]. 北京：人民出版社，2002：267.

[10] 马克思恩格斯全集（第 3 卷）[M]. 北京：人民出版社，2002：210.

[11] 马克思恩格斯全集（第 3 卷）[M]. 北京：人民出版社，2002：274.

[12] 马克思恩格斯全集（第 3 卷）[M]. 北京：人民出版社，2002：274－275.

[13] 马克思恩格斯全集（第 3 卷）[M]. 北京：人民出版社，2002：303.

[14] 马克思恩格斯全集（第 3 卷）[M]. 北京：人民出版社，2002：297.

[15] 马克思恩格斯文集（第 1 卷）[M]. 北京：人民出版社，2002：526－527.

[16] 德意志意识形态[M]. 北京：人民出版社，2018：121.

[17] 德意志意识形态 [M]. 北京：人民出版社，2018：119.

[18] 马克思恩格斯文集（第4卷）[M]. 北京：人民出版社，2009：199.

[19] 马克思恩格斯文集（第1卷）[M]. 北京：人民出版社，2009：602.

[20] 马克思恩格斯文集（第10卷）[M]. 北京：人民出版社，2009：51.

[21] 马克思恩格斯文集（第1卷）[M]. 北京：人民出版社，2009：650.

[22] 马克思恩格斯文集（第1卷）[M]. 北京：人民出版社，2009：655.

[23] 马克思恩格斯文集（第2卷）[M]. 北京：人民出版社，2009：53.

[24] 马克思恩格斯文集（第2卷）[M]. 北京：人民出版社，2009：45.

[25] 马克思恩格斯文集（第2卷）[M]. 北京：人民出版社，2009：66.

[26] 马克思恩格斯文集（第1卷）[M]. 北京：人民出版社，2009：689.

[27] 马克思恩格斯文集（第18卷）[M]. 北京：人民出版社，2009：171－172.

[28] 马克思恩格斯文集（第8卷）[M]. 北京：人民出版社，2009：56.

[29]《马克思恩格斯文集）第5卷）[M]. 北京：人民出版社，2009：561.

[30]《马克思恩格斯文集。第8卷）[M]. 北京：人民出版社，2009：197.

[31]《马克思恩格斯文集。第8卷）[M]. 北京：人民出版社，2009：56.

[32]《马克思恩格斯文集。第8卷）[M]. 北京：人民出版社，2009：52.

[33] 马克思恩格斯文集（第8卷）[M]. 北京：人民出版社，2009：52.

[34] 马克思恩格斯文集（第10卷）[M]. 北京：人民出版社，2009：666.

[35] 习近平. 习近平谈治国理政（第一卷）[M]. 北京：外文出版社，2018：164.

[36] 马克思恩格斯选集（第1卷）[M]. 北京：人民出版社，2002：60.

[37] 马克思恩格斯选集（第1卷）[M]. 北京：人民出版社，2002：60.

[38] 马克思恩格斯选集（第1卷）[M]. 北京：人民出版社，1995：55.

[39] 马克思恩格斯选集（第4卷）[M]. 北京：人民出版社，1958：572.

[40] 马克思恩格斯全集（第1卷）[M]. 北京：人民出版社，1995：306.

[41] 马克思恩格斯选集（第1卷）[M]. 北京：人民出版社，2012：9－10.

[42] 列宁全集（第六卷）[M]. 北京：人民出版社，1986：24.

[43] 毛泽东选集（第一卷）[M]. 北京：人民出版社，1991：70.

[44] 毛泽东选集（第三卷）[M]. 北京：人民出版社，1991：847.

[45] 毛泽东选集（第二卷）[M]. 北京：人民出版社，1991：379.

[46] 毛泽东选集（第二卷）[M]. 北京：人民出版社，1991：1094.

[47] 毛泽东文集（第六卷）[M]. 北京：人民出版社，1991：449.

[48] 毛泽东选集（第七卷）[M]. 北京：人民出版社，1991：226.

[49] 毛泽东选集（第二卷）[M]. 北京：人民出版社，1991：451.

[50] 毛泽东文集（第八卷）[M]. 北京：人民出版社，1991：390.

[51] 邓小平文选（第二卷）[M]. 北京：人民出版社，1994：342.

[52] 邓小平文选（第三卷）[M]. 北京：人民出版社，1993：145.

[53] 邓小平文选（第二卷）[M]. 北京：人民出版社，1994：376.

[54] 邓小平文选（第二卷）[M]. 北京：人民出版社，1994：368.

[55] 邓小平文选（第三卷）[M]. 北京：人民出版社，1993：287.

[56] 邓小平文选（第二卷）[M]. 北京：人民出版社，1994：209.

[57] 江泽民文选（第一卷）[M]. 北京：人民出版社，2006：371.

[58] 江泽民文选（第一卷）[M]. 北京：人民出版社，2006：372.

[59] 习近平，习近平谈治国理政（第二卷）[M]. 北京：外文出版社，2017：33.

[60] 习近平，习近平谈治国理政（第三卷）[M]. 北京：外文出版社，2020：8.

[61] 十六大以来重要文献选编 [M]. 北京：中央文献出版社，2006：633.

二、中文著作

[1] 黄楠森等主编. 马克思主义哲学史（第1卷）[M]. 北京：北京出版社，

2005.

［2］［德］赫尔曼·哈肯. 协同学－大自然构成的奥秘［M］. 凌复华译. 上海：上海译文出版社，2013.

［3］马克思，恩格斯. 马克思恩格斯文集（第4卷）［M］. 北京：人民出版社，2009.

［4］冯刚. 探索思想政治教育发展的内生动力［M］. 北京：人民出版社，2017.

［5］陈万柏，张耀灿. 思想政治教育学原理［M］. 武汉：华中师范大学出版社，2009.

［6］冯刚，王树荫. 思想政治教育研究热点年度发布2017［M］. 北京：团结出版社，2018.

［7］邵坚钢. 高职院校学生思想政治工作品牌建设的创新实践［M］. 徐州：中国矿业大学出版社，2018.

［8］籍芳芳. 问题反思与回顾研究生教育研究［M］. 沈阳：东北大学出版社，2018.

［9］褚海萍. 大学生思想政治教育专论［M］. 成都：西南交通大学出版社，2012.

［10］中共中央办公厅、国务院. 关于深化新时代学校思想政治理论课改革创新的若干意见［M］. 北京：人民出版社，2019.

［11］崔乐泉. 中国体育通史（第四卷）［M］. 北京：人民体育出版社，2008.

［12］曾飙. 中央苏区体育史［M］. 南昌：江西高校出版社，1999.

［13］魏宏森，曾国屏. 系统论：系统科学哲学［M］. 北京：中国出版集团，2009.

［14］庄惠阳. 马克思主义教育目标分类理论［M］. 上海：上海人民出版社，2017.

三、毕业论文

[1] 王海霞. 习近平意识形态教育理论研究 [D]. 中共中央党校博士论文, 2019.

[2] 孙在丽. 新时代我国普通高等学校思想政治理论课教师队伍建设研究 [D]. 中共中央党校博士论文, 2019.

[3] 曲长海. 大学生德育生态系统研究 [D]. 东北林业大学博士论文, 2019.

[4] 曲长海. 大学生德育生态系统研究 [D]. 东北林业大学博士论文, 2019.

[5] 张彤. 新时代高校思想政治理论课话语权提升策略研究 [D]. 华北电力大学硕士论文, 2019.

[6] 熊宇鹏. 习近平德育理论研究 [D]. 东北林业大学博士论文, 2019.

[7] 杨金铭. 高校德育现代化研究 [D]. 哈尔滨师范大学博士论文, 2017.

[8] 张丽娜. 行业特色型高校协同创新的机制研究 [D]. 北京：中国矿业大学, 2013.

[9] 祁娟. 社会主义核心价值观和中华优秀传统文化关系研究 [D]. 哈尔滨：黑龙江大学, 2015.

[10] 张青青. 互联网+背景下网络思想政治教育载体优化研究 [D]. 武汉大学学位论文, 2007.

[11] 张鹏仙. 新时代高校大学生思想政治教育工作创新与实践研究 [D]. 太原：中北大学, 2018.

四、期刊类

[1] 徐俊峰. 习近平教育思想体系及其理论品格 [J]. 现代教育管理, 2019 (01).

[2] 窦现金. 正确认识和把握新时代我国高中教育阶段普通教育与职业教育发展的结构变化 [J]. 中国农村教育, 2020 (01).

[3] 杨德广. 习近平教育系列论述对毛泽东和邓小平教育思想的传承和发展

[J].重庆高教研究,2020(05).

[4]杨德广.习近平教育系列论述对毛泽东和邓小平教育思想的传承和发展[J].重庆高教研究,2020(05).

[5]佘双好.习近平关于高校思想政治工作重要论述的发展过程及基本观点探析[J].思想政治教育研究,2020(04).

[6]杨德广.习近平教育系列论述对毛泽东和邓小平教育思想的传承和发展[J].重庆高教研究,2020(05).

[7]佘双好.习近平关于高校思想政治工作重要论述的发展过程及基本观点探析[J].思想政治教育研究,2020(04).

[8]陈宝生,深入学习贯彻习近平总书记关于教育的重要论述[J].新课程导学,2020(03).

[9]陈宝生.深入学习贯彻习近平总书记关于教育的重要论述[J].旗帜,2020(02).

[10]马树超.中国特色职业教育发展应坚持立德树人[J].中国职业技术教育(学习体会专刊),2017(34).

[11]吴菁.习近平新时代高校思想政治教育思想的理论蕴涵和实践运用探索研究——以高校共青团加强青年学生思想政治引领为例[J].新生代,2020(07).

[12]武晶.初探大学生思想政治教育协同创新体系的构建[J].现代交际,2014(378).

[13]顾钰民.遵循"三大规律"用好课堂教学主渠道[J].思想理论教育导刊,2017(06).

[14]习近平.用新时代中国特色社会主义思想铸魂育人贯彻党的教育方针落实立德树人根本任务[J].党建,2019(04).

[15]郭绍青."互联网+教育"对教育理论发展的诉求[J].华东师范大学学报(教育科学版),2019(4).

[16]贾红霞.思政载体激活高职思想政治教育内生动力创新论析[J].贵州

广播电视大学学报，2018（04）.

［17］余文玉. 新媒体视阈下推进大学生思想引导工作路径探析［J］. 南昌师范学院学报，2017，38（06）.

［18］贾红霞. 紧扣高职学生特点开展新时代高职思政教育［J］. 辽宁高职学报，2019（01）.

［19］李达. 加强青年党员的政治教育［J］. 民航政工，2014（5）.

［20］吴健，丁德智. 对大数据条件下创新网络思想政治教育工作的几点思考［J］. 学校党建教育，2017（01）.

［21］文萍，马宏贤. 高校思想政治教育"网络意见领袖"的培养与激励［J］. 教育评论，2017（03）.

［22］胡德平. 大学生网红现象分析与教育引导策略［J］. 思想理论教育，2017（04）.

［23］富旭. 网络社群环境下思想政治教育模式的构建［J］. 思想理论教育，2017（07）.

［24］薛云云，张立强. 网络圈群中的思想政治教育：问题检视与对策思考［J］. 思想教育研究，2017（02）.

［25］马婷，卜建华. 新媒体在高校学生党建工作中的应用探究［J］. 学校党建与思想教育，2019（04）.

［26］贾红霞. 占领全媒体高校学生党建话语权落实立德树人［J］. 学园，2020（02）.

［27］冯刚. 思想政治教育创新发展的四个力点［J］. 教学与研究，2017（1）.

［28］王学俭，冯东东. 大学生网络思想政治教育：价值、挑战、保障［J］. 思想教育研究，2017（5）.

［29］侯广斌，王颖. 高校网络思想政治教育话语权的受众研究［J］. 重庆高教研究，2017（3）.

［30］王莉. 互联网领域思想政治教育话语权研究［J］学校党建与思想教育，

2017（5）.

［31］闫从山. 思想政治教育话语对接大学生网络话语策略研究［J］兰州教育学院学报，2017（1）.

［32］方向. 高校思想政治教育的网络舆情引导［J］. 黑龙江高教研究，2017（2）.

［33］秦永和，徐璐. 浅析新媒体时代大学生网络意见表达引导机制的构建［J］. 思想教育研究，2017（2）.

［34］包雷晶. 论社交媒体环境下网络思想政治教育的有效性［J］. 思想理论教育，2017（3）.

［35］张泰城. 红色文化资源是优质教育资源［J］. 井冈山大学学报，2010（1）.

［36］肖发生. 红色文化资源在高校思想政治教育中的价值与运用［J］. 井冈山大学学报，2010（2）.

［37］甘红平，胡云. 江西红色文化资源在高校德育中的价值及实现［J］. 江西科技师范大学学报，2013（3）.

［38］张玉莲. 论高校教师在红色文化资源融入德育教学中的主导性［J］. 井冈山大学学报，2011（4）.

［39］李康平，张吉雄. 论红色文化资源开发在大学德育中的运用［J］. 井冈山学院学报，2009（5）.

［40］刘映霞. 利用遵义红色文化资源构建高校"融入式"德育模式［J］. 赤峰学院学报，2013（3）.

［41］诸葛毅. 大学校园红色文化建设的内涵与德育功能［J］. 江苏高教，2010（3）.

［42］管婷婷. 红色文化在90后学生党员中的德育功能运用——以淮阴师院文学院为例［J］. 佳木斯职业学院学报，2015（3）.

［43］肖发生. 红色文化资源在高校思想政治教育中的价值与运用［J］. 井冈山大学学报，2010（2）.

[44] 李雪，刘沁. 利用地方红色文化资源提升高校校园文化德育功能[J]. 南昌教育学院学报，2011（6）.

[45] 孙海英. 论红色文化的育人功能与机制构建[J]. 江西科技师范大学学报，2016（2）.

[46] 王炳林，房正. 关于深化中国共产党革命精神研究的几个问题[J]. 中国高校社会科学，2016（2）.

[47] 何海霞，王宁初，刘英. 红色文化资源在高校思政理论课实践教学中嵌入研究[J]. 黑河学院学报，2017（1）.

[48] 李源锋. 试论红色文化资源在高校思想政治教育中的运用[J]. 学校党建与思想教育，2014（16）.

[49] 罗海英，乔湘平. 增强大学生红色教育有效性的对策研究[J]. 教育与教学研究，2010（4）.

[50] 李文瑞，贺新春. 论红色文化资源转化为高校教育教学资源的困境及其对策[J]. 井冈山大学学报，2012（2）.

[51] 林春. 红色文化资源转化为教育教学资源探析[J]. 内蒙古师范大学学报，2013（7）.

[52] 韦红霞. 高校红色文化教育资源供给的路径研究[J]. 黑龙江高教研究，2017（8）.

[53] 刘映霞. 利用遵义红色文化资源构建高校"融入式"德育模式[J]. 赤峰学院学报，2013（3）.

[54] 舒前毅. 红色文化资源融入思想政治理论课教学改革的新探索[J]. 教育观察，2018（21）.

[55] 王炳林，房正. 关于深化中国共产党革命精神研究的几个问题[J]. 中国高校社会科学，2016（2）.

[56] 李康平. 论红色文化资源在思想政治理论课运用的价值与路径[J]. 思想理论教育导刊，2010（4）.

[57] 王炳林, 房正. 关于深化中国共产党革命精神研究的几个问题 [J]. 中国高校社会科学, 2016 (2).

[58] 袁君丽. 大学生红色文化教育对策研究——以湘鄂西为例 [J]. 特区经济, 2017 (5).

[59] 李文瑞, 贺新春. 论红色文化资源转化为高校教育教学资源的困境及其对策 [J]. 井冈山大学学报, 2012 (2).

[60] 林春. 红色文化资源转化为教育教学资源探析 [J]. 内蒙古师范大学学报, 2013 (7).

[61] 熊辉, 沈婷婷. 大学校园红色文化在高校思想道德教育中的运用 [J]. 井冈山大学学报, 2015 (5).

[62] 诸葛毅. 大学校园红色文化建设的内涵与德育功能 [J]. 江苏高教, 2010 (3).

[63] 王凯鹏. 如何在思想政治教育工作中灵活运用红色文化资源 [J]. 学理论, 2014 (10).

[64] 肖发生. 红色文化资源在高校思想政治教育中的价值与运用 [J]. 井冈山大学学报, 2010 (2).

[65] 振强, 王诗卉. 红色文化资源在大学生思想政治教育中的价值及有效应用 [J]. 教育与职业, 2013 (35).

[66] 肖绍聪. 论红色文化教育评价的基本原则 [J]. 科教导刊, 2017 (31).

[67] 于存雷. 红色文化资源在高校德育工作中的价值 [J]. 沈阳大学学报, 2014 (3).

[68] 肖发生, 尧雨晴. 红色文化资源创新大学生思想政治教育的途径和方式 [J]. 井冈山大学学报, 2016 (4).

[69] 陈始发, 李立娥. 红色文化资源在高校思想政治理论课教学中运用的思考 [J]. 思想理论教育导刊, 2014 (11).

[70] 张泰城. 论红色文化资源的教育特质 [J]. 井冈山大学学报, 2015 (6).

[71] 汪立夏. 红色文化资源在大学生思想政治教育中的价值及实现 [J]. 思想教育研究, 2010（7）.

[72] 张泰城. 建构红色文化资源教育教学理论体系的思考 [J]. 井冈山大学学报, 2012（6）.

[73] 肖绍聪. 红色文化资源教育教学课程开发：理念与策略 [J]. 南昌师范学院学报, 2017（1）.

[74] 林春. 红色文化资源转化为教育教学资源探析 [J]. 内蒙古师范大学学报（教育科学版）, 2013, 26（07）.

[75] 肖发生, 张泰城. 红色文化资源融入高校德智体美劳育人研究述评 [J]. 江西师范大学学报, 2013（7）.

[76] 李康平. 红色文化资源开发在大学德育中的运用研究 [J]. 中国高教研究, 2009（8）.

[77] 占毅. 高校红色教育教学资源整合探究 [J]. 思想教育研究, 2011（7）.

[78] 韦红霞. 高校红色文化教育资源供给的路径研究 [J]. 黑龙江高教研究, 2017（8）.

[79] 彭贤则, 余梦. 红色文化融入高校思想政治教育的路径分析——以洪湖红色文化为例 [J]. 改革与开放, 2017（19）.

[80] 王文礼. 红色文化资源融入高校教育教学的路径思考 [J]. 井冈山大学学报, 2014（1）.

[81] 吴先勇. 高校红色文化建设存在的问题与对策 [J]. 广西社会科学, 2011（4）.

[82] 李文瑞. 论红色文化资源转化为高校教育教学资源的困境及其对策 [J]. 井冈山大学学报, 2012（2）.

[83] 张泰城. 论红色文化资源的教育教学方式 [J]. 井冈山干部学院学报, 2015（6）.

[84] 张泰城. 论红色文化资源的课程教学 [J]. 红色文化资源研究, 2016（1）.

［85］张泰城．论红色文化资源的教学设计［J］．中国井冈山干部学院学报，2016（6）．

［86］肖绍聪．论红色文化资源教育教学设计［J］．南昌师范学院学报，2016（5）．

［87］张泰城．论红色文化资源的教育教学方式［J］．中国井冈山干部学院学报，2015（6）．

［88］张泰城．红色文化资源是优质教育资源［J］．井冈山大学学报，2010（1）．

［89］肖绍聪．红色文化资源教育教学评价体系的构建与反思［J］．井冈山大学学报，2015（6）．

［90］李文瑞．论红色文化资源转化为高校教育教学资源的困境及其对策［J］．井冈山大学学报，2012（2）．

［91］张泰城．构建红色文化资源教育教学理论体系的思考［J］．井冈山大学学报，2012（6）；论红色文化资源的教育特质［J］．井冈山大学学报，2015（6）．

［92］卢锋．体验式教学在红色文化资源教育中的应用研究［J］．中共珠海市委党校珠海市行政学院学报，2016（2）．

［93］易鹏，王永友．促进红色文化资源融入高校育人实践［J］．中国高等教育，2008（9）．

［94］徐正旭．对红色体育的再认识——以文化自觉为视角［J］．河北体育学院学报，2015（4）．

［95］王海英．论红色体育文化思想与大学生核心价值观教育［J］．吉林广播电视大学学报，2018（5）．

［96］王海英．论红色体育文化思想与大学生核心价值观教育［J］．吉林广播电视大学学报，2018（5）．

［97］胡达道．红色文化资源融入野外生存生活教育对大学生就业理念和心理承受能力影响研究［J］．北京体育大学学报，2011（5）．

［98］张娟．红色体育文化对大学生进行挫折教育的价值［J］．陕西教育·科

教，2012（10）.

[99] 彭勇. 红色文化资源与大学生意志品格教育——井冈山红色文化资源融入大学生野外生存生活教育研究［J］. 井冈山大学学报，2010（1）.

[100] 薛宇，常保荣. 浅谈红色体育与大学体育的融合发展［J］. 延安大学学报，2017（3）.

[101] 江克瑞. 全国大学生红色运动会的发展浅析［J］. 体育大视野，2015（5）.

[102] 徐健. 红色体育项目融入高校运动会的理性思考［J］. 体育教育，2013（11）.

[103] 马铮铮. 红色体育——学校实施素质教育的途径之一［J］. 素质教育，2012（6）.

[104] 徐健. 红色体育项目融入高校运动会的理性思考［J］. 体育教育，2013（11）.

[105] 薛宇，常保荣. 浅谈红色体育与大学体育的融合发展［J］. 延安大学学报，2017（3）.

[106] 秦炜棋. 红色体育项目融入百色革命老区高校运动会的思考［J］. 牡丹江师范学院学报，2011（01）.

[107] 江克瑞. 全国大学生红色运动会的发展浅析［J］. 体育大视野，2015（5）.

[108] 黄文宾. 红色体育文化的当代价值与实践路径［J］. 体育研究与教育，2017（5）.

[109] 胡达道. 红色文化资源融入野外生存生活教育对大学生就业理念和心理承受能力影响研究［J］. 北京体育大学学报，2011（5）.

[110] 彭勇. 红色文化资源与大学生意志品格教育——井冈山红色文化资源融入大学生野外生存生活教育研究［J］. 井冈山大学学报，2019（2）.

[111] 丁旭东. 新中国美育政策及其成因分析与未来瞻望［J］. 乐府新声，

2016（4）.

[112] 仲呈祥."加强美育工作，很有必要"——学习"习近平给中央美术学院老教授的回信"笔记［J］. 音乐传播，2018（3）.

[113] 张泰城，刘浩林. 红色文化资源的时代价值论析［J］. 求实，2011（5）.

[114] 常沛. 论红色文化在大学生社会主义核心价值观教育中的传承与创新［J］. 学校党建与思想研究，2016（1）.

[115] 马静. 红色基因：提升国家治理主体能力的重要资源——学习习近平关于传承红色基因的重要论述［J］. 红色文化学刊，2017（2）.

[116] 安巧珍，张茜. 红色文化资源在社会主义核心价值观大众化中的应用——以河北博物院为例［J］. 红色文化资源研究，2018（2）.

[117] 徐功献，贾微晓."五大发展理念"：社会主义文艺繁荣发展的新向标——论习近平文艺思想的发展视角［J］. 红色文化学刊，2017（2）.

[118] 张奇，高鹏怀. 协同理论视角下基层党组织抗"疫"实践与铸牢中华民族共同体意识研究［J］. 民族论坛，2020（3）.

[119] 吴旭. 促进大学生德智体美劳全面发展的内涵与路径——基于马克思主义人学的视角［J］. 高校辅导员，2018（6）.

[120] 彭静. 多元化背景下高校思想政治教育工作协同研究［J］. 黑龙江教育学院学报，2018（7）.

[121] 张旗. 构建新时代大学生思想政治教育新体系的探讨［J］. 前沿，2012（19）.

[122] 汤广全. 自由与和谐：蔡元培"五育并举"观研究［J］. 教育学术月刊，2009（1）.

[123] 李政涛，文娟."五育融合"与新时代"教育新体系"的构建［J］. 中国电化教育，2020（3）.

[124] 杨鲜兰，程亚勤. 论习近平对人的全面发展理论的创新发展［J］. 湖北社会科学，2020（4）.

[125] 邬大光. 探索高等教育普及化的"大国道路" [J]. 中国高教研究, 2021 (2).

[126] 郑秀英, 李涵. 全员育人的内涵、意义与策略 [J]. 北京教育（高教）, 2013 (2).

[127] 冯建军. 构建德智体美劳全面培养的教育体系: 理据与策略 [J]. 西北师大学报: 社会科学版, 2020, 57 (3).

五、网络报刊类

[1]《习近平在江西调研强调坚持改革创新推动农村发展》, 2008 年 10 月 25 日。

[2]《习近平在河南考察时强调 坚定信心埋头苦干奋勇争先 谱写新时代中原更加出彩的绚丽篇章》, 2019 年 9 月 18 日, 见 http://www.xinhuanet.com/2019-09/18/c_1125011847.htm。

[3] 习近平. 做党和人民满意的好老师 [N]. 人民日报, 2014-09-10 (002).

[5] 顾明远. 习近平教育思想指引中国教育改革和发展前进方向 [N]. 中国教育报, 2017-07-26 (001).

[6] 习近平. 坚定信心埋头苦干奋勇争先谱写新时代中原更加出彩的绚丽篇章 [N]. 人民日报, 2019-09-19 (1).

[7] 习近平. 习近平在中央民族工作会议上强调以铸牢中华民族共同体意识为主线推动新时代党的民族工作高质量发展 [N]. 人民日报, 2021-08-29 (1).

[8] 冯建军. 六个"下功夫"培养时代新人 [N]. 光明日报, 2018-09-18 (07).

[9] 习近平. 在北京大学师生座谈会上的讲话 [N]. 中华文化报, 2018-05-04.

[10] 冯建军. 六个"下功夫"培养时代新人 [N]. 光明日报, 2018-09-18 (07).

[11] 习近平. 在北京大学师生座谈会上的讲话[N]. 辽宁日报，2018－05－03.

[12] 习近平. 用新时代中国特色社会主义思想铸魂育人贯彻党的教育方针落实立德树人根本任务[N]. 人民日报，2019－03－18（01）.

[13] 中共中央办公厅、国务院办公厅印发《关于深化新时代学校思想政治理论课改革创新的若干意见》[N]. 吕梁日报，2019－08－15.

[14]《中共中央，国务院印发<关于加强和改进新形势下高校思想政治工作的意见>》[N]. 人民日报，2017－2－28.

[15] 习近平主持召开学校思想政治理论课教师座谈会强调：坚持中国特色社会主义教育发展道路培养德智体美劳全面发展的社会主义建设者和接班人[N]. 人民日报，2018－09－11（01）.

[16] 习近平在中央党校（国家行政学院）中青年干部培训班开班式上发表重要讲话强调：在常学常新中加强理论修养在知行合一中主动担当作为[N]. 人民日报，2019－03－02（01）.

[17] 习近平在纪念五四运动100周年大会上的讲话[N]. 人民日报，2019－05－01（01）.

[18] 习近平在庆祝中国共产党成立100周年大会上的讲话[N]. 人民日报，2021－07－02（02）.

[19] 张泰城. 红色文化资源：鲜活的教材[N]. 光明日报，2010－06－01（011）.

[20] 宋延军. 在发展美育中坚定文化自信[N]. 中国文化报，2018－09－07（006）.

[21] 冉庆国. 以红色文化丰富高校美育教育[N]. 学习时报，2018－12－26（004）；丁国强. 美育与人生[N]. 中国教育报，2018－09－13（005）.

[22] 殷双喜. 美育提升国民素质[N]. 人民日报，2018－12－30（008）.

[23] 黄东. 让红色基因融入教育中[N]. 中国教育报，2018－03－11（002）.

[24] 孙伟. 学习重要回信精神, 践行美育工作 [N]. 中国文化报, 2018-09-07 (006).

[25] 欧阳俊虎. 以美育人不负重托 [N]. 中国文化报, 2018-09-07 (006).

[26] 张江等. "红色经典" 蕴含的文化基因深植我们的血液之中 [N]. 文汇报, 2016-10-21 (010).

[27] 习近平. 弘扬 "红船精神" 走在时代前列 [N]. 光明日报, 2005-06-21 (1).

[28] 习近平. 用新时代中国特色社会主义思想铸魂育人贯彻党的教育方针落实立德树人根本任务 [N]. 人民日报, 2019-03-19 (1).

[29] 重温习近平的 "红色足迹" 从革命精神中汲取前行动力 [EB/OL]. [2021-5-16] http://cpc.people.com.cn/n1/2021/0516/c164113-32104514.html.

[30] 习近平考察贵州: 参观遵义会议会址. [EB/OL]. [2015-6-17] http://cn.chinadaily.com.cn/2017xsdczl/2015-06/17/content_34647880.html.

[31] 让红色文化资源成为发展支撑. [EB/OL]. [2015-10-09]. http://theory.people.com.cn/n/2015/1009/c40531-27675459.html.

[32] 中共中央、国务院. 中国教育现代化 2035 [EB/OL]. [2019-02-23]. http://www.moe.gov.cn/jyb_xwfb/s6052/moe_838/201902/t20190223_370857.html.

[33] 习近平. 把思想政治工作贯穿教育教学全过程 [N]. 人民日报, 2016-12-09 (1).

[34] 第 47 次《中国互联网络发展状况统计报告》[R]. https://www.cnnic.net.cn/hlwfzyj/hlwxzbg/hlwtjbg/202102/t20210203_71361.htm.

[35] 第 46 次《中国互联网络发展状况统计报告》[R]. https://www.cnnic.net.cn/hlwfzyj/hlwxzbg/hlwtjbg/202102/t20210203_71361.htm.

后 记

红色文化资源是中国共产党领导中国人民在追求民族解放、国家富强和人民幸福征程中所积累的文化资源。红色文化资源承载了我们党波澜壮阔的革命史、艰苦卓绝的奋斗史、可歌可泣的英雄史，蕴含了坚定的理想信念、厚重的先进文化、崇高的革命精神和高尚的人格魅力，具有超越时空的强大吸引力和感召力，在高校红色育人和增强文化自信等方面具有不可替代的重要作用。党的十八大以来，以习近平同志为核心的党中央高度重视党史学习，他在多个场合反复强调学习党史的重要性，强调要把红色资源利用好、把红色传统发扬好、把红色基因传承好，要学传统、爱传统、讲传统，传承红色基因，让红色江山永不变色。

2021年是建党100周年，学好党史，讲好红色故事是我们的重要使命，2021年全国两会提出构建德智体美劳全面培养的教育体系。2022年教育部工作要点强调，全面实施时代新人培育工程，促进学生身心健康全面发展。实施学校体育和体教融合改革发展行动计划，开展美育浸润行动计划，推进劳动教育，加强和改进学生心理健康教育工作。红色文化资源具有良好的育人功能和育人价值，是推动高校培育德智体美劳五育的有效载体和有力抓手。2021年习近平总书记在"七一讲话"中提到"两个结合"时突出强调了中华优秀传统文化的结合，在十九届六中全会和第三个历史决议中特别强调"中华文化和中国精神的时代精华"，这些都充分说明重视中华文化和精神的重要性。2022年即将召开党的二十大，坚持"两个确立"，学好中国共产党历史，为使党史教育走实走深，为贯彻党史教育长效化，为深入学习贯彻习近平总书记关于教育的重要论述，贵州高校立足本地红色文化，挖掘本地红色文化资源，抓住贵州省特色和优势，构建德智体美劳全面培养的教育体系。实施综合改革，建设教育强省，从而培育德智体美劳全面发展的社会主义建设者和接班人。

在本书付梓之际，衷心感谢帮助我的每一个良师益友，感谢南开大学出版社在出版过程中付出的辛劳。需要说明的是，感谢本书写作过程中得到陕西师范大学马克思主义学院博导范建刚教授的理论咨询，得到贵州开放大学马克思主义学院程守艳院长的实践指导，得到课题组黄丽娟、赵盛梅、朱茜、陈宇、唐凯、窦智、黄丹老师的帮助。与此同时，还要感谢相关内容研究的前人和学者，为本书的写作提供了重要的借鉴和参考，由于篇幅原因并未一一列出，在此深深鞠躬以表谢意。由于时间和能力有限，书中一些观点还有待于深入探讨，本书的局限与不足只能留待今后补充与修正，真诚地希望各位专家、读者批评指正。

贾红霞

2022 年 8 月